湖州市教育学会
湖州市教育科学研究中心 组织编写

跨学科主题项目化学习案例设计精选

跨学科生命主题

项目化学习案例设计精选

唐 波 主编

浙江工商大学出版社
ZHEJIANG GONGSHANG UNIVERSITY PRESS
·杭州·

图书在版编目(CIP)数据

跨学科生命主题项目化学习案例设计精选／唐波主编. — 杭州：浙江工商大学出版社，2023.8

（"优教共享：项目化学习实践的湖州探索"丛书. 跨学科主题项目化学习案例设计精选）

ISBN 978-7-5178-5629-0

Ⅰ．①跨… Ⅱ．①唐… Ⅲ．①生命哲学－教案(教育)－中小学 Ⅳ．①G633.202

中国国家版本馆 CIP 数据核字(2023)第 144954 号

跨学科生命主题项目化学习案例设计精选

KUA XUEKE SHENGMING ZHUTI XIANGMUHUA XUEXI ANLI SHEJI JINGXUAN

唐　波　主编

策划编辑	俞　闻　任晓燕
责任编辑	熊静文
责任校对	李远东
封面设计	朱嘉怡
责任印制	包建辉
出版发行	浙江工商大学出版社
	（杭州市教工路 198 号　邮政编码 310012）
	（E-mail：zjgsupress@163.com）
	（网址：http://www.zjgsupress.com）
	电话：0571－88904980,88831806(传真)
排　　版	杭州朝曦图文设计有限公司
印　　刷	杭州钱江彩色印务有限公司
开　　本	787mm×1092mm　1/16
总 印 张	32
总 字 数	661 千
版 印 次	2023 年 8 月第 1 版　2023 年 8 月第 1 次印刷
书　　号	ISBN 978-7-5178-5629-0
定　　价	85.00 元(全 3 册)

"优教共享:项目化学习实践的湖州探索"丛书

（湖州市教育学会、湖州市教育科学研究中心组织编写）

丛书编委会

主　　任:金淦英

副主任:黄丽君

编　　委:(按区县排序)

　　　　魏　钧　周　凌　费利荣　张建权　沈勤勇

　　　　张平华　叶　军　唐　波

本册编委会

主　　编:唐　波

副主编:陈　豪　徐莉莎　沈莉芳

编　　委:(按姓氏笔画排序)

　　　　方　园　邓承敏　兰永丹　朱宇虹　朱晁乐

　　　　汤仲萍　孙　颖　孙俐敏　何树峰　沈冬良

　　　　张洪亮　陈熊峰　侯小英　徐佳琪　徐洁雅

　　　　董丽丹　黎作民　潘　虹

总　序

　　项目化学习是把学科知识与真实生活情境有机联系起来的一种学习方式,强化做中学、用中学、创中学,为学生提供整体认识世界的机会,对促进学生全面发展、深化学校教学改革有着深远的意义。

　　在全面深化课程改革、落实立德树人根本任务的背景下,湖州市从2016年开始探索以 STEAM 教育为切入点的项目化学习实践,通过构建城乡教研共同体,实施面向全学段"课程育人"跨学科项目化学习、普通高中"提质增效"学科项目化学习、义务教育"落实双减"项目化作业推进行动计划,并从保障机制、资源建设、师资培训、成果展示等多个维度,探寻架构城乡教育"共同富裕"的整体框架,彰显湖州优教共享的教研支撑力量。经过 6 年多的实践探索,形成了以下几条主要经验:

　　一是规划项目化学习的整体框架。2016 年,湖州市启动以 STEAM 教育为抓手的项目化学习实践,在试点学校实践的基础上,从基础、特色、热点三个方面确立学科、跨学科、超学科三类项目制课程,规划了项目化学习整体框架。

　　二是确立项目化学习的重要地位。2017 年,湖州市对 25 所样本学校(15 所小学和 10 所初中)的科技创新教育和综合实践现状开展调研,发现学生科技创新教育的主阵地多限于课堂,学生动手实践能力整体较弱,创新思维水平整体较低,与区域人才战略目标存在落差,因此确立了 STEAM 教育在提升学生科技素养方面的重要地位。

三是物化项目化学习的研究成果。2018 年,"一点二线三维,区域推进 STEAM 教育实践的湖州行动"被评为 2018 年浙江省教研工作亮点,"区域推进 STEAM 教育的策略研究"立项为中国教育科学院专项研究课题,《融合·创新·分享:STEAM 教育实践的湖州样本》由浙江教育出版社正式出版发行。

四是发挥项目化学习的示范作用。2019 年,浙江省人民政府《每日要情》第 9 期刊发《湖州市全面推进 STEAM 教育成效明显》的报道;浙江省第二届中小学 STEAM 教育大会在湖州召开,会议讨论了"STEAM 教育实践的湖州样本"。

五是创新项目化学习的实践样态。2020 年,湖州市以"STEAM＋生态"项目课程的开发与实施为载体,创建共同体学习社区。"'STEAM＋生态'学习实践共同体"入选教育部科技司 2019 年度教育信息化教学应用实践共同体项目。以牵头学校带动成员学校、成员学校带动实验学校层层推进,形成跨区域、跨学段、跨学科的项目化学习实践新样态。

六是实施项目化学习的提升计划。2021 年,启动《湖州市中小幼项目化学习三年行动计划》,全域推进项目化学习。到 2023 学年,培育湖州市"项目化学习"示范区 2 个、领航学校 20 所、示范学校 40 所、实验学校 80 所,完成精品课程 100 门、优秀项目案例 300 项,编印各学科项目化学习丛书,指导学校项目化学习实践。

湖州市 6 年多的项目化学习研究与实践,从 STEAM 教育到学科项目化学习的常态化开展,丰富了课堂教学的形态,形成了区域特色鲜明的项目化学习整体框架,顺应了新课程改革的需要,有效实现了课程育人的价值。

《义务教育课程方案和课程标准(2022 年版)》明确各门课程用不少于 10％的课时设计跨学科主题学习,以培养学生应用知识解决实际问题的意识和能力。跨学科学习若以项目化学习来进行,会极大促进跨学科意识的形成与发展,因此项目化学习丛书的出版,正是呼应新课程改革的诉求,为学校和教师提供可复制可操作的经验。

丛书按学科类别分为 4 个系列,分别为语言类(包括小学语文、初中语文、小学英

语、初中英语 4 个分册)、社会类(包括义务教育道德与法治、初中历史与社会 2 个分册)、科技类(包括小学科学、初中科学、初中数学 3 个分册)、跨学科主题(包括生命、生态、生涯 3 个分册)。

　　丛书既有突出国家课程特色的学科项目化学习典型案例,又有基于"五育融合"的跨学科项目化学习实践样态,呈现湖州市基础教育全学科多领域项目化学习的实践与研究成果。

　　丛书由各学科教研员及一线骨干教师在实践基础上共同研发,是 2018 年《融合·创新·分享:STEAM 教育实践的湖州样本》的迭代升级,普适性好,操作性强,可以为学校开展项目化学习实践提供良好的借鉴。我们希望通过这一套系统学习方法,让学生在探究复杂、真实问题的过程中,掌握所学知识和技能,促进深度学习的真实发生,实现核心素养的真正落地。

　　丛书选编的案例均从湖州市项目化学习基地学校的实践成果中产生,项目案例包括项目简介、项目规划、项目实施、项目评价、项目反思。项目实施中的每个任务环节都有相应的支持性活动,并有设计意图说明。

　　在实现"共同富裕"背景下,湖州市充分发挥教育科研的支撑作用,协同多方力量,聚焦项目化学习,全力打造以项目化学习为载体的"优教共享"教育新名片,体现了湖州教研人"实干争先"的精神风貌。相信"优教共享:项目化学习实践的湖州探索"丛书,有助于湖州教育高质量发展,也能够供兄弟地市学习与借鉴。

2023 年 6 月

前　言

2017 年 10 月在中国共产党第十九次全国代表大会上的报告中,习近平总书记指出:"人与自然是生命共同体。"2021 年 4 月以视频方式出席领导人气候峰会的国家主席习近平发表重要讲话,他强调构建人与自然生命共同体,要坚持人与自然和谐共生,坚持绿色发展,坚持系统治理,坚持以人为本,坚持多边主义,坚持共同但有区别的责任原则。习近平主席用 6 个"坚持"全面系统阐释"人与自然生命共同体"理念的丰富内涵和核心要义,从人与自然和谐共生出发,强调"我们要像保护眼睛一样保护自然和生态环境,推动形成人与自然和谐共生新格局"。

2022 年版义务教育各学科的课程标准共同点是强调核心素养内涵,明确提出并新增加的一个内容是义务教育阶段更加突出育人导向。所以核心素养的凝练更多地超出学科本身,关注学生的自主学习、思维发展和问题解决,让学生在实现个人终身发展和满足社会需求的过程中形成必备品格和关键能力。新课标背景下的课程教学要加强课程内容的综合性,包括学科内综合的跨学科学习和综合课程。

本书以项目化学习的方式,从"生存""生活""生长"三个维度,在层层递进中引导学生深入了解动植物的生命结构和周期,并引申出对人类发展的思考。

(一)生存·人与自然

通过应用动植物生命结构与周期等科学知识,我们以项目化学习的方式来进行科学养蚕、灭蚊、搭建新型农业大棚和探秘西塞山宣传环保。坚持人与自然和谐共生,坚持绿色发展,坚持系统治理,坚持以人为本的原则,构建人与自然生命共同体,优化人们的生存环境。

本书以教师创设的贴近生活的真实情境为切入点,通过"制作养蚕手册""搭建农场大棚""自制中草药驱蚊器""'白鹭'环保小卫士"等项目活动,让学生深入理解跨学科概念结构与功能的联系,感悟保护生命的重要性,形成热爱自然与保护环境的意识。

(二)生活·人与健康

人与社会的关系是对立统一的,人与社会是相互依存、相互制约、相互影响的。人的发展与社会的发展是相互促进的。人离不开社会,社会也离不开人。人离不开社会,这是因为人具有区别于其他动物的社会属性,人的社会属性具体来说又包括什么呢?首先,人是社会的产物(人的劳动、人的思维、人的语言),人的生活具有社会性(我们生活中的家庭、朋友、师生关系),人的生产活动也具有社会性(我们为了生存与发展,在从事劳动、生产物质资料的过程中也会产生社会关系)。

本书以当今普遍存在的"中小学生视力下降""糖尿病和心血管疾病等病症呈现高发性和年轻化""学校医务室急救能力普遍不足"等现象为切入点,从学生视角提出预防、治疗和解决方案。

(三)生长·人与社会

与自然维持一种和谐共生的关系是人的一种本质需求,因为没有人能够否定,人从本质上源于自然,内在于自然,人的所有生存活动依赖于自然。近年来,自然环境和社会环境不容乐观,像新冠疫情的肆虐、孩子视力的普遍下降等社会问题不断地给我们敲响了警钟。我们除了要建立正确的发展观外,还需要培养学生的科技应用观,将科技作为整治和再造自然的工具。

本书针对防疫需求,带领学生运用科技手段设计开展"智能社区防疫门禁""多功能防疫校车站点""智能防疫联动医务室""儿童防疫科普绘本"等项目活动,发展学生的发散思维与创新思维,让学生学会运用数字化技术手段,赋能项目作品的设计与制作。

本书整体要求从实际情境出发,解决实际生活问题,让学生在做中学、学中做,从而培养学生自主学习的内驱动力。从思维角度来考虑,我们以"隐性思维显性化—显性思维逻辑化—逻辑思维结构化—结构思维系统化"为线索,大量使用思维工具提供学习支架,培养学生的高阶思维和元认知学习习惯。从个性化教学角度出发,我们以项目化学习要素"小组合作"为要求,使学生张扬个性,相互取长补短,培养其相互沟通、交流合作的团队精神。从评价体系角度出发,我们在目标设定时即开始考虑将过程性评价、成果评价以及学习评价贯穿嵌入整个学习过程中,从而培养学生的审辩思维和创造性思维。

目　录

第一篇

生存·人与自然

制作养蚕手册

湖州市南浔开发区实验学校　董丽丹

一、项目简介

蚕桑曾经是湖州地区重要的家庭副业,家家户户养蚕、拉丝绵。本项目要求学生经历一次完整的养蚕过程,直观了解蚕的形态结构及生命活动现象,理解结构与功能的联系;通过观察、记录、交流、展示等活动,构建对蚕生命活动现象及生命周期的认识;通过参观访问、现场观摩、实地体验等活动,感受湖丝文化的源远流长。最后制作一本指导学生科学养蚕的手册。

项目时长:9 课时,40 分钟/课时,共 360 分钟。

涉及学科:科学、技术、工程、数学。

涉及年级:三年级。

二、项目规划

(一)驱动性问题

如何设计制作一本呈现蚕的生命需求、生长阶段和生命活动现象,并能指导学生科学养蚕的手册?

（二）核心概念

表 1-1-1 "制作养蚕手册"项目核心概念

类型		核心概念
学科	科学	生物体的稳态与调节,生命的延续与进化
	技术	技术、工程与社会
	工程	工程设计与物化
	数学	数与运算,数据的收集、整理与表达
跨学科		结构与功能、系统与模型、稳定与变化

（三）学习目标

表 1-1-2 "制作养蚕手册"项目学习目标

学科目标	素养目标
1.动物维持生命需要空气、水、食物和适宜的温度[《义务教育科学课程标准（2022 年版）》p.57] 2.不同种类动物具有不同的生殖方式和发育过程[《义务教育科学课程标准（2022 年版）》p.67] 3.根据需求和限制条件,比较多种可能的解决方案,并初步判断其合理性[《义务教育科学课程标准（2022 年版）》p.103] 4.利用工具制作简单的实物模型,根据实际反馈结果进行改进并展示[《义务教育科学课程标准(2022年版)》p.103] 5.在实际情境中,运用数和数的运算解决问题[《义务教育数学课程标准（2022 年版）》p.21]	【科学精神】逻辑清晰,能运用科学的思维方式认识事物、解决问题、指导行为;思维缜密,能多角度、辩证地分析问题,做出选择和决定;具有好奇心和想象力;能不畏困难,有坚持不懈的探索精神 【学会学习】具有积极的学习态度和浓厚的学习兴趣;具有对自己的学习状态进行审视的意识和习惯,善于总结经验 【责任担当】具有文化自信,尊重中华民族的优秀文明成果,能传播弘扬中华优秀传统文化和社会主义先进文化 【实践创新】尊重劳动,具有积极的劳动态度和良好的劳动习惯;善于发现和提出问题,有解决问题的兴趣和热情;具有工程思维,能将创意和方案转化为有形物品或对已有物品进行改进与优化等

（四）学情分析

（1）养蚕是三年级的学生喜闻乐见的科学实践活动,他们已经掌握了一定的观察和记录方法,也有一定的沟通、协作能力,能够较好地完成小组互助合作活动。

（2）三年级的学生具备一定的思维创作和动手实践能力,能够完成简单作品的设计和制作。

（3）三年级的学生还不具备独立制订观察计划的能力，尤其是长期观察蚕一生生长变化的观察计划能力，可以在教师指导下由小组共同完成观察计划表。

（五）学习地图

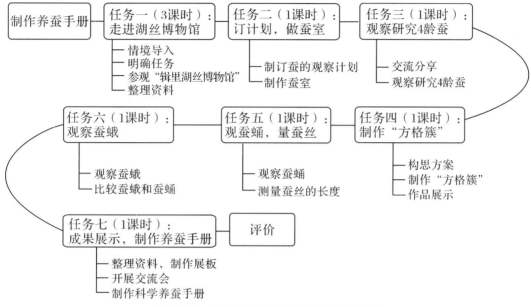

图 1-1-1　"制作养蚕手册"项目学习地图

（六）项目评价

1.过程性评价

表 1-1-3　"制作养蚕手册"项目过程性评价

评价内容	评价标准			自评	组评	师评
	☆	☆☆	☆☆☆			
目标明确	目标和挑战不明确，不知道怎么做	清楚目标和挑战，但不知道怎么做	有明确的目标和挑战，知道接下来怎么做			
态度积极	在整个过程中缺乏积极性，不能提供有效信息	积极参与活动，能提供一些有效信息，但不完整	积极参与每次活动，充分表达自己的想法，提供有效信息			

续　表

评价内容	评价标准			自评	组评	师评
	☆	☆☆	☆☆☆			
及时记录	不会记录,无法提供记录材料	能记录观察结果,但材料不够充分	及时准确记录观察结果,材料完整			
合作共享	小组分工不明确,只有一两个同学在做,小组成员缺乏沟通	小组分工明确,个别成员不知道自己的任务,缺少提出建议的意识	小组分工明确,每个成员都能表达自己的观点和建议			

2.终结性评价

表 1-1-4　"制作养蚕手册"项目终结性评价

评价内容	评价标准			自评	组评	师评
	☆	☆☆	☆☆☆			
真实有效	不能提供真实的活动材料	活动材料真实,但数量较少	呈现大量真实的活动材料			
记录完整	无法提供各种记录单、养蚕日记、设计方案、实物模型等	能提供大部分记录单、养蚕日记、设计方案、实物模型等	能提供各种记录单、养蚕日记、设计方案、实物模型等			
阐述清晰	表述含糊不清,不能清晰地介绍本组的学习成果	表述能听懂但逻辑不够清晰,基本能介绍本组的学习成果	表述清晰有逻辑,能完整介绍本组的学习成果			

三、项目实施

任务一:走进湖丝博物馆

1.学习目标

(1)了解湖丝的制作工艺、价值,感受湖丝文化的源远流长。

(2)参观蚕室,学习更多的养蚕知识。

(3)信息分享,小组讨论,记录有效信息。

2.核心问题

在养蚕之前需要收集哪些信息来帮助我们科学养蚕？

3.项目进程

环节一:情境导入

辑里湖丝手工制作技艺代表性传承人顾明琪爷爷发来视频,寻找传统湖丝技艺传承人。他邀请我们走进"辑里湖丝博物馆",体验湖丝文化。

环节二:明确任务

参观"辑里湖丝博物馆",记录自己的所见所闻,重点记录与养蚕有关的知识。

环节三:参观"辑里湖丝博物馆"

欣赏精美丝织品,了解蚕丝的制作过程和用途;参观蚕室,学习养蚕方法,了解蚕具的作用;采摘桑叶、桑果,体验蚕桑文化。

环节四:整理资料

以小组为单位,整理收集资料,交流分享,为下一阶段的养蚕做好知识储备。

4.阶段性成果

(1)完成"辑里湖丝博物馆"参观体验记录。
(2)整理科学养蚕的相关知识。

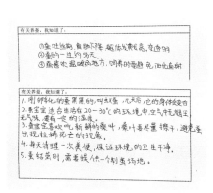

图 1-1-2　"辑里湖丝博物馆"参观体验记录　　　图 1-1-3　养蚕知识汇总

任务二:订计划,做蚕室

1. 学习目标

(1)制订切实可行的观察计划,并用于观察记录蚕一生的生长变化。

(2)提取有效信息,构思制作蚕室方案。

(3)通过标准和限制,选择合适的材料,设计制作蚕室。

2. 核心问题

如何制订蚕的观察计划?什么样的蚕室才能满足蚕健康生活的需要?

3. 项目进程

环节一:制订蚕的观察计划

整合前期储备的知识,在教师指导下小组合作制订观察计划,对蚕的生长变化进行长期观察并做好观察记录。

环节二:制作蚕室

什么样的蚕室既能满足蚕健康生活的需要,又能方便我们观察蚕的生长情况?

(1)小组讨论,运用 POV 法构思蚕室方案。

表 1-1-5　POV 法

选定项目:_____	记录者:_____ 记录时间:_____	
User 用户	Needs 需求	Insights 个人见解

(2)利用身边的材料,设计制作一个蚕室,并放入 1 龄蚕,进行科学养蚕。

4. 阶段性成果

(1)制订一个养蚕计划。

(2)运用 POV 法构思蚕室方案。

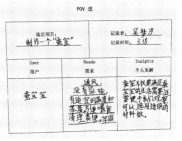

图 1-1-4　制订养蚕计划　　　图 1-1-5　POV 法　　　图 1-1-6　蚕室设计方案

任务三:观察研究 4 龄蚕

1. 学习目标

(1)记录、整理信息,养成长期观察记录的习惯。
(2)观察研究 4 龄蚕的外部形态特征及其生命活动现象。

2. 核心问题

4 龄蚕的形态特征是什么样的？有哪些生命活动现象？

3. 项目进程

提前布置任务:把前一阶段的观察记录成果、养蚕日记、自己养的蚕连同蚕盒及桑叶一起拿到教室中。

环节一:交流分享

(1)各小组展示自己养的蚕,比较哪一组的蚕生长得好。交流养蚕的成功经验,分析失败的原因。

(2)展示交流前一阶段的观察记录成果。

环节二:观察研究 4 龄蚕

(1)观察蚕的生活状况。

观察蚕在干什么,并研究蚕主要是通过身体的哪个部位感知周围环境的。

(2)观察蚕房中蚕留下的生活痕迹。

观察蚕房中蚕留下的生活痕迹,并根据这些现象推测蚕有哪些生命活动。

(3)观察蚕宝宝的外部形态特征。

采用从整体到局部的观察方法,先用肉眼进行观察,然后用放大镜做进一步观察。

4.阶段性成果

(1)完成蚕的生长变化记录表、养蚕日记等。

(2)用图画记录我们看到的蚕的幼虫和它的食物。

图 1-1-7　蚕的生长变化记录(部分)

图 1-1-8　蚕的幼虫和它的食物

任务四:制作"方格簇"

1.学习目标

(1)学会整理信息,对"方格簇"进行方案构思。

(2)通过标准与限制,选择合适的材料,设计制作"方格簇"。

(3)对照评价表,进行小组评价。

2.核心问题

设计怎样的"方格簇"能满足蚕吐丝结茧的需求呢?

3.项目进程

环节一:构思方案

在蚕宝宝要吐丝结茧前,我们需要为蚕搭好结茧场所,不然熟蚕会出现丝中毒而死亡的情况。

要求：材料易得，使用方便，不易变形，牢固耐用，承受力大，等等。

环节二：设计制作"方格簇"

各小组根据任务要求，交流讨论，构思方案，并进行可视化表达。根据设计方案选择合适的材料与工具，制作"方格簇"。

环节三：作品展示

制作完成后，各小组展示自己的作品，说说在制作过程中遇到的困难，以及解决的方法，其他小组提出合理的意见和建议。

4.阶段性成果

(1)完成"方格簇"设计方案。

(2)制作"方格簇"成品。

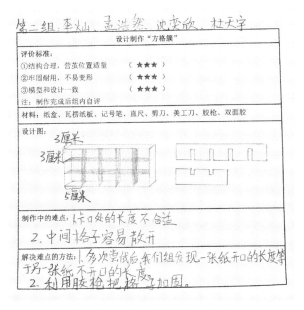

图1-1-9　"方格簇"设计方案　　　　图1-1-10　"方格簇"成品

任务五：观蚕蛹，量蚕丝

1.学习目标

(1)观察蚕蛹的形态结构特征，会用比较的方法研究蚕蛹与幼蚕的相同与不同，建立两者之间的联系。

(2)会用数学的方法探究一根蚕丝的长度。

2.核心问题

蚕蛹的形态特征是什么？蚕蛹与幼蚕的形态特征有什么相同与不同？如何测量

一根蚕丝的长度？

3. 项目进程

环节一：观察蚕蛹

（1）用摇一摇、听一听、迎着灯光下照一照等方法推测蚕茧里面是否有东西。

（2）观察蚕茧里面的情况。

在老师的指导下剪开蚕茧，思考蚕蛹是不是活着的。

用软的东西触摸蛹，用手电筒照射它，或者发出声音，等等，看看蛹会不会有反应。注意不要伤害到蚕蛹。

（3）观察蚕蛹的形态特征

采用观察蚕的幼虫的方法观察蚕蛹，并将蚕蛹与蚕的幼虫进行比较。可以借助上次画的幼蚕的外部形态图，对照着观察蚕蛹，并将观察到的蚕蛹的样子画下来。

环节二：测量蚕丝的长度

茧丝量（即一个蚕茧能缫得的总丝量）是衡量蚕茧品质的重要指标。

（1）现场观摩"手工缫丝技艺"。

通过现场观摩，学生发现蚕茧是由一根蚕丝绕制而成的。

（2）探究一根蚕丝的长度。

头脑风暴：如何测量一根蚕丝的长度？利用可行方法现场测量、计算一根蚕丝的长度。

4. 阶段性成果

（1）用画图的方法记录观察到的蚕蛹的样子。

（2）记录测量一根蚕丝长度的方法。

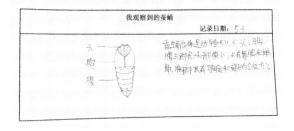

图 1-1-11　蚕蛹的形态特征

图 1-1-12　测量一根蚕丝长度的方法

任务六：观察蚕蛾

1. 学习目标

（1）观察蚕蛾的生命活动现象，认识蚕一生的生长变化。

（2）认识蚕蛾的外部形态特征，并根据外部形态特征识别雄蚕蛾和雌蚕蛾。

（3）能基于对蚕蛾和蚕蛹的观察比较，推测蚕蛾身体各部分结构与蚕蛹的联系。

2.核心问题

蚕蛾的形态特征是什么？有哪些生命活动现象？

3.项目进程

环节一：观察蚕蛾

（1）观察蚕蛾的生命活动。

观察蚕蛾是否吃东西、怎样运动等，关注蚕交尾、产卵的现象。思考如果条件适宜，新的蚕卵将会发生哪些变化。

（2）观察蚕蛾的外部形态特征。

观察蚕蛾的外部形态特征，在观察比较的基础上发现雄、雌蚕蛾外部形态的不同。

环节二：比较蚕蛾和蚕蛹

（1）根据收集到的信息进行有根据的推测。

通过对蛹、蚕蛾从蚕茧里钻出来的过程的观察，推断蚕蛾是由蛹发育来的。

（2）观察比较蚕蛾和蛹的形态特征。

观察蚕蛾和蛹两者的结构图（最好用实物或实物标本比较），明确它们之间的联系。

4.阶段性成果

（1）完成蚕蛾生命活动现象记录。

（2）用画图的方法记录观察到的蚕蛾的样子。

（3）完成雄蚕蛾与雌蚕蛾的外部特征比较记录表。

（4）完成蚕蛾与蚕蛹外部特征比较记录表。

（5）建立蚕生命周期的模型，并通过收集资料，了解昆虫的两种发育形态。

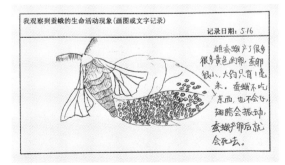

图 1-1-13　蚕蛾的生命活动现象记录

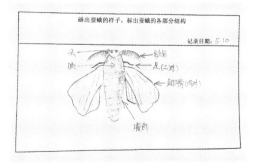

图 1-1-14　蚕蛾的外部形态特征

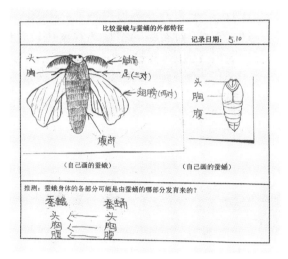

图 1-1-15　雄蚕蛾和雌蚕蛾的外部特征比较　　图 1-1-16　蚕蛾和蚕蛹的外部特征比较

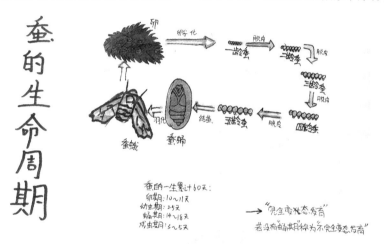

图 1-1-17　蚕的生命周期模型

任务七：成果展示，制作养蚕手册

1. 学习目标

（1）总结分享养蚕以及长期观察研究蚕的所得。

（2）能基于观察记录，描述蚕一生经历的生命过程。

（3）能用数学的方法统计蚕的生命周期。

2. 核心问题

如何设计制作一本科学养蚕手册？

3.项目进程

环节一:整理资料,制作展板

整理展示资料。运用展板设计法,展示的内容包括拍的照片、画的图画、做的记录表以及写的观察日记等。

环节二:开展交流会

各小组介绍观察到的蚕一生的生长变化情况(包括一些有趣的发现)、观察过程中采用的观察记录方法,以及饲养蚕并进行长期观察记录的情感体验等。(可提前制作PPT)

环节三:制作科学养蚕手册

资料装订成册,做成一本呈现蚕的生命需求、生长阶段和生命活动现象,并能指导学生科学养蚕的手册。

4.阶段性成果

(1)制作交流会展示板。

(2)制作科学养蚕手册。

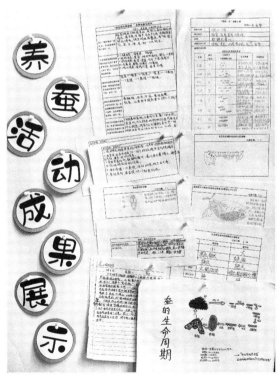

图 1-1-18　养蚕活动成果展示

图 1-1-19　养蚕手册

四、项目反思

(一)学生学有所思

在项目完成后的学生访谈中,学生的观点摘录如下:

这次活动非常有意思,我们在老师的带领下参观了"辑里湖丝博物馆",见到了很多精美的丝织品,了解了湖丝的发展史,为湖州优秀的传统文化感到自豪。我们还参观了蚕室,了解了很多蚕具的用途,学习了很多养蚕的方法。

在养蚕过程中,我遇到了一些困难,幸好我的爷爷奶奶是养蚕高手,我有不懂的地方就去请教他们,在他们的指导和帮助下,我的蚕养得白白胖胖,最后结出大大的茧。我还观察了蚕蛹和蚕蛾,看到蚕蛾产下很多很多的蚕卵,然后死亡。通过这次活动,我学会了很多观察记录和查阅资料的方法,学到了很多有关蚕的知识。

(二)教师教有所思

养蚕是一项烦琐且用时较长的劳动,让学生坚持到底尤为重要。基于学生立场,在项目中采用观察记录、交流分享、参观访问、动手实践等多种教学策略,从而提高学生的学习积极性,使学生对蚕的生命活动现象及生命周期有了认识,培养了学生展开观察研究、收集和分析信息、交流探讨等能力。

项目化学习有助于学生将零散的知识系统化,并总结和发现规律,为以后的学习研究提供帮助,让学生体会到坚持长期观察并及时做好记录对于科学研究的重要性。

(三)项目成效与困惑

本项目是基于科学教材三年级下册"动物的一生"单元,进行重组和优化的跨学科项目。学生在项目中经历了一次完整的养蚕过程,不仅要观察蚕的生长变化,还要采桑叶、切桑叶、除沙,学做养蚕盒、"方格簇"。这次活动既是一次很好的生命教育活动,也是一次很好的劳动教育活动。学生在活动中感受生命的伟大和脆弱,学会保护生命、尊重生命。

本项目如果用最新科研成果——彩色蚕和普通家蚕进行对比喂养,是否更能激发学生的好奇心和求知欲?

搭建农场大棚

湖州市湖师附小教育集团　沈冬良

一、项目简介

　　由于寒流侵袭和大风降雨,校园农场刚栽种的西红柿幼苗生长不良。学生实地考察,发现并定义问题;通过走访大棚基地、网络调查等多种途径了解大棚;学习形状与结构、植物的生长与环境等相关知识与技能;进而发散思维构思大棚设计,收敛思维完善设计方案;不断测试改进优化产品;最终通过展示交流对大棚进行推广及反思,从中感悟生命保护的重要性,形成热爱自然的意识。

　　项目时长:10 课时,40 分钟/课时,共 400 分钟。

　　涉及学科:科学、技术、工程、艺术、数学。

　　涉及年级:五年级、六年级。

二、项目规划

(一)驱动性问题

　　我们该如何为校园农场设计一个稳定、牢固、适合西红柿植株生长的大棚,来对抗恶劣的天气?

（二）核心概念

表 1-2-1　"搭建农场大棚"项目核心概念

类型		核心概念
学科	科学	物质的结构与性质
	技术	技术、工程与社会
	工程	工程设计与物化
	艺术	审美判断、创意实践
	数学	数据分析观念
跨学科		结构与功能、系统与模型

（三）学习目标

表 1-2-2　"搭建农场大棚"项目学习目标

学科目标	素养目标
1.具有基于事物的结构、功能等展开想象的能力,能运用重组思维、发散思维、突破定势等创造性思维的基本方法[《义务教育科学课程标准(2022 年版)》p.10] 2.知道利用技术与工程能提高生产效率和工作效率,知道简单工程存在一定约束条件及验收标准[《义务教育科学课程标准(2022 年版)》p.8] 3.应用所学科学原理设计并制作简单的装置,能进行模拟演示并简要解释,具有初步的构思、设计、实施、验证与改进的能力[《义务教育科学课程标准(2022 年版)》p.13] 4.形成量感、空间观念和几何直观。经历收集、整理和表达数据的过程[《义务教育数学课程标准(2022 年版)》p.13-14] 5.发展创新思维,积极参与创作、表演、展示、制作等艺术实践活动,学会发现并解决问题,提升创意实践能力[《义务教育艺术课程标准(2022 年版)》p.7]	【人文底蕴】培养学生在学习、理解、运用人文知识和技能等方面的基本能力、情感态度和价值取向 【科学精神】培养学生持之以恒、认真负责的态度 【学会学习】培养学生乐学善学、勤于思考的能力 【健康生活】培养学生的移情能力,站在他人立场思考问题的能力 【责任担当】培养学生的社会责任感 【实践创新】培养学生在日常活动、问题解决、适应挑战等方面的实践创新意识

（四）学情分析

（1）五、六年级的学生学习了生活中常见的材料、生物与环境等相关知识,但对形状与结构、植物生长与环境等相关知识掌握得还不够,运用所学知识解决实际问题的能力还有待提高。

（2）五、六年级的学生具备一定的科学探究能力、较强的动手和绘图能力，但是运用3D软件绘图、按照设计思维环节开展项目还不够熟练。

（五）学习地图

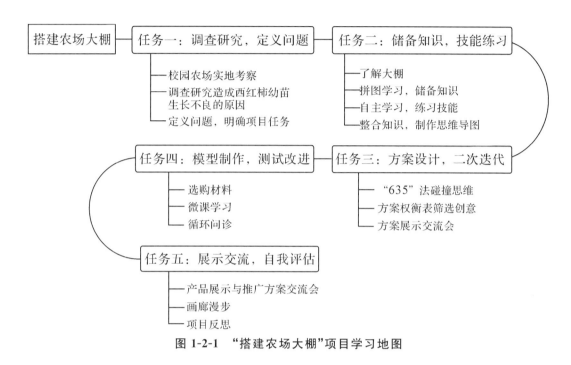

图1-2-1 "搭建农场大棚"项目学习地图

（六）项目评价

1. 过程性评价

表1-2-3 对学生在"调查研究，定义问题"任务中表现的评价

评价内容	评价标准			自评	组评	师评
	☆	☆☆	☆☆☆			
发现问题	在考察过程中只能通过与同伴的交流发现西红柿幼苗生长不良的问题	在考察过程中能发现西红柿幼苗生长不良的问题，但还不能对西红柿生长不良的表现进行描述	在考察过程中能发现西红柿幼苗生长不良的问题，并能对西红柿生长不良的表现进行描述			

续　表

评价内容	评价标准			自评	组评	师评
	☆	☆☆	☆☆☆			
调查研究	能对西红柿生长不良的原因开展调查研究,但没能获得有价值的信息	能对西红柿生长不良的原因开展调查研究,并获得较多有价值的信息,但不能对信息进行分类整理	能对西红柿生长不良的原因开展调查研究,并能在获得较多有价值的信息的基础上对信息进行分类整理			
定义问题	能根据问题定义公式对问题进行定义,但表述不够清楚	能根据问题定义公式对问题进行定义,表述清楚但缺乏对大棚标准的描述	能根据问题定义公式对问题进行定义,表述清楚并对大棚标准有清晰的描述			

表 1-2-4　对学生在"储备知识,技能练习"任务中表现的评价

评价内容	评价标准			自评	组评	师评
	☆	☆☆	☆☆☆			
知识学习	掌握一部分知识	掌握大部分知识	掌握全部知识			
技能学习	能在组员的帮助下进行相关技能的练习	能自主完成相关技能的练习,但缺乏与组员的配合	不仅能自主完成相关技能的练习,还能帮助或配合组员进行练习			
知识整理	能对知识进行罗列整理,但还不能以思维导图的方式进行整合	能在思维导图上体现出部分知识之间的关系	能在思维导图上将所有知识之间的关系进行较详尽的展示,清晰明了			

表 1-2-5　对学生在"方案设计,二次迭代"任务中表现的评价

评价内容	评价标准			自评	组评	师评
	☆	☆☆	☆☆☆			
方案构思	参与构思方案	积极构思方案	根据"635"法有创意地构思方案			

续　表

评价内容	评价标准			自评	组评	师评
	☆	☆☆	☆☆☆			
方案规范	能给出设计方案	能给出设计方案，并有意识地进行标注	能给出设计方案并对各个细节进行准确、规范的标注，而且能进行三维构图			
表达准确	对本组方案进行简单表达	对本组方案的关键点能清晰、准确地表达	对本组方案的关键点能清晰、准确地表达，并能对质疑进行合理应答			
认真倾听	在汇报环节基本能做到安静倾听	在汇报环节基本能做到安静倾听，并有针对性地思考和形成记录	在汇报环节基本能做到安静倾听，有针对性地思考和形成记录，并合理质疑			

表 1-2-6　对学生在"模型制作，测试改进"任务中表现的评价

评价内容	评价标准			自评	组评	师评
	☆	☆☆	☆☆☆			
分工合作	小组有分工,清楚自己的职责,但没有与组员合作	清楚自己的职责,但与组员合作较少	小组分工明确,能准确、清晰地完成自己的任务			
合理取材	能根据设计图选择材料	能根据设计图按需选择材料	能根据设计图按需选择材料,有材料替代意识			
规范操作	能根据模型使用各类工具	能根据模型安全、规范使用各类工具	安全、规范使用各类工具并有及时整理、归类的习惯			
反思记录	模型制作测试过程中有反思	能解决模型制作测试中出现的问题	能解决模型制作测试中出现的问题,并及时记录反思收获			

表 1-2-7　对学生在"展示交流，自我评估"任务中表现的评价

评价内容	评价标准			自评	组评	师评
	☆	☆☆	☆☆☆			
分工合作	小组有分工，清楚自己的职责，但没有与组员合作	清楚自己的职责，但与组员合作较少	小组分工明确，能准确、清晰地完成自己的任务			
沟通交流	能与组员交流	积极与组员交流	积极与组员交流并提出自己的想法			
展板设计	基本能展示本组项目的特点	能丰富、完整地表达本组项目的特点	能丰富、完整地表达本组项目的特点，展板设计美观			
展示表达	能基本展示并表达本组项目成果	能详细展示并表达本组项目成果	能具体、准确地介绍本组项目成果并有创新亮点			

2. 终结性评价

表 1-2-8　"搭建农场大棚"项目终结性评价

评价内容		评价标准			自评	组评	师评
		☆	☆☆	☆☆☆			
稳定		大棚很少用到三角形结构，不能很好地起到抗风的效果，稳定性较差	大棚较多用到三角形结构，能抵抗强风，稳定性较好	大棚用到很多三角形结构，能抵抗超强风，稳定性很好			
牢固		大棚的连接部位有缺陷，受力不均匀，易坍塌	大棚连接部位较牢固，能承受较大力，不易坍塌	大棚连接部位很牢固，能承受很大力，不易坍塌			
适合西红柿植株生长	保温	保温效果较差，缺乏升温的设计	保温效果较好，加入了升温的设计	保温效果很好，有升温的设计			
	光照	大棚覆盖材料不科学，棚内光照不足，缺乏补光遮光的设计	大棚覆盖材料科学，棚内光照较足，有补光遮光的设计	大棚覆盖材料科学，棚内光照充足，补光遮光设计实用			
	透气	大棚过于密封，缺乏透气设计	大棚密封性较好，也有透气设计	兼顾密封性与透气性，大棚设计合理			

三、项目实施

任务一:调查研究,定义问题

1. 学习目标

(1)能通过对校园农场的实地考察,发现存在的问题。
(2)能对造成西红柿幼苗生长不良的原因进行调查研究。
(3)能结合对问题的分析,对问题进行合理定义。

2. 核心问题

如何发现校园农场中存在的问题,并对问题进行合理定义?

3. 项目进程

环节一:校园农场实地考察

学生进入校园农场实地考察,观察西红柿幼苗的生长情况,并使用平板电脑拍照记录。

提问:西红柿幼苗生长得好吗? 哪些表现说明它生长得不好?

思考:哪些因素会造成西红柿幼苗生长得不好?

项目墙记录:校园农场的西红柿幼苗出现了叶子泛黄、叶片向上卷曲、叶片萎蔫枯死、苗死等现象。

环节二:调查研究造成西红柿幼苗生长不良的原因

同学们,农场西红柿幼苗生长不良,跟哪些因素有关呢? 我们可以通过哪些途径了解问题所在?

学生组内自主通过网络调查、采访农场大伯、查阅书籍等途径对问题开展调查研究,并对收集的信息进行记录整理。

组织学生对调查研究的成果进行分享交流,并对造成西红柿生长不良的主要原因进行分析,得出结论。

项目墙记录:寒流侵袭、大风降雨及野兔出没都是造成西红柿幼苗生长不良的关键原因。

环节三:定义问题,明确项目任务

我们已经找到了西红柿幼苗生长不良的关键原因,如果在这样的环境下,我们还要继续在农场种植西红柿,我们该如何解决这一问题? 请先组内讨论交流并完成KWH表。

汇总各组的KWH表,权衡统一在农场搭建大棚的决策,并针对需求进一步探讨搭建大棚需要满足哪些条件。

出示问题定义公式“我们该(如何),为(谁),做点(什么),好解决(什么问题)”,学生全班交流讨论,分析真实需求,聚焦核心问题。

定义明确驱动性问题:我们该如何为校园农场设计一个稳定、牢固、适合西红柿植株生长的大棚,来对抗恶劣的天气?

4. 阶段性成果

(1)学生对造成西红柿幼苗生长不良的原因进行调查研究,形成资料。

(2)学生利用 KWH 表回忆自己已有的认知,并能够提出一些相关问题。

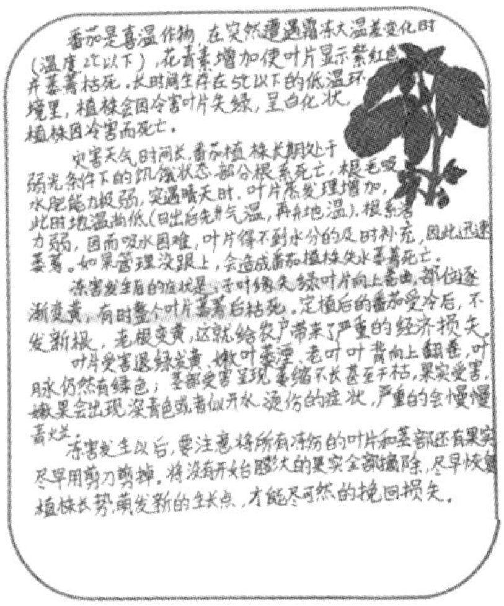

西红柿幼苗生长不良调查研究记录

番茄是喜温作物,在突然遭遇霜冻大温差变化时(温度2℃以下),花青素增加使叶片显示紫红色并萎蔫枯死。长时间生存在5℃以下的低温环境里,植株会因冷害叶片失绿,呈白化状,植株因冷害而死亡。

灾害天气时间长,番茄植株长期处于弱光条件下的饥饿状态,部分根系死亡,根毛吸水肥能力极弱,突遇晴天时,叶片蒸发理增加,此时地温尚低(日出后先升气温,再升地温),根系活力弱,因而吸水困难,叶片得不到水分的及时补充,因此迅速萎蔫。如果管理没跟上,会造成番茄植株失水萎蔫死亡。

冻害发生后的症状是,子叶缘失绿叶片向上卷曲,部位逐渐变黄,有时整个叶片萎蔫后枯死。定植后的番茄受冷后,不发新根,老根变黄,这就给农户带来了严重的经济损失。

叶片受害退绿发黄,嫩叶萎薄,老叶叶背向上翻卷,叶脉仍然有绿色;茎部受害呈现萎缩不长甚至干枯,果实受害,嫩果会出现深青色或者似开水烫伤的症状,严重的会慢慢萎蔫。

冻害发生以后,要注意将所有冻伤的叶片和茎部还有果实尽早用剪刀剪掉,将没有开始膨大的果实全部摘除,尽早恢复植株长势,萌发新的生长点,才能尽可然的挽回损失。

图 1-2-2　调查记录

KWH 表

关于这一问题 我的已知	关于这一问题 我想知道	关于这一问题 我打算如何解决
西红柿是喜温植物 西红柿植株的生长需要阳光、空气、水分和合适的温度. 西红柿的生长要注意病虫害的防治.	西红柿最适宜的生长温度是多少. 如何来控制西红柿生长所需的温度、光照、水分等	给西红柿搭一个家里面有适宜的温度.水分.空气.光照.

图 1-2-3　KWH 表

任务二:储备知识,技能练习

1. 学习目标

(1)通过参观大棚基地、网络调查、采访专业人员等途径了解大棚。

(2)能利用拼图学习掌握形状与结构、植物生长与环境等相关知识。

(3)能利用学习资源包自主学习,并练习切割、黏合、3D 建模等相关技能。

(4)能制作思维导图整理知识。

2. 核心问题

大棚是怎样的?我们可以运用哪些知识与技能让大棚稳定、牢固并适合西红柿植株的生长?

3. 项目进程

环节一:了解大棚

组织学生参观当地大棚基地,学生通过预先设计好的问题询问专业技术人员,通过专业技术人员的讲解与演示了解大棚的结构、作用、类型、工作模式等相关知识,学生利用平板电脑做好拍摄,并记录了解到的有关大棚的知识。

学生还可以通过网络调查、查阅书籍等途径了解更多有关大棚的知识。

环节二:拼图学习,储备知识

学生所在的小组为拼图组,教师介绍专家组学习的主题:绿色工作坊(植物的光合作用)、植物生长知多少(温度、湿度、空气、病虫害等对植物生长的影响)、绘制地图(比例尺)、结构大力士(形状与结构)。拼图组分配相应学生到专家组进行学习,学习好后再回到拼图组进行交流。

环节三:自主学习,练习技能

学生小组内通过平板电脑的学习资源包和搜索引擎学习有关剪裁、拼接、立体绘制、工具使用等技能并进行简单练习。

环节四:整合知识,制作思维导图

学生小组内交流讨论,将所学的知识与技能整合制作成思维导图绘制在卡纸上,并张贴在班级项目成果墙上。

4. 阶段性成果

(1)学生完成有关大棚的调查研究、学习交流笔记。
(2)学生将所学的知识与技能整合制作成思维导图。

图1-2-4 大棚基地实地考察

图1-2-5 结构大力士

任务三:方案设计,二次迭代

1. 学习目标

(1)能对大棚进行发散构思,并权衡决策统一方案。
(2)能规范制作设计图,并进行设计说明。
(3)能吸纳好的建议,并对设计方案进行优化。

2. 核心问题

如何对大棚进行构思,并将构思以设计方案的形式呈现?

3. 项目进程

环节一："635"法碰撞思维

组织学生在第一个 5 分钟内写下对设计大棚的 3 个创意,然后组内依次传递。在第二个 5 分钟内,学生在受到前面同学的启发后,再写下不同的或改进后的 3 个设想。如此循环 6 次,30 分钟内产生 108 个创意。学生再将创意可视化表达。

环节二:方案权衡表筛选创意

学生组内利用方案权衡表根据可行性、大棚稳定性、牢固性、适合西红柿植株生长等标准收敛思维,交流讨论,筛选创意并决策统一方案。

环节三:方案展示交流会

组织学生准备方案展示稿,以小组为单位上台进行方案展示和答疑。其他小组认真倾听,对展示小组就设计图绘制,大棚可行性、科学性等方面提出问题或给出建议。

展示完成后肯定学生的方案设计,鼓励学生吸取其他小组可取的建议,对自己的方案进行二次修改。

鼓励学生将二次修改后的设计图进行 3D 建模,并标注相应尺寸与材料。

4. 阶段性成果

完成"635"法头脑风暴创意清单和大棚的设计方案。

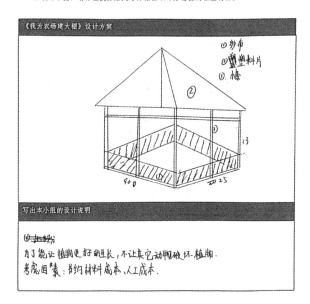

图 1-2-6 设计大棚草图

3.小组间讨论设计方案,对本组的设计方案进行二次修改。将二次修改后的设计图,通过 Autodesk 123D Design1.8 中文版进行建模制图。

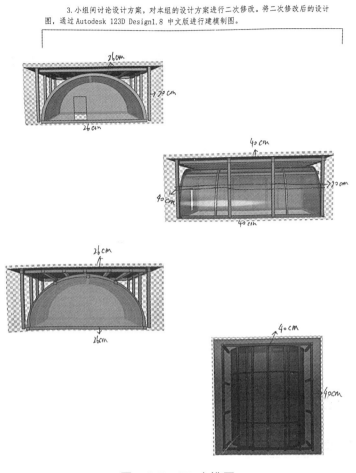

图 1-2-7　3D 建模图

任务四:模型制作,测试改进

1. 学习目标

(1)能根据设计方案制作模型并测试改进,从而提升实施、验证与改进的能力。

(2)学会工程记录,并尝试解决遇到的困难。

(3)注重沟通和分工合作。

2. 核心问题

如何根据设计方案制作并测试、优化大棚模型?

3. 项目进程

环节一:选购材料

学生根据设计方案完成材料采购清单。材料管理员到材料采购区进行材料采购。

环节二:微课学习

教师通过微课提出制作要求:①根据设计图制作模型;②对模型进行测试,并完成测试记录单;③如有修改,先修改设计图再改进模型;④记录遇到的困难,思考解决的方法;⑤工程记录。

学生分工合作完成产品模型的制作。

环节三:循环问诊

组织学生每组留下一人作为产品讲解员,其余成员顺时针绕圈,负责优化其他项目组的大棚模型。

4.阶段性成果

(1)学生在制作与测试改进模型的过程中形成工程日志。

(2)完成大棚模型。

图 1-2-8 大棚模型

任务五:展示交流,自我评估

1.学习目标

(1)能用多种方式展示项目成果。

(2)注重沟通与合作。

(3)能对项目进行反思和总结。

2.核心问题

如何更好地展示和推广大棚？

3.项目进程

环节一：产品展示与推广方案交流会

组织学生交流讨论哪些形式可以很好地推广产品。如展板、模型、视频、PPT等。

组织学生关注产品介绍要点：团队名称和产品名称，设计方案，遇到的挑战和最终的产品，项目所学（关键词、举例、描述），课堂学习的某一场景，阶段性成果，等等。

环节二：画廊漫步

划分好区域，各小组布置自己的展示区，家长、教师、学生代表自由参观并根据学生的展示汇报情况进行投票。

环节三：项目总结

学生回顾自己在整个项目过程中的表现，分享自己的感悟，利用自评表进行自评。

展望后期的成果分享，如在校园电视台或学校STEAM嘉年华等活动中进行展示与推广。

4.阶段性成果

完成用于展示交流的展板或其他多媒体作品。

四、项目反思

(一)学生学有所思

在项目完成后的学生访谈中，学生的观点摘录如下：

老师提前为我们准备了涉及相关知识的学习支架和学习资源包、拼图学习的方法，让我们有了小专家的体验，也让我们迅速获得了很多知识，大大提高了效率。在借助学习资源包进行学习的过程中，我们小组会互帮互助地完成每一个小任务，不仅提高了自学能力，也让我们小组变得更有默契。

整个项目过程中，老师给了我们很多交流、展示的机会，让我们的沟通表达能力得到了提高。如何更规范地画设计图、如何更好地设计制作展示展板、如何更有效地管理材料等方面是我们需要完善的，总之，这样的项目化学习很有趣，也让我们收获很多。

(二)教师教有所思

相比传统教学,项目化学习给了学生充足的表现空间,教师在整个项目过程中一直作为支持者或参与者适时帮助学生解决问题。这种敢于放手的方式给教师带来了不一样的惊喜,教学方式的改变也必将赋能教师的学科教学。

从项目设计到实践再到反思,教师可以从中获得很多切身的体验。比如:如何从身边挖掘可以开展项目化学习的主题,如何对标学科核心概念与素养,如何促进学生更好地完成任务,如何利用多元化评价来更好地关注学生的表现并进行调控与促进学生更好地反思,等等。

(三)项目成效与困惑

本项目来源于真实问题,是基于设计思维的跨学科项目,其中运用了许多思维工具,实践证明学生借助思维工具能更好地进行观察与思考。这种显性的变化能够帮助我们更好地设计项目,也能给我们的教学策略研究提供更好的思路。

自制中草药驱蚊器

湖州市织里镇晟舍小学　徐佳琪　汤仲萍

一、项目简介

在浙江省中医药文化进校园活动的号召下,我校设计开发了本次跨学科学习项目。我校是中医药试点学校,有校内中草药种植基地,这给我们项目的开展提供了很多教学资源。学生了解中医药的历史与文化,认识常见的驱蚊中草药,并进行种植观察。在此基础上,把中草药运用到生活中,设计开发中草药驱蚊器、制作驱蚊贴等。在此过程中学生感悟生命,认识到环保的重要性,体验了农民、中医师、设计师等多个职业,萌生了理想的职业生涯意识。

项目时长:7 课时,40 分钟/课时,共 280 分钟,另需种植 3 个月。

涉及学科:科学、技术、劳动、人文。

涉及年级:三年级、四年级。

二、项目规划

(一)驱动性问题

如何运用中草药设计开发一款生态环保的驱蚊器?

(二)核心概念

表 3-1 "自制中草药驱蚊器"项目核心概念

类型		核心概念
学科	科学	生物与环境的相互关系,技术、工程与社会
	技术	工程设计与物化
	劳动	农业生产劳动、劳动能力、劳动习惯和品质
	人文	中华传统先进文化、创意实践
跨学科		结构和功能、信息收集与分析、模型

(三)学习目标

表 3-2 "自制中草药驱蚊器"项目学习目标

学科目标	素养目标
1.能区分植物和动物的主要特征,并能对植物和动物进行简单分类[《义务教育科学课程标准(2022 年版)》p.8] 2.认识植物的某些结构、动物的某些结构与行为具有维持自身生存的功能[《义务教育科学课程标准(2022 年版)》p.8] 3.分析并表达要素之间的关系,找到它们之间重要的、共同的特征[《义务教育科学课程标准(2022 年版)》p.10] 4.初步具有交流、反思以及评价探究过程和结果的意识[《义务教育科学课程标准(2022 年版)》p.12] 5.具有基于事实表达观点的意识[《义务教育科学课程标准(2022 年版)》p.14] 6.初步体验简单的种植、养殖、手工制作等生产劳动[《义务教育劳动课程标准(2022 年版)》p.8] 7.懂得在劳动中遵规守约,初步学会与他人合作劳动[《义务教育劳动课程标准(2022 年版)》p.8]	【人文底蕴】培养学生在学习、理解、运用人文领域知识和技能等方面的基本能力、情感态度和价值取向 【科学精神】理性思维、批判质疑、勇于探究。逻辑清晰,能运用科学的思维方式认识事物、解决问题、指导行为;思维缜密,能多角度、辩证地分析问题,做出选择和决定;能大胆尝试,积极寻求有效的问题解决方法 【学会学习】乐学善学、勤于反思,具有信息意识。能正确认识和理解学习的价值,具有积极的学习态度和浓厚的学习兴趣;具有对自己的学习状态进行审视的意识和习惯,善于总结经验 【健康生活】珍爱生命、自我管理能力强 【责任担当】具有团队意识和互助精神;能主动作为,履职尽责,对自我和他人负责;有社会责任感、国家认同感 【实践创新】培养学生在日常活动中的问题解决、适应挑战等方面的实践能力、创新意识和行为表现。能依据特定情境和具体条件,选择制订合理的解决方案

(四)学情分析

(1)三、四年级的学生对植物的种植经验较少,没有长期观察记录的习惯。对驱蚊中草药的认识比较缺乏。

(2)三、四年级的学生已掌握一定的观察方法,同时也能够与小组成员合作讨论,完成任务。

(3)三、四年级的学生对于工程设计思维缺乏经验与认知,不太清楚设计开发一款产品的基本流程,制作过程中也存在一定困难。

(五)学习地图

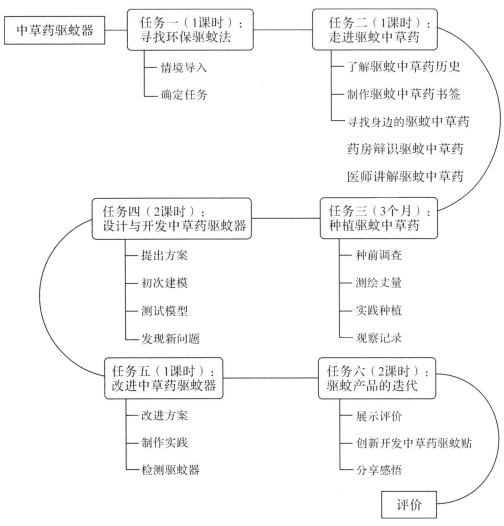

图 1-3-1　"自制中草药驱蚊器"项目学习地图

(六)项目评价

1.过程性评价

表 1-3-3 "自制中草药驱蚊器"项目过程性评价

主要指标	评价标准			评分
	☆	☆☆	☆☆☆	
知识掌握	对驱蚊中草药不了解,对种植方法不明确	对驱蚊中草药了解不全面,对种植方法的思考不全面	了解驱蚊中草药,准确掌握种植方法	
设计图	缺少设计示意图,缺乏相应的文字和符号标记	能画出简单的设计示意图,但缺乏相应的文字和符号标记	设计图清晰可视化,图形简单明了,标记明确	
产品制作	驱蚊器结构偏差大,没有突破	驱蚊器结构较合理,突破较少	驱蚊器结构有助于驱蚊使用,且具有创造力,有所突破	
材料选择	材料选择不恰当,没有达到预期的设计目标	材料选择较合理,能勉强达到预期的设计目标	材料选择合理,且达到预期的设计目标	

2.终结性评价

表 1-3-4 "自制中草药驱蚊器"项目终结性评价

主要指标	评价标准			评分							
	☆	☆☆	☆☆☆	第一组	第二组	第三组	第四组	第五组	第六组	第七组	第八组
剂量选择	剂量不适合所使用的场合空间	剂量较适合所使用的场合空间	剂量适合所使用的场合空间								
结构设计	盛放中草药会掉落,不透气,不可重复使用	盛放中草药基本不掉落,基本透气,基本可重复使用	可盛放中草药,不掉落,透气,可重复使用,有创新								
成本控制	性价比不高	性价比较高	性价比高								

三、项目实施

任务一:寻找生态环保的驱蚊方法

1.学习目标

(1)头脑风暴,提出驱蚊的意见,寻找天然环保的方法。

(2)会进行岗位学习,分工合作。

2.核心问题

激发学生的前概念,并提炼生态环保的驱蚊方法。

3.项目进程

环节一:情境导入

在生活中大家都遇到过蚊子叮咬的问题,也有很多驱蚊的经验,比如蚊香液、驱蚊喷雾等,但从生态环保的角度考虑,中草药是纯天然的,不会影响环境,是较好的选择,我们可以设计开发一款中草药驱蚊器。

环节二:确定任务

学生自主查找资料,寻找驱蚊中草药的配方和剂量,分析设计需要考虑的因素,并进行岗位竞聘——每组 6 人,分别担任项目经理(1 人)、配药员(1 人)、设计师(2人)、采购员(1 人)、推广员(1 人),持证上岗,发挥学生个人特长,分岗位培训,增强专业化学习,提高分工合作的能力。

4.阶段性成果

(1)学生能通过讨论分析,对问题提出解决方案。

(2)学生自行分工,以合作形式完成项目任务。

任务二:走进驱蚊中草药

1.学习目标

(1)了解驱蚊中草药的历史与文化。

(2)认识生活中常见的驱蚊中草药,能说出它们的名字,知道它们的特征及药用价值。

2.核心问题

如何认识和识别常见的驱蚊中草药?

3. 项目进程

环节一：了解驱蚊中草药历史

学生课前自主收集关于驱蚊中草药的历史资料，课上进行分享。我们的中草药文化有着数千年的悠久历史，底蕴十分丰富。

环节二：制作驱蚊中草药书签

学生分工合作，设计书签，绘画，写草药的名称、别名、简介或药用价值等。把它赠送给老师、同学和亲朋，让更多的人了解中草药文化。

环节三：寻找身边的驱蚊中草药

驱蚊中草药离我们并不遥远，它们就藏在我们身边。

在校园里寻找身边的中草药。根据对中草药的了解和在课上学习到的知识，分小组在校园里寻找，比一比哪组找到的中草药种类最多。

环节四：药房辨识驱蚊中草药

一系列的活动让学生们对中草药文化越来越感兴趣。学校旁边的卫生院就有中药房，学生亲眼辨识驱蚊中草药，找到并进行观察，向药师请教名称及功效，体验如何抓药。

环节五：医师讲解驱蚊中草药

邀请中医师给我们讲解中医的发展历程，介绍一些常见中草药。学生通过望、闻、摸等多种感官方式，认识了身边许多的中草药，并参与养身保健类中药的煎煮熬制。

4. 阶段性成果

制作驱蚊中草药书签，能辨识驱蚊中草药。

图 1-3-2　中草药书签

任务三：种植驱蚊中草药

1.学习目标

(1)懂得种植需要选地、除草、翻地、整地、施肥、播种、养护、收获等环节,掌握种植中草药(如艾草、薄荷、紫苏……)的方法。

(2)围绕种植的中草药进行研究,了解植物基本的生长情况及栽培方法。

2.核心问题

怎样种植驱蚊中草药,以帮助我们开发驱蚊器获取原材料?

3.进展进程

环节一：种前调查

<table>
<tr><td colspan="2" align="center">学习单</td></tr>
<tr><td>学校：</td><td>年级班级：</td></tr>
<tr><td>小组名字：</td><td>小组成员：</td></tr>
<tr><td>选择种植什么草药：</td><td>适宜播种时间：</td></tr>
<tr><td>种子发芽的条件怎样：</td><td>适宜生活的土壤环境如何：</td></tr>
<tr><td colspan="2">种植中可能会出现的问题有哪些：</td></tr>
</table>

图 1-3-3　中草药种植学习单

讨论制订学习单。了解到中草药的神奇后,自己亲手种植驱蚊中草药。通过调查驱蚊中草药的种植方法,决定种植艾草、薄荷,它们生长较快,易观察。

除了完成学习单,学生还查找资料并进行汇总,询问专业种植人员,进行小组间的分享讨论。在交流中,学生发现以下问题可以探究：①种植艾草、薄荷前需要做哪些准备？②每株草药需要的土壤面积是多少？③植株与植株之间的合适距离是多少？④种植艾草时浇水的间隔时间为多少？⑤种植艾草、薄荷后还需要注意哪些问题？正确的管理方法是什么？

环节二:测绘丈量

在开始种植前,需要知道种植基地的面积,还需要知道种植时植株之间的距离。学生学习运用测量的知识进行测绘丈量。劳动基地是长方形的,计算它的面积和周长,只需要测量出它的长和宽。测好长和宽,运用周长公式"(长＋宽)×2",面积公式"长×宽",计算得出。

环节三:实践种植

制订种植方案,运用植物的种植方法进行实践。

环节四:观察记录

制订劳动值班表。每天观察照顾艾草和薄荷,记录植物从种子到幼苗到植株的变化过程,看着它一点点长大,写下观察日记。

4. 阶段性成果

制订可实施的中草药种植方案,规划好种植基地的使用。坚持记录,形成观察日记。

任务四:设计与开发中草药驱蚊器

1. 学习目标

(1)自主设计中草药驱蚊器,设计示意图,使设计方案可视化。
(2)根据设计图,选择合适的材料,制作中草药驱蚊器。
(3)测试驱蚊器效果,并不断优化。

2. 核心问题

如何运用中草药设计开发一款生态环保的驱蚊器?

3. 项目进程

环节一:提出方案

提问:我们已种植收获了艾草、薄荷。对于设计中草药驱蚊器,你们有什么想法吗? 基于使用的场合空间,我们在材料的选择上可以如何考虑?

小组合作:综合中草药驱蚊的方法,讨论剂量的选择,根据产品标准,同时结合材料的价格、优缺点及可行性等多种因素考虑,提出中草药驱蚊器设计方案。

环节二:初次建模

小组合作:根据设计方案,选择所需材料,完成中草药驱蚊器的制作。其中艾草、薄荷可用自己种植晒干的成果,其他较复杂的中草药可去中药房购买。

表 1-3-5　中草药驱蚊器测试记录

日期	时间	蚊子数量	
		不放中草药驱蚊器	放中草药驱蚊器
	8:00		
	12:00		
	16:00		
	8:00		
	12:00		
	16:00		
	8:00		
	12:00		
	16:00		

环节三：测试模型

在设计适用的场合中，放置两个相同的盘子，各加入同量猪血（用于吸引蚊子），一个旁边不放中草药驱蚊器，一个旁边放置中草药驱蚊器，每天隔两小时进行观察，做好实验记录与分析。

环节四：发现新问题

在驱蚊效果测试中，我们发现使用空间大小不同时，驱蚊效果会受到影响，如何解决呢？

4. 阶段性成果

制作中草药驱蚊器模型，通过测试讨论提出修改建议。

任务五：改进中草药驱蚊器

1. 学习目标

体会方案设计思维的有序性。

2. 核心问题

如何将中草药驱蚊器设计得更实用与有效？

3. 项目进程

环节一：改进方案

提问：让驱蚊器更有效，我们可以如何改进？

小组合作:结合之前对不同驱蚊设计的优缺点的探究、剂量选择,设计适合空间大小使用的驱蚊器。

环节二:制作实践

选择合适的材料,加工中草药驱蚊器,增加新功能,帮助实现驱蚊效果。

环节三:检测驱蚊器

按照任务四中模型的测试方法测试改进后的驱蚊器。

4.阶段性成果

制作中草药驱蚊器。

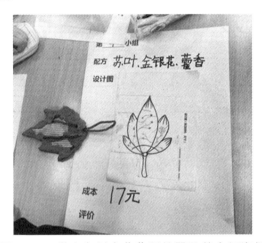

图 1-3-4　学生自制中草药驱蚊器及其介绍海报

任务六:驱蚊产品的迭代

1.学习目标

学会运用科学和技术解决实际问题和设计制作产品。

2.核心问题

我们还可以设计制作哪些驱蚊产品?

3.项目进程

环节一:展示评价

各组依次展示介绍自己设计制作的中草药驱蚊器,并从剂量选择、产品设计、成本等方面进行评价。组与组之间相互沟通交流,教师对各组进行评价。

环节二:创新开发中草药驱蚊贴

利用本项目学习中获得的知识与技能,设计与开发中草药驱蚊贴,实现多种途径驱蚊。

使用艾草来制作驱蚊贴。先把收割的艾草放在太阳底下晾晒,然后用捣药罐把晒干的艾草捣碎,接着把艾草碎末倒进烧杯中,再加入水,用酒精灯加热,直到把艾草碎末熬成汁,最后把艾草汁滴在无纺胶贴上,制作具有艾草香味的驱蚊贴。

环节三:分享感悟

通过本次项目化学习,学生收获很多,分享彼此的感悟。

4. 阶段性成果

运用所学的知识与技能制作驱蚊中药贴,对学习过程形成评价与反思。

四、项目反思

(一)学生学有所思

学生在此项目中,通过种植驱蚊中草药感悟生命的成长,通过驱蚊思考生态环保的设计,通过调查萌发长大要做一名中医药师的志向,通过长期实践提高了劳动能力,通过中医药文化学习增强了民族自信心。

(二)教师教有所思

该项目的开发和实施需要由语文、数学、科学、美术、劳动等多学科教师共同辅导完成,以实现跨学科学习的目的。教师在项目开展的过程中分工合作,共同探讨,共同解决问题,为项目化学习设计与开展打下了坚实的基础。如何将本项目中的教学内容应用到生活的更多方面,比如生态环保的除异味装置开发等,是我们要思考的问题。

(三)项目成效与困惑

"自制中草药驱蚊器"项目历时3个多月。在项目活动过程中,学生感触最深的是"合作"一词。学生根据岗位竞聘要求,并结合自身兴趣爱好和特长,竞聘上岗,领取工作证。这样的项目学生很感兴趣,跨学科项目的开展也需要学生合作才能更好地完成。3个多月的时间下来,有些小组最终可能没有成功种植驱蚊中草药,而是通过在中药房配药,最终设计制作出中草药驱蚊器的,但其收获也非常多。

"白鹭"环保小卫士

湖州南浔兰生宏达实验学校　何树峰

一、项目简介

湖州西塞山是一个人杰地灵的宝地,唐代诗人张志和在他的《渔歌子》中有云:西塞山前白鹭飞,桃花流水鳜鱼肥。从唐诗中的场景出发,探寻环境保护问题,向全社会呼吁保护自然,是我们肩上的一份责任。本项目通过对西塞山地区环境问题的研究,深刻理解环境对人类的影响。项目标题中的"鹭"更多表达的是对美好自然环境的向往。项目分为"探秘西塞山""白鹭的故事""人与自然"3个模块,从历史、人文、生物等多个维度展开,激发大家保护环境的意识,并最终形成一个对外宣讲环保的方案。

项目时长:10 课时,40 分钟/课时,共 400 分钟。

涉及学科:科学、人文。

涉及年级:五年级。

二、项目规划

(一)驱动性问题

西塞山区域的环境问题具有一定的典型意义。如何将我们对该区域环境问题的研究整理成一个逻辑清晰、内容翔实、观点新颖、形式多样,能反映出这一特定区域环境特点的表达方案,并以此为载体向社会宣传环保理念?

(二)核心概念

表 1-4-1 "'白鹭'环保小卫士"项目核心概念

类型		核心概念
学科	科学	生物与环境的相互关系、生命的延续与进化、人类活动与环境
	人文	形成正确的价值观;具备家国情怀,热爱家乡;具备主人翁意识;养成环境保护的意识
跨学科		物质与能量、系统与模型、稳定与变化

(三)学习目标

表 1-4-2 "'白鹭'环保小卫士"项目学习目标

学科目标	素养目标
1.简单描述生物与生物、生物与环境之间相互依存的关系,以及生物的多样性和进化现象。能认识到调整人类不合理的生产和生活方式,可以减少对地球环境的影响[《义务教育科学课程标准(2022 年版)》p.8] 2.能运用观察、实验、查阅资料、实地调查、案例分析等方式获取信息。采取不同方式(如小论文、调查报告等)呈现探究的过程与结果[《义务教育科学课程标准(2022 年版)》p.12] 3.了解科学、技术、社会、环境之间的相互影响,以及科学研究和技术应用中需要考虑伦理道德;愿意采取行动保护环境、节约资源[《义务教育科学课程标准(2022 年版)》p.14]	【人文底蕴】培养学生在学习、理解、运用人文知识和技能等方面的基本能力、情感态度和价值取向 【科学精神】培养学生持之以恒、认真负责的态度 【学会学习】培养学生乐于学习、勤于思考的能力 【责任担当】培养学生的社会责任感 【实践创新】培养学生在日常活动、问题解决、适应挑战等方面的实践创新意识

(四)学情分析

(1)五年级的学生,在知识方面,已经学习了基本的生物学知识,能简单分析不同动植物在不同环境下的生存表现,也了解了环境与生物,特别是与人类之间的关系,能简单分析真实的环境问题。

(2)五年级的学生,在技能方面,具备基本的资料检索和整理能力,能将自己研究的成果通过绘画、思维导图、表格等形式呈现出来。

(3)五年级的学生,对环境保护相关知识的学习,还停留在较浅的层次,无法根据生物与环境的关系,提出比较有建设性的环保建议。也缺乏对一个地区进行环境问题研究并提出改进建议的能力。

(五)学习地图

入项 (2课时)	子项目一：探秘西塞山 (4课时)	子项目二：白鹭的故事 (2课时)	子项目三：人与自然 (2课时)
1.项目背景介绍 2.接近核心问题 3.挖掘内心的向往	1.西塞山溯源 2.张志和生平 3.当地气候特征研究	1.生态系统中的食物链 2.白鹭生活习性研究	1.角色变变变 2.我是演说家

图 1-4-1 "'白鹭'环保小卫士"项目学习地图

(六)项目评价

1. 过程性评价

表 1-4-3 "'白鹭'环保小卫士"项目过程性评价

项目评价标准		交流探讨	合作探究	批判总结
入项	入门级	通过交流理解项目浅层的内涵和意义	在小组中被动发挥自己的作用,进行初步探究	无法完整概括出项目要实现的效果
	优秀级	通过交流理解项目深度的内涵和意义	能在合作的背景下开展有意义的探究	能概括出项目要实现的效果,并能进行描述
	专家级	通过交流透彻理解项目的内涵并有自己独到的见解	能很好地开展有意义的探究,并在合作中具备引领的能力	深刻理解项目要实现的效果,并能够指导同伴达成这一目标
探秘西塞山	入门级	在交流的基础上初步理解探秘西塞山是对生态系统中非生物模块的探讨	对该主题下历史、人文、气候环境等的探究只停留在最简单的理解层面	不能概括出本主题的核心思想
	优秀级	在交流的基础上能理解该主题在整个项目中的定位	能较好地在合作模式下完成对西塞山历史、人文、气候环境等的探究	能在团队协作的前提下概括出本主题的核心思想,并理解其在整个项目中的角色

项目评价标准		交流探讨	合作探究	批判总结
	专家级	在交流的基础上充分理解该主题在项目中的定位，并有自己的见解	能深入探究西塞山历史、人文、气候环境，并在合作中具备引领的能力	能独立概括出本主题的核心思想，并与整个项目构成局部与整体的有机关系
白鹭的故事	入门级	对本主题涉及的知识的理解只停留在表面上	只能完成分配给自己的基本任务	对环境中生物因素的概括不够深入
	优秀级	对本主题涉及的知识的理解较深入，也清楚在项目中的定位	探究的成果足以支撑拟人文章的撰写	能深入概括环境中生物因素的内涵
	专家级	充分理解本主题研究的是生态系统中的生物因素，并有自己独到的想法	探究成果丰富，能给组内其他成员启发。拟人文章撰写生动有趣，有成果的植入	能概括出生物因素在环境中的意义，并理解其在整个系统中的价值
人与自然	入门级	比较割裂地理解本主题，意识不到其作为整合性主题的意义	对不同角色在区域环境问题中环保困境的探究各自独立	能通过前期研究成果简单整合出本主题的综合意义
	优秀级	能理解本主题是对前面内容的综合与总结	能通过对不同角色在区域环境问题中环保困境的探究理解本主题的意义	能很好地整合前期的成果，形成比较好的宣讲方案思路
	专家级	能深刻理解本主题的综合意义，并有自己独到的见解	对不同角色在区域环境问题中的环保困境有深入的理解，并能提出解决方案	能有机整合前期的研究成果，形成逻辑清晰、形式合理的宣讲方案

2.终结性评价

表 1-4-4 "'白鹭'环保小卫士"项目终结性评价

项目评价标准	内容	形式	逻辑	展示
入门级	内容大部分偏离前期的研究数据和资料	没有设计，只有简单的信息罗列	整个方案逻辑性较差，或者没有逻辑	不能完整表达团队的最终想法

续　表

项目评价标准	内容	形式	逻辑	展示
优秀级	内容有部分偏离前期的研究数据和资料,加入了其他渠道的信息	有部分设计,但是内容堆砌较多	方案中体现了一定的逻辑性,但还不够完整	能部分表达,但是存在偏差或者表达形式单一
专家级	内容完全来自前期的研究数据和资料,总结性较强	设计和内容相辅相成,设计能为内容服务,能突出内容	方案逻辑清晰、内容完整	能完整表达方案中的意思,并且形式多样,有吸引力

三、项目实施

任务一:入项(破题、寻"鹭")

1. 学习目标

(1)理解西塞寻"鹭"主题的真正内涵。
(2)能通过具象化的作品挖掘内心的向往。
(3)接受项目背景下的探究任务。

2. 核心问题

如何实现破题,将白鹭这一形象的内涵以具象化的形式加以呈现,并使学生产生对环境问题进行研究的渴望?

3. 项目进程

环节一:项目背景介绍

"西塞山前白鹭飞,桃花流水鳜鱼肥。青箬笠,绿蓑衣,斜风细雨不须归。"词作中"白鹭飞"的场景,是我们希望看到的。你心目中的"白鹭"是什么?

环节二:接近核心问题

西塞寻"鹭",寻找的"白鹭"究竟是什么呢?通过绘画的形式进行呈现。

环节三:挖掘内心的向往

从《渔歌子》的场景出发,完成一幅想象中的画,可以夸张,也可以写实,要体现心中对美好环境的向往。

4.阶段性成果

学生根据自己的想象,绘制了心目中美好环境的场景,完成了对"白鹭"这一意象化的形象确认。学生不断调整自己的期望,思考理想中的美好环境和现实中环境问题的冲突。

图 1-4-2 西塞寻"鹭"印象画

我心目中的美好环境,是这样的……	蓝天白云,绿水青山,空气份清新,没有雾霾,没有臭气,没有炙热的太阳,地上没有垃圾,城市干净而整洁。
为了实现这个目标,人类应该这样做……	减少碳排放,做到垃圾分类;绿色出行,多乘坐公共汽车,或骑自行车出行;节约能源,我们要节约每一度电,每一滴水,让世界更加美好!

图 1-4-3 我心目中的美好环境

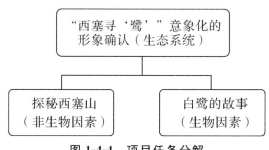

图 1-4-4 项目任务分解

任务二：探秘西塞山

1.学习目标

(1)实现对古诗中"西塞山"的溯源。

(2)体验诗人在当时历史时空中的所思所想。

(3)了解西塞山当地的气候和环境特征。

2.核心问题

在了解西塞山前世今生的过程中，通过资料收集、史料研究等方式，形成自己关于西塞山归属地的观点。通过研究当地的气候、环境，理解环境变迁的过程是稳定和变化结合的过程。

3.项目进程

环节一：西塞山溯源

深入阅读《渔歌子》，结合任务一绘制的作品，说一说这是一幅怎样的画面。在这样的画面中，人和自然的关系是怎样的？诗中描写的西塞山，一说位于湖北黄石，一说位于浙江湖州。通过资料收集和讨论，形成自己关于西塞山归属地的观点。

环节二：张志和生平

张志和，唐代诗人，也是唐代最早填词并有较大影响的词人之一。他才华横溢、洒脱一生。穿越古今，将自己置身于张志和那个年代的社会环境，梳理这位才子的生平事迹。

环节三：当地气候特征研究

环境和气候的关系是怎样的？探究湖州所在地的气候特征，体会环境和气候之间的关系。

4.阶段性成果

完成西塞山探索的目标以及对张志和生平的梳理，完成当地气候特征的总结，感受环境的历史沿革。

关于西塞山，我已经知道……	湖州西塞山风景区位于浙江省湖州市吴兴区妙西镇西部，是浙江省4A级景区。
关于西塞山，我还想知道……	湖州西塞山的占地面积和湖州西塞山的气候特征。
为了知道更多，我是这么解决的……	阅读相关书籍；上网查找资料。
通过深入研究，你认为西塞山在哪里？为什么？	通过深入研究，我认为西塞山在浙江湖州，因为张志和有一段时间在湖州西塞山渔隐，与诗文内容相符。

图 1-4-5　西塞山归属地研究

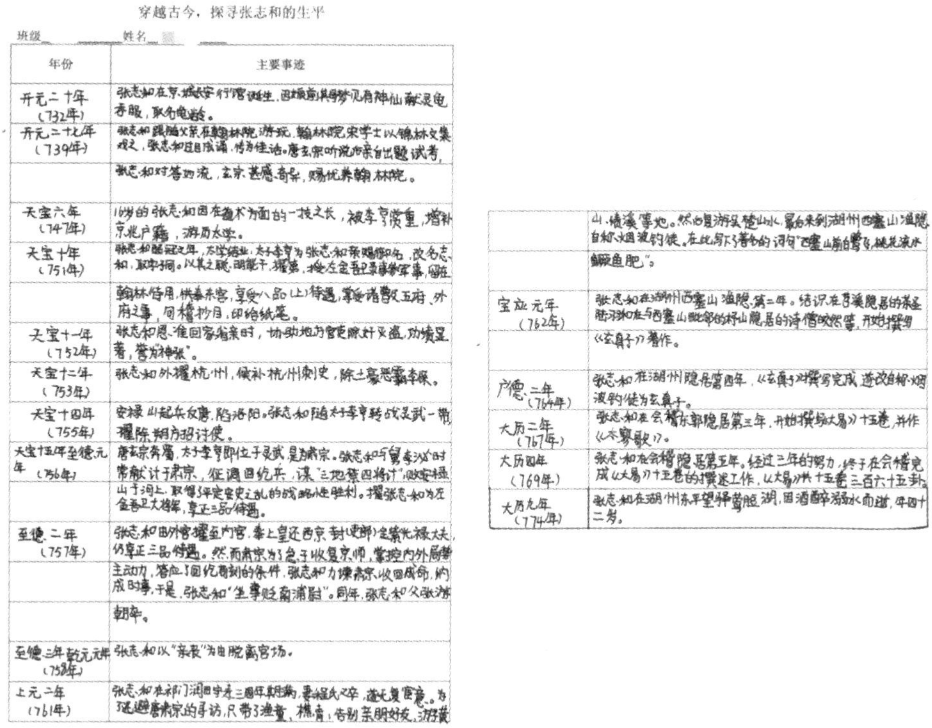

穿越古今，探寻张志和的生平

班级＿＿＿＿　姓名＿＿＿＿

年份	主要事迹
开元二十年（732年）	张志和在京城长安行馆诞生，因其母梦见有神仙献灵龟入腹，取名龟龄。
开元二十七年（739年）	张志和跟随父亲在翰林院游玩，翰林院宋学士以锦林文集视之，张志和过目成诵，传为佳话。唐玄宗听说后亲自出题试考，
	张志和对答如流，玄宗甚感奇异，赐优养翰林院。
天宝六年（747年）	16岁的张志和因在艺术方面的一技之长，被李亨赏重，增补京兆户籍，游历太学。
天宝十年（751年）	张志和弱冠之年，太学结业，太子李亨为张志和亲赐御名，改名志和，取字子同。以其之聪明能干，擢第，授左金吾卫录事参军事，留在
	翰林侍用，供奉东宫，享受八品（上）待遇，掌管诸曹及五府、外府之事，同檀抄目，印给纸笔。
天宝十一年（752年）	张志和恩准回家省亲时，协助地方官吏除奸灭盗，功绩显著，誉为"神张"。
天宝十二年（753年）	张志和外擢杭州，候补杭州刺史，除土豪恶霸李康。
天宝十四年（755年）	安禄山起兵叛唐，陷洛阳。张志和随太子李亨转战灵武一带，擢陈朔方招讨使。
天宝十五年至德元年（756年）	唐玄宗奔蜀，太子李亨即位于灵武，是为肃宗。张志和与舅李泌时常献计于肃宗，征调回纥兵，谋"三地禁四将计"，败安禄
	山于河上，取得平定安史之乱的战略性胜利。擢张志和为左金吾卫大将军，享正三品待遇。
至德二年（757年）	张志和由外官擢至内官，奉上皇还西京，封（吏部）金紫光禄大夫，仍享正三品待遇。然而肃宗为了急于收复京师，掌控内外局势
	主动力，答应了回纥苛刻的条件，张志和力谏肃宗收回成命，忤成时事，于是，张志和"坐事贬南浦尉"。同年，张志和父张游
	朝卒。
至德三年乾元元年（758年）	张志和以"亲丧"为由脱离官场。
上元二年（761年）	张志和在祁门润田守丧三周年期满，妻缁氏又卒，遂无复宦意。为了逃避唐肃宗的寻访，只带了渔童、樵青，告别亲朋好友，游荐黄
	山、横溪等地。然后又游吴楚山水，最后来到湖州西塞山渔隐，自称烟波钓徒。在此写下了著名的词句"西塞山前白鹭飞，桃花流水
	鳜鱼肥"。
宝应元年（762年）	张志和在湖州西塞山渔隐第二年。结识在苕溪隐居的茶圣陆羽和在与西塞山毗邻的杼山隐居的诗僧皎然等，开始撰写
	《玄真子》著作。
广德二年（764年）	张志和在湖州隐居第四年，《玄真子》撰写完成，遂改自称烟波钓徒为玄真子。
大历二年（767年）	张志和在会稽东郭隐居第三年，开始撰写《大易》十五卷，并作《太寥歌》。
大历四年（769年）	张志和在会稽隐居第五年。经过三年的努力，终于在会稽完成《大易》十五卷的撰述工作，《大易》共十五卷三百六十五卦。
大历九年（774年）	张志和在湖州东平望驿莺脰湖，因酒醉落水而逝，年四十二岁。

图 1-4-6　张志和生平研究

任务三:白鹭的故事

1. 学习目标

(1)了解白鹭的生活习性。

(2)体会生物与环境之间的关系。

(3)掌握食物链和食物网的知识。

2. 核心问题

了解白鹭的生活习性。分析一个完整的生态系统中,生物和环境之间的关系。

3. 项目进程

环节一:生态系统中的食物链

一个环境中的所有生物和非生物,构成一个生态系统。在一个生态系统中,生物之间的食物关系,即食物链,是最核心的关系。从食物关系的角度思考:人类为了保护白鹭,可以做什么?

环节二:白鹭生活习性研究

通过以上的研究,确立白鹭在这个环境中的地位。以"我的幸福生活"为题,将自己幻化成一只白鹭,写一写在和谐的环境中,白鹭应该有怎样的美好生活。

4. 阶段性成果

学生以白鹭的视角,完成了一篇角色代入的拟人小文章的撰写,文章中展现了食物链。学生体会了良好的环境对生物的重要性。

雪白的蓑毛,全身的流线型结构,那铁色的长喙、青色的脚……铛铛铛,就是我们小白鹭啦!今天就让我来给你们做向导,来了解一下我们小白鹭一天的幸福生活吧。

我们白鹭一般是昼出夜伏,所以今天我起了个大早,打算和朋友们一起去觅食。我们一起来到了一个临近的水塘觅食,那里的水质很好,清澈见底,里面的鱼也十分肥美。据说是通过人类的改造,水质才会变得像今天那么好。现在人类越来越重视环境了,像臭水沟、垃圾场这样的地方也被改造成了花园、池塘和清澈见底的小溪。

飞了一会儿,我们终于来到了水塘,大家都准备大快朵颐一顿了。这里的小鱼、黄鳝、泥鳅和虾都是我们最好的食物,而它们的食物就是水中的一些体型更小的水生物和微生物。

吃饱了,我们会立在枝头小憩一会儿,傍晚还有一次觅食呢。

第二次觅食之后,夜幕降临了,我们也要睡觉了。就在我昏昏欲睡之时,一个黑影从我身边掠过。不好,是老鹰!老鹰可是我们的天敌呀,我叫醒了同伴,赶紧逃走。呼!太惊险了,幸好我们白鹭是站着睡觉的,不然不可能那么快逃走。

这就是我们白鹭的一天,我们真切地希望人类能更好地保护环境,让地球越来越好。

图 1-4-7 以白鹭为视角的拟人小作文

任务四:人与自然

1. 学习目标

(1)学会分析区域环境问题。

(2)完成环保宣讲方案的设计。

2. 核心问题

在前期进行了西塞山历史和环境问题的研究后,我们形成了关于环境保护的独到见解,如何将这些想法以宣讲方案的方式整理和表达出来?

3. 项目进程

环节一:角色变变变

完成一个区域环境问题的分析,分别从本地居民、工厂负责人、旅游者等角色的角度,分析面临环境保护问题时的困境。

环节二:我是演说家

设计宣讲报告的思维框架。框架的搭建以前期研究的模块为大标题,以提炼出的研究内容为核心,以海报的形式呈现,将前期的研究成果传达给外界。

4. 阶段性成果

区域环境问题分析,是项目最终指向的一个综合性问题。学生要完成对综合性环境保护困境的分析,从而进一步理解环境保护的不易。宣讲报告让这个项目的成果有了现实意义。

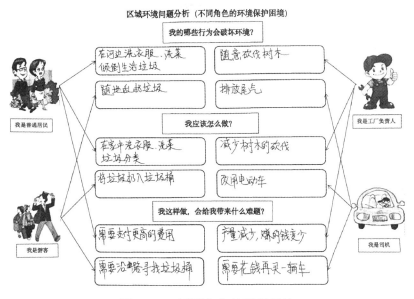

图 1-4-8　不同角色的环保困境

图 1-4-9　宣讲方案的思路

西塞山在湖州西郊弁南乡樊漾湖(即凡常湖)溪湾。明万历《湖州府志》:"西塞山在湖州城西二十五里,有桃花坞,下有凡常湖,唐张志和游钓于此。"

西塞山是一处美丽的旅游景点,在这里我们能看见可爱的动物、多种多样的植物,在这里可以看到茂密的树林、清澈的小溪,现在如果不保护环境,以后这里可能会被污染。西塞山是一个风景美丽的地方,连诗人来到这里也禁不住吟诗一首赞颂西塞山的美景。如果环境被破坏,文笔再好的人也无法赞美这座山了。除了风景以外,林子里的小动物也是西塞山不可或缺的一部分。以前在西塞山已经看见白鹭捕鱼、群鸟飞翔、松鼠蹿跃的景象;现在人们的活动范围越来越大,导致这些情景已经非常少见了。以前去西塞山游玩的人很少,西塞山是动物、植物的天堂。现在游客逐渐增加,动物们都躲了起来。

渐渐地,人们开始注意到,人们赖以生存的家园正以骇人的速度持续恶化,"只有一个地球"的呼吁声持续高涨。在工业化、人口剧增和城市化的重压下,环境问题如烫手的山芋,棘手而又不得不受到重视。到目前为止,已经威胁人类生存并已被人类认识到的环境问题主要有:全球变暖、臭氧层破坏、酸雨、淡水资源危机、能源短缺、森林资源锐减、土地荒漠化、物种减少、垃圾成灾、有毒化学品污染等。

我心目中的西塞山是繁花似锦、枝繁叶茂,动物自由自在、与人和谐相处的地方,是人与动物共同的家园。

为了达成这个目标,我们可以这样做:

请随手关紧水龙头,提倡一水多用。随手关紧水龙头是举手之劳,而一水多用是节约用水的具体表现。请将再生资源分类回收,注意及时回收废塑料品。请少用一次性制品,一次性制品给我们带来了方便,但也浪费了大量宝贵资源。一次性物品,我们实在消费不起了。如见到垃圾,请随手捡起,让西塞山变得干净整洁;不随地乱扔垃圾,特别是废旧电池及塑料袋,做到文明出行;尽量节约纸张,不把没用完的笔记本随意扔进垃圾桶。我们要爱护树木花草,不要随便砍伐、践踏树木和草地,种一棵树就开辟了一片新蓝天。出门自带水杯,减少使用一次性杯子。出门购物,自己带环保袋,无论是免费或者收费的塑料袋,都减少使用。不污染水资源,不把脏水、废水和有毒物质倒入河中,保护水中小生命。平时做饭吃饭要适量,不浪费粮食。在使用电脑时,尽量调节成低亮度,开启程序少些,这样可对节省电,也可以减少硬盘的工作量。尽量选择绿色出行,例如地铁、公交、自行车等。

为了环境保护,为了美好生活,让我们一起努力!

图 1-4-10　环保宣讲稿

四、项目反思

(一)学生学有所思

在项目完成后的学生访谈中,学生的观点摘录如下:

我们一开始只知道科学书本上的环境保护知识是需要考试的,不清楚这个知识原来跟我们的生活联系得如此紧密。老师给我们安排的项目任务越来越难,也促使我们越来越深入地思考。环境问题就发生在我们身边,我们通过对西塞山历史、人文、环境问题的分析,懂得了环境保护的重要性,这比单纯记住知识点好多了。

(二)教师教有所思

本项目是一个感性外衣、理性内核的跨学科项目。项目的亮点是切入点具备人文气息,但剥离这层外衣后,内核却是基于科学知识的。项目要解决的重点问题是区域环境问题分析,最终形成一个宣讲的表达方案。在项目实施过程中,关于科学课程中环境与人类关系的内容,其教授方式实现了革新,教师在真实情境中引导学生学习。这对教师的教学观念更新,也是一种促进。与此同时,也存在一些教学上需要改进的地方。比如:各个任务间的逻辑关系还可以更合理,阶段性成果的产出还可以再加强。

(三)项目成效与困惑

本项目的学科立脚点是科学教材五年级下册的"环境与我们"这一单元,教材中这个单元的内容存在较多的描述性知识,对学生探究实践的要求不高,传统教学中,这块内容只能浅尝辄止。但本项目的实施,让这块内容实现了深度教学,成效是显著的。这种将学科单元打散重组,并结合其他学科的知识,以项目化学习的方式开展的教学活动,应该是未来的主流模式。

第二篇
生活·人与健康

自制蒸汽眼罩

湖州市吴兴区教育局教学研究与培训中心　　侯小英
湖州市第四中学教育集团　　孙　颖

一、项目简介

本项目是基于科学教材九年级上册"酸碱盐"单元设计的复习项目。基于对学生用眼疲劳、视力下降现象的思考,本项目旨在通过自制蒸汽眼罩让学生掌握基本的健康用眼方法,同时从探究蒸汽眼罩的热敷原理出发,构建系统的化学知识体系。项目活动融合健康生活、科学用眼需求,将创意和原理转化为实践,加强学生的综合素养。

项目时长:2 课时,60 分钟/课时,共 120 分钟。

涉及学科:科学、劳动、数学。

涉及年级:九年级。

二、项目规划

(一)驱动性问题

如何设计并制作一款适合青少年的蒸汽眼罩,通过较长时间发热减缓眼睛疲劳?

(二)核心概念

表 2-1-1 "自制蒸汽眼罩"项目核心概念

类型		核心概念
学科	科学	物质的变化与化学反应,物质的结构与性质,生物与环境的相互关系,技术、工程与社会
	劳动	工业生产劳动
	数学	统计与概率、综合与实践
跨学科		物质与能量、系统与模型、结构与功能、稳定与变化

(三)学习目标

表 2-1-2 "自制蒸汽眼罩"项目学习目标

学科目标	素养目标
1. 了解物质变化存在物理变化和化学变化,描述化学变化是产生新物质的过程,并存在能的转化[《义务教育科学课程标准(2022 年版)》p.30] 2. 阐明人体健康的概念;举例说明良好的生活习惯是健康的保障[《义务教育科学课程标准(2022 年版)》p.63] 3. 根据产品使用要求选择并制订创意设计方案,识读并绘制简单的产品技术图样,根据图样加工制作产品模型或原型,完成产品组装、测试、优化[《义务教育劳动课程标准(2022 年版)p.30] 4. 能解释数据分析的结果,能根据结果做出简单的判断和预测,并能进行交流。能通过表格、折线图、趋势图等,感受随机现象的变化趋势[《义务教育数学课程标准(2022 年版)》p.74-75]	【科学观念】能在理解科学概念、规律、原理的基础上形成对客观事物的认识 【科学思维】能运用模型分析、解释现象和数据,描述系统的结构、关系及变化过程 【探究实践】能理解科学探究的一般过程和方法,提出科学问题,并针对科学问题进行合理猜想与假设 【态度责任】保持好奇心和探究热情,乐于探究和实践;能珍爱生命,践行科学、健康的生活方式 【创新意识】培养学生主动尝试从日常生活、自然现象或科学情境中发现和提出有意义的问题的能力

(四)学情分析

(1)九年级的学生对物理变化和化学变化已经有了一定的认知,但是对于变化过程伴随的能量变化,认知是模糊的,时常把吸热、放热的反应相混淆。同时,对于吸热、放热反应的整合度也不够。

(2)九年级的学生已经具有实验探究的能力,同时掌握了基本的核心知识和实验方法。本项目的研究对象是热敷眼罩,是当代学生相对比较熟悉的,这些都为达成本项目的教学目标提供了一定的知识和技能储备。

（五）学习地图

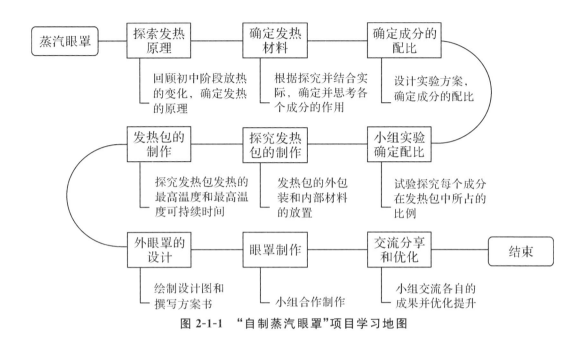

图 2-1-1　"自制蒸汽眼罩"项目学习地图

（六）项目评价

1. 过程性评价

表 2-1-3　"自制蒸汽眼罩"项目过程性评价

评分指标	评价标准			评分
	☆	☆☆	☆☆☆	
问题意识及问题解决	发现了问题，但没有思考、解决	发现了问题，参与了思考，但不能解决	发现了问题，进行了思考讨论，并最终实践解决	
方案设计	缺少详细的方案	有粗略的方案，但缺乏详细步骤	有详细的方案和步骤	
制作成果	实验失败，无法测得实验数据	实验成功，但没有有效及时地记录实验结果	实验成功，且能完整地记录所有数据并进行数据处理	

续 表

评分指标	评价标准			评分
	☆	☆☆	☆☆☆	
制作过程记录	不能完成一份完整的制作任务单,缺少某些板块	基本能完成一份完整的制作任务单,但某些板块过于粗略	制作任务单详细完善,且条理清晰	
展示表达	能基本展示本组实验报告	能展示并解说本组实验报告	能展示并能具体、准确地解说本组实验报告的各板块	

2.终结性评价

表 2-1-4 "自制蒸汽眼罩"项目终结性评价

评分指标	评价标准			评分
	☆	☆☆	☆☆☆	
美观度	整体不完整	整体完整,但较为凌乱、缺乏装饰	制作完整、整洁、装饰美观	
创新度	与传统眼罩相似	相比传统眼罩有一处特色	相比传统眼罩有两处及以上特色	
舒适度	面料粗糙,佩戴时有压迫感	面料较为粗糙,佩戴时稍有压迫感	面料柔软,佩戴时无压迫感	
发热持续时间	5分钟以内	5—15分钟	15—25分钟	
最高发热温度	30℃以下/50℃以上	30℃—35℃或40℃—45℃	35℃—40℃	
是否漏袋	接触后会有黑色粉末漏出	短时间接触没有,长时间接触后有黑色粉末漏出	长时间使用没有黑色粉末漏出	
站起时眼罩内料是否滑动	站起时眼罩内料会滑落,导致内料堆积	站起时眼罩内料稍有滑落,但大致均匀分布	站起时眼罩较稳定,内料不会滑动	
站起时眼罩本身是否滑落	站起时眼罩会滑落	站起时眼罩稍有滑落,但依旧在眼部	站起时眼罩较稳定,不会滑落	

三、项目实施

任务一:蒸汽眼罩发热包的设计与探究

1.学习目标

(1)能利用驱动问题激活学生已学的化学相关知识,暴露学生在化学变化中吸热、放热知识上的难点和盲点。

(2)能利用已有的知识设计和实验,分组完成核心问题。

2.核心问题

蒸汽眼罩的发热原理是什么? 发热的材料有哪些? 配比如何?

3.项目进程

环节一:体验感受热敷眼罩的发热效果

学生体验后都对其神奇的功能感到好奇,这个发热包究竟是如何工作的呢?

环节二:热敷眼罩的特性

同学们,想到"热敷"二字,你的脑海里浮现出哪些方案? 你对这些方案有哪些认知? 利用5W1H分析法分析。

设计意图:通过头脑风暴,激活学生已有知识,梳理驱动性问题的解决路径,暴露学生在问题上的困难、盲点。一个好的学科情境不仅需要引起学生的好奇心与兴趣,使项目具有挑战性,更需要指向学科的核心概念与关键能力。

环节三:如何实现热敷效果

汇总全班同学的权衡表,小组派代表汇报。

环节四:探索铁缓慢氧化是否符合原理

我们可以看到生活中铁生锈的过程放热不明显,氧化太慢。

实验:拿出一个装有纳米铁粉的试管,用磁铁证明其是铁粉,将其倒在报纸上,铁粉瞬间升温冒烟。

思考:同样是铁,为什么反应速率不同? 如何加快铁在空气中的放热速度?

设计意图:通过铁粉快速自燃的实验与生活中铁粉缓慢氧化形成鲜明对比,刺激学生自主探究。同时对铁生锈的原理进一步进行回顾。

将热敷眼罩中的粉末倒入带盖的培养皿中,盖上盖子,将磁铁放置在盖上,移动磁铁,有大量的黑色物质被吸引。

问题:磁铁分离出来的黑色物质是什么? 一定是铁粉吗?

环节五:如何确定热敷眼罩中确实有铁粉存在

学生实验设计:

方案一:将取出的物质与稀盐酸反应,观察有无气泡,溶液是否变成浅绿色。

方案二:将取出的黑色物质与硫酸铜反应,观察溶液是否变为浅绿色。

图 2-1-2　铁粉和盐酸　　图 2-1-3　铁粉和硫酸铜

环节六:回顾铁生锈的原理,实验探索加快铁粉氧化的速度

实验:将水、活性炭、蛭石、食盐混合,是否能加快放热速度?

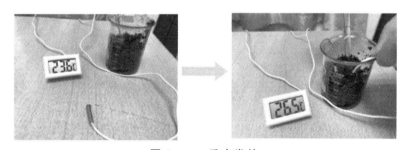

图 2-1-4　反应发热

教师展示热敷眼罩的原料:铁粉、水、活性炭、食盐、蛭石。前几种材料是可以发热的,蛭石不太常见,它是一种保温材料,有点像木屑。活性炭和食盐会影响反应速度。

【产品名称】蒸汽眼罩　【规格型号】10cm×13cm
【主要成分】铁粉、水、活性炭、蛭石、吸水性树脂、食盐。
【产品性能】平均温度53℃,持续时间≥10h。
【适用范围】男女老少通用,适用于长时间看书、看屏幕、夜间玩手机者,以及学生族、开车族、失眠族等眼部易疲劳者。

图 2-1-5　蒸汽眼罩的使用说明

设计意图:通过交流评价,引导学生挖掘发热背后更深层次的原理,从多方面进行实验方案设计与操作,进一步提升解决问题的能力。

蒸汽眼罩在撕开外包装瞬间,即可快速放热。铁氧化放热的速度与铁、食盐、活性炭三者的配比有直接关联,确定原料的最佳配比才能发挥最大的功效。请小组合作探究,寻找原料的最佳配比。

环节七:探究各原料的配比关系

问题:如何确定配比关系呢?学生课前查阅了大量的文献资料和网站,都未找到任何一个明确的配比关系。今天我们就要挑战这个难题,找到一个合适的配比关系,从而优化热敷眼罩。

学生通过化学方程式计算可知,铁粉和水的质量比例是 2:1,对于空气中就存在的氧气和保温所用的蛭石,不需要考虑用量,适宜即可。再通过阅读资料卡可知,活性炭占铁质量的 5%—15%,氯化钠占铁质量的 10%—20%。

追问:活性炭和氯化钠在这个范围内可以随便使用吗?会有风险吗?那我们如何探究其最佳比例呢?

环节八:实验确定各原料的配比关系

实验:按照自己小组设计的表格,探究铁粉、活性炭、蛭石的质量对铁氧化放热速度的影响,并确定铁、食盐、活性炭、蛭石四者的配比。

小组展示:通过表格对上述各组原料配比进行评价反馈,选出实验室中最合适的原料配比。(最佳配比:温度升高最快)

设计意图:使学生学会面对多个影响因素时使用控制变量法,同时学会表格的设计。通过实验,锻炼学生的动手能力以及实验探究能力;通过对多张表格的数据分析,锻炼学生的数据分析能力。

4.阶段性成果

通过以上探究,学生设计表格,并根据实验分析表格数据,分析得到原料的大致配比关系。

图 2-1-6　小组一的表格设计

图 2-1-7　小组二的表格设计

图 2-1-8　小组三的表格设计

图 2-1-9　小组四的表格设计

任务二:蒸汽眼罩发热包的制作

1. 学习目标

学会使用测量工具进行温度的测定,能粗略确定蒸汽眼罩的发热温度范围。

2. 核心问题

如何选择和设计蒸汽眼罩的发热包材料,并通过实验有效得到发热效果最佳的材料质量?

3. 项目进程

我们知道蒸汽眼罩主要利用了铁粉的缓慢氧化放热,但蒸汽眼罩的使用是否产热越多、时间越久,效果就越好呢? 为了让同学们更好地认识蒸汽眼罩,我们一起来动手制作一款蒸汽眼罩吧。

环节一:思考蒸汽眼罩发热包的优劣

世界公认科学护眼时长是 20 分钟,蒸汽眼罩最佳护眼时间也一样。眼周很脆弱,大约 40℃的温度,持续 10—30 分钟,舒适身心。20 分钟为最佳。发热时间短的,使用效果会不明显;发热时间过长的,可能会造成眼周肌肤损伤。

设计意图:引导学生对产品有一个前瞻性的评价,自主展开学习,这对后续项目活动的开展有推动作用。

环节二:小组制作蒸汽眼罩发热包

达成共识后,小组合作完成发热包的制作。请注意搭建过程中可能会遇到各种各样的问题,记录员要及时做好记录。小组通力协作解决后,记录员要记录解决方案,以供交流学习。

项目学习过程记录

组别: 日期:

我在工程实施中所遇到的问题:

我的解决方法:

我仍然存在的问题:

图 2-1-9 项目学习过程记录

环节三：小组实验定量测量

利用温度测量工具每隔5分钟测量发热包的温度，记录在表格中，最终绘制成曲线图，确定发热的最高温度以及温度维持在范围区间的时间。

环节四：小组评价

小组根据实验结果和各组展示，制定评价标准和评价表，并根据评价表对小组的项目产品进行打分。

表 2-1-4　发热包评价

评分指标	2分	5分	自评分
最高温度	35℃以下/45℃以上	35℃—45℃	
持续时间	15分钟以下/25分钟以上	15—25分钟	
是否漏袋	是	否	
袋内物质是否会滑动	是	否	

4. 阶段性成果

根据前三个环节，学生实验操作进行发热包的制作，并将实验过程中遇到的困难和解决方案记录在学习记录表格中。

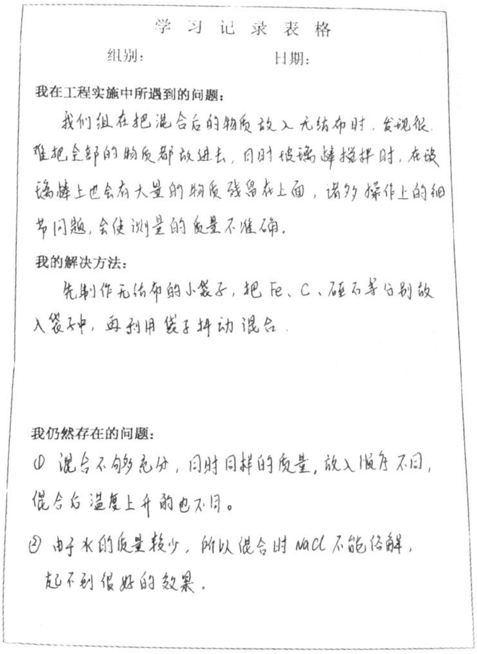

学习记录表格

组别：　　日期：

我在工程实施中所遇到的问题：

我们组在把混合后的物质放入无纺布时，发现很难把全部的物质都放进去，同时玻璃棒搅拌时，在玻璃棒上也会有大量的物质残留在上面，诸多操作上的细节问题，会使测量的质量不准确。

我的解决方法：

先制作无纺布的小袋子，把Fe、C、硅石等分别放入袋子中，再利用袋子抖动混合。

我仍然存在的问题：

① 混合不够充分，同时同样的质量，放入顺序不同，混合后温度上升的也不同。

② 由于水的质量较少，所以混合时NaCl不能溶解，起不到很好的效果。

图 2-1-10　小组一记录

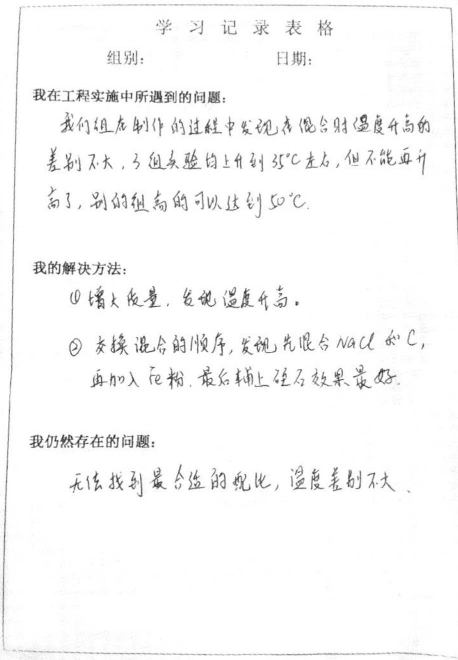

学习记录表格

组别：　　日期：

我在工程实施中所遇到的问题：

我们组在制作的过程中发现在混合时温度升高的差别不大，3组实验均上升到35°C左右，但不能再升高了，别的组有的可以达到50°C。

我的解决方法：

① 增大质量，发现温度升高。

② 交换混合的顺序，发现先混合NaCl和C，再加入Fe粉，最后铺上硅石效果最好。

我仍然存在的问题：

无法找到最合适的配比，温度差别不大。

图 2-1-11　小组二记录

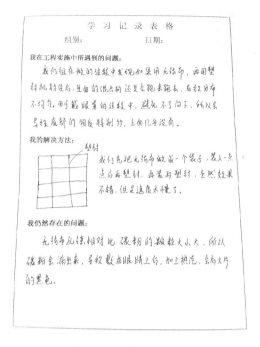

图 2-1-12 小组三记录

通过环节四的定量测量,学生得到温度的变化数据,并结合不同的小组数据,用图、表等不同形式呈现。

1分钟	2分钟	3分钟	4分钟	5分钟	6分钟
28℃	29℃	30.5℃	30.9℃	31.2℃	31.9℃
7分钟	8分钟	9分钟	10分钟	11分钟	12分钟
33℃	34.3℃	35℃	35.2℃	36℃	38℃
13分钟	14分钟	15分钟	16分钟	17分钟	18分钟
40℃	40℃	40.1℃	40.5℃	43℃	42℃

图 2-1-13 小组一数据记录

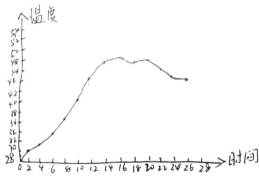

图 2-1-14 小组二数据记录

3分钟	6分钟	9	12	15	18	21	24	27	29
35℃	38℃	40℃	43℃	48℃	53℃	55.5℃	55.1℃	55℃	49.8℃

图 2-1-15 小组三数据记录

任务三：蒸汽眼罩外包装的设计与制作

1.学习目标

学会设计制作蒸汽眼罩,确定蒸汽眼罩的尺寸,并利用比例尺画设计图。

2.核心问题

如何设计和制作蒸汽眼罩的外包装?

3.项目进程

环节一:如何选择发热包材料

你会选择怎样的材料制作发热包的外包装袋? 请完成表 2-1-6。

表 2-1-6 发热包的材料选择

材料	选择原因

环节二:画出眼罩设计图并撰写方案书

在设计眼罩时需要关注什么? 请画出眼罩设计图并撰写方案书。

【画一画】蒸汽眼罩外包装

【写一写】蒸汽眼罩方案书

产品名称:

成分配比:

产品使用说明:

产品优点及创新:

图 2-1-16 蒸汽眼罩设计方案

环节三:小组交流分享

小组轮流展示制作的蒸汽眼罩,分享作品的优点和不足;并根据评价表对每一组的产品进行评价，比一比哪一组制作的蒸汽眼罩更完美。

环节四：优化提升

改进完善自制的蒸汽眼罩：①根据评价交流的结果，改进你的蒸汽眼罩；②对比市面现有蒸汽眼罩产品再次进行交流与改进；③根据评价的结果，再次进行改进，直至符合要求。

4. 阶段性成果

根据以上环节，小组分别展示设计的方案，同时进行小组评价。

图 2-1-17　小组展示

图 2-1-18　小组一方案书

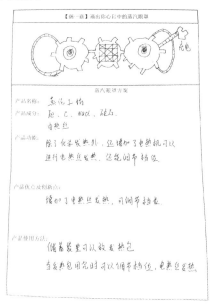

图 2-1-19　小组二方案书

四、项目反思

(一)学生学有所思

在项目完成后的学生访谈中,学生的观点摘录如下:

在回顾放热的反应时,小组所有成员对初中阶段的知识进行了回顾。一个人的力量是渺小的,因此,我们通过组内合作完成了所有方法的收集。但是结合其他小组的想法,竟然发现许多方法都不可行,这让我们明白理论和实际的差别,以后在考虑问题时要从实际出发。同时,组间交流、讨论,加深了组间合作和联系,也培养了我们倾听、尊重他人意见的品质和批判性思维。

整堂课最精彩的就是我们一起动手实践探索每一种成分的作用,从表格设计到亲自实践,完成并记录本次项目学习的过程、感受,并能及时总结在整个项目学习过程中出现的问题及其解决方法。这堂课真正让我们感受到我们是课堂的主角,走到课堂的最中央,我们也在真实情境中带着项目任务亲历学习、探究的过程,获得属于自己的经验、能力,形成高阶思维。

(二)教师教有所思

项目化教学以完成一个个具体的项目任务为线索,把学习目标巧妙地隐含在每一个项目之中,强调知识的获得与能力的形成。这与传统教学仅热衷于传授现成的知识有很大的不同,作为教师,能给学生的不仅有课本上的知识,还有思维方式、知识运用能力。

项目化学习的完成是师生共同参与的结果,学生是主体,教师是引导者。教师应注重真实情境、复杂问题、超越学科、专业设计、合作完成、成果导向以及评价跟进。教师也要在项目化学习设计中,通过层层递进的学习任务引导学生开展探究活动,让学生在情境中像化学学者一样对教学内容进行思考。

(三)项目成效与困惑

科学技术的快速更迭对学生的科学素养提出了更高的要求。初中阶段重在培养学生的高阶认知、创新思维和创新志趣。在当前"双减"背景下,真实情境、挑战性的任务是引导学生在问题解决中开展深度学习的一种有益尝试。本次项目化学习在培养学生的科学思维、科学探究能力和社会责任方面有得天独厚的优势。本项目激发学生的内源性动机,要求学生转变为积极的探索者,在制作蒸汽眼罩过程中实现学用合一,提升对生活的感知能力。同时引导学生在实践活动中了解科学核心概念,这也恰好是深度学习的本质所在。

视力健康保护装置

长兴县实验小学　张洪亮　兰永丹

一、项目简介

随着学生近视率的逐年上升,保护学生视力健康的问题已经刻不容缓,而造成学生视力问题的主要原因是不良的用眼习惯。如何有效地提醒学生科学用眼,成为值得探究的问题。为解决这个问题,本项目以设计制作一个智能视力健康保护装置为核心,组织学生通过了解近视产生的主要原因、提出解决方案、小组设计制作、测试评估、优化改进、全体展示几个环节完成学习过程。

项目时长:12 课时,40 分钟/课时,共 480 分钟。

涉及学科:科学、信息科技、数学、生物。

涉及年级:六年级。

二、项目规划

(一)驱动性问题

不良的用眼习惯是造成近视的元凶,如何制造一个智能装置来帮助学生改正不良用眼习惯,保护他们的视力?

（二）核心概念

表 2-2-1　"视力健康保护装置"项目核心概念

类型		核心概念
学科	科学	生物体的稳态与调节、工程设计与物化
	信息科技	计算思维、数字化学习与创新
	数学	运算能力、抽象能力、数据意识
	生物	科学思维、探究实践
跨学科		结构与功能、系统与模型、测量

（三）学习目标

表 2-2-2　"视力健康保护装置"项目学习目标

学科目标	素养目标
1.能灵活运用二维方式展现三维空间的物体，掌握分析与综合、比较与分类、抽象与概括、归纳与演绎、联想与想象等基本的思维方法，并能应用于科学探究以及技术与工程实践，解决实际问题[《义务教育科学课程标准(2022 年版)》p.11] 2.描述眼的结构与功能，学会科学用眼，保护眼的健康。[《义务教育生物课程标准(2022 年版)》p.23] 3.了解算法的顺序、分支和循环三种基本控制结构，能分析简单算法的执行过程与结果[《义务教育信息科技课程标准(2022 年版)》p.28] 4.能在解决实际问题中运用恰当的方法进行估算，能解决较复杂的真实问题，提高解决问题的能力。[《义务教育数学课程标准(2022 年版)》p.25]	【人文底蕴】培养学生以人为本的意识、健康的审美价值取向，具有艺术表达和创意表现的兴趣和意识 【科学精神】培养学生的理性思维，能运用科学的思维方式认识事物、解决问题，培养学生独立思考、独立判断的能力；能不畏困难，具有坚持不懈的探索精神 【健康生活】培养学生积极的心理品质，有自制力，有抗挫折能力 【实践创新】培养学生在日常活动、问题解决、适应挑战等方面的实践创新意识

（四）学情分析

（1）六年级的学生具有一定的科学知识储备，对编程也有一定的认识，对于感兴趣的事物能主动学习与探究，特别喜欢慕课形式，可以根据自己的能力调节学习的速度。

（2）六年级的学生具有一定的沟通、合作能力，能很好地处理组内分工问题，形成团队分工意识。

（3）六年级的学生已经能独立完成PPT制作,有演讲汇报的表达能力,但是大部分学生还是缺乏勇气,需要教师给予极大的鼓励。

(五)学习地图

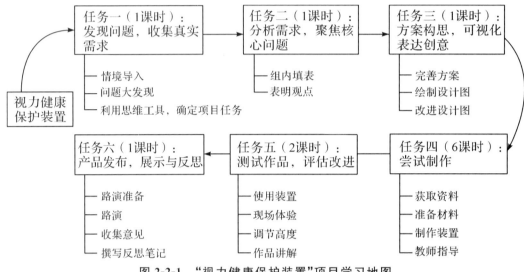

图 2-2-1 "视力健康保护装置"项目学习地图

(六)项目评价

1. 过程性评价

表 2-2-3 "视力健康保护装置"项目过程性评价（一）

评价内容	评价标准			自评	组评	师评
	☆	☆☆	☆☆☆			
设计图	缺少设计图,直接制作	能画出简单的设计图(平面图、电子元件标注、整体效果图),缺乏相应的文字、数字、方向、图例标记,比例尺寸不合理	能够绘制设计图(使用3D设计软件),使设计方案可视化,能在设计图上标出部件、尺寸且比例合理,能正确使用国际测量单位			
材料使用情况	选择了不合适的材料,导致作品使用期限缩短	材料使用较合理,并会尝试用新的材料,进行创造性的修改	选择了适当的材料与先进的技术完成作品,并进行创造性的修改			

评价内容	评价标准			自评	组评	师评
	☆	☆☆	☆☆☆			
分工合作	小组分工不明确，只有一两个学生在做事，小组成员之间缺少沟通	小组分工明确，个别成员不知道自己的分工；小组成员之间有一定的沟通交流，但缺少对他人建议的思考	小组分工明确，每个成员都能完成自己的任务，并能认真对待每个成员的建议，有选择地接受，并改进设计			

表 2-2-4　"视力健康保护装置"项目过程性评价（二）

评价内容	评价标准			自评	组评	师评
	☆	☆☆	☆☆☆			
批判性思维	按老师说的做	有自己的思考，能提出自己的疑问	积极思考，主动质疑并尝试解决			
创新思维	缺乏创造力和想象力，没有突破	材料使用与设计较有想象力	材料的使用方式极其富有创造性，并且合理			
协作与沟通	拒绝发表意见或不听他人意见	能简短地表达自己的意见并提出建议	积极充分地发表自己的意见并认真倾听他人意见			

2. 终结性评价

表 2-2-5　"视力健康保护装置"项目终结性评价

评价内容	评价标准			自评	组评	师评
	☆	☆☆	☆☆☆			
作品美观度	制作工艺较粗糙，不美观	制作工艺水平一般，考虑了美观设计	制作工艺良好，外观设计很精致			
作品功能性	只实现了测距与距离提醒功能	有距离显示及提醒功能（闪灯、语音播报）	功能多元化（距离提醒、自动开关护眼灯、运动提醒）			
优化改进	没有合适的方法进行作品的优化和改进	有一些故障排除、测试、改进的方法，并对作品进行了适当的优化	能根据明确的科学原理或数据进行故障排除、测试和改进			

三、项目实施

任务一:发现问题,收集真实需求

1.学习目标

(1)能利用团队角色卡进行团队活动,分组游戏破冰。

(2)通过活动激活学生已有知识,概括形成近视的原因及科学用眼的方法。

(3)能够借助5W1H分析法和思维导图梳理出驱动性问题以及解决路径。

2.核心问题

如何把自己对产品的想法清晰地展示给组内同学?

3.项目进程

环节一:情境导入

眼睛是心灵的窗口,我们要健康用眼、保护眼睛,介绍眼睛成像原理及视力下降的主要原因。

环节二:问题大发现

平时在学习生活中,健康用眼方面你会遇到哪些问题? 你觉得这些问题都能得到及时的解决吗? 在学校或家里学习、写作业或阅读时,怎样保证正确的读书写字姿势,确保用眼健康呢?

环节三:利用思维工具,确定项目任务

利用5W1H分析法,确定视力健康保护装置信息。

Who:视力健康保护装置的使用者是谁?

Why:为什么要设计视力健康保护装置?

What:视力健康保护装置需要哪些功能?

When:什么时候使用视力健康保护装置?

Where:视力健康保护装置在哪里会被使用?

How:如何实施或实现视力健康保护装置的相关功能?

4.阶段性成果

(1)收集相关资料,了解使用者的真实想法。

(2)利用5W1H分析法完成调查认知并提出相关解决办法。

表 2-2-6 5W1H 分析法

Who (谁是使用者?)	Why (为什么需要设计它?)	What (需要它有什么功能?)	When (什么时候需要使用?)	Where (在哪里会被使用?)	How (如何实施或实现?)
没有自控能力的小学生	提醒学生用眼时间和看书距离等	提醒功能、提示距离、调节光的强度	小学生单独一人读书写字时	小学生书房、教室	利用传感器和信息编程技术

任务二:分析需求,聚焦核心问题

1. 学习目标

(1)整理信息,归纳共性问题。

(2)收集个体问题,提出个性化解决方案。

(3)合作交流,通过收敛思维进行权衡申辩,形成小组决策。

2. 核心问题

如何设计一份合理的问卷调查表?每组的产品有哪些主要功能?

3. 项目进程

环节一:组内填表

学生将收集的问卷调查表进行整理,汇总关键信息,并用便签纸贴在信息分析板上。

环节二:表明观点

请各组整理分析收集到的信息,明确组内的项目核心内容,提出各组关注的主要问题。

4. 阶段性成果

整理组内信息,提炼共性问题,使用团队协议,明确每组项目核心内容。

> 1.我想为 小学生 设计制作"超级陪读员"。
>
> 2."超级陪读员"用于 保护学生视力健康 。
>
> 3.我知道 独立学习 的时候你需要使用"超级陪读员"。
>
> 4."超级陪读员"的 提示 功能还可以帮助你 控制读书写字时的姿势 。
>
> 5.还有什么需求? 自动开护眼灯、歇目提醒……

图 2-2-2 小组团队协议

任务三：方案构思，可视化表达创意

1. 学习目标

（1）学会整理信息，对视力健康保护装置进行方案构思。

（2）小组间进行产品的创新设计方案交流，学习他组的优点。

（3）学会根据方案构思设计图纸，并对其进行评价。

2. 核心问题

视力健康保护装置拥有哪些特殊的功能？如何利用设计图把这些功能清楚地表达出来？

3. 项目进程

环节一：完善方案

学生分组上台展示各组的实施方案、主要功能，通过组间交流，各组完善解决方案。

环节二：绘制设计图

每次调整作品前，需要修改设计图纸。设计图纸是评价的重要部分。

环节三：改进设计图

（1）学生运用已有知识自行设计具有自动测距和坐姿提醒功能的视力健康保护装置的方案。

（2）小组成员交换设计，对组员的设计进行纠错或改进。

（3）小组之间进行讨论，得到所有组员都认可的设计。

（4）组内进行小结、反思，整合方案，剔除不够完善的设计方案，保留最好的。

4. 阶段性成果

（1）制订初步解决方案。

表 2-2-7　小组解决方案

类型	内容
项目名称	视力健康保护装置——"超级陪读员"
方案内容	针对人群：小学生 使用时放置位置：桌面上 主要功能：读书时长提醒；眼睛到书本距离提醒；坐姿提醒；读书时光线强度提醒；利用语音提示；纠正小学生学习时不正确的姿势；保护他们的视力；装置使用电池供电；利用 Arduino 主板控制 人员分工：×××绘制设计图，×××编程控制，×××PPT 汇报及讲解
成本预算	300 元

（2）制作设计图并改进设计图。

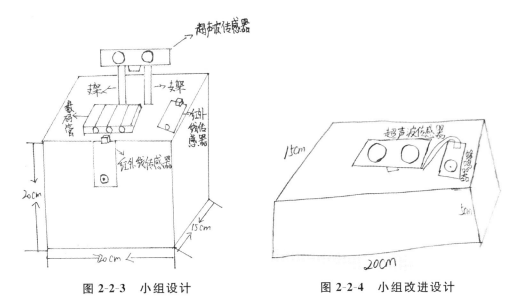

图 2-2-3　小组设计　　　　　图 2-2-4　小组改进设计

任务四:尝试制作

1. 学习目标

（1）结合标准与限制,选择合适的材料。

（2）利用资料,求助教师团队,制作视力健康保护装置。

2. 核心问题

如果想让作品美观耐用,可以选择哪些材料来制作？ 如果想让作品更具有特性,应该怎么办？

3. 项目进程

课前准备（提前一周布置）。

环节一:获取资料

多渠道获取相关资料,阅读文献,根据功能需求设计草图,降低制作难度。

环节二:准备材料（底层工具与材料由学校提供）

（1）购买方案交给教师审批,并由教师购买材料与工具。

①每个小组根据推选出来的方案列出需要的材料与工具。

②每个小组对各自方案中所需的材料进行功能设计。

（2）材料与工具的选择。

了解材料及其特性。 常用的材料,如瓦楞纸板、PVC 板、薄木板及 3D 打印材料。

常用的工具,如手工 DIY 材料、激光切割机、3D 打印机、3D 设计软件。通过对作品的呈现方式、使用期限及外观进行考量,最终选择了薄木板与 3D 打印材料,选择 3D 设计软件进行外观设计。

环节三:制作装置

(1)学生使用材料与工具制作具有距离显示、语音提醒、闪灯的视力健康保护装置。(作品实时测量人与书本的距离并显示在 LED 屏上。当距离小于一定数值时,提示灯闪烁红色,语音播报"请注意距离";当距离在正常值范围内,灯熄灭。)

(2)功能多元化,加入光线测试与自动打开护眼灯功能。(随着太阳的东升西落,阅读与写作时需要及时打开护眼灯。此护眼灯可以根据环境、光线强度来自动打开或关闭,且可通过选择旋钮调整亮度,更贴合使用者的习惯。)

(3)功能升级,加入定时运动提醒及高度调整功能。(当阅读与写作时间超过 30 分钟,提示灯闪烁黄色,语音播报"世界这么大,我想去看看",并播放舒缓音乐,视力健康保护装置的卡通手会随着音乐摆动,提醒使用者要休息放松一下。高度可根据使用者身高进行调整,以确保最佳使用效果。)

(4)进行 3D 软件使用的短期培训,降低外形制作难度,提高制作效率。

环节四:教师指导

(1)学生向教师描述遇到的问题,向教师求助。详细述说制作过程中遇到哪些难题,准备求助谁,求助什么。

(2)学生与教师沟通交流,教师进入相应组内指导。教师不能代做,只能指导。

(3)制作中遇到困难,课上无法解决,课后可以向教师求助。

4. 阶段性成果

(1)使用 3D 设计软件设计图纸。

图 2-2-5　用 3D 设计软件设计外观

（2）用激光切割薄木板，用于制作产品外形。

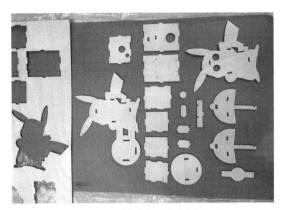

图 2-2-6　激光切割产品外观

（3）使用开源硬件编程，实现作品相关功能。

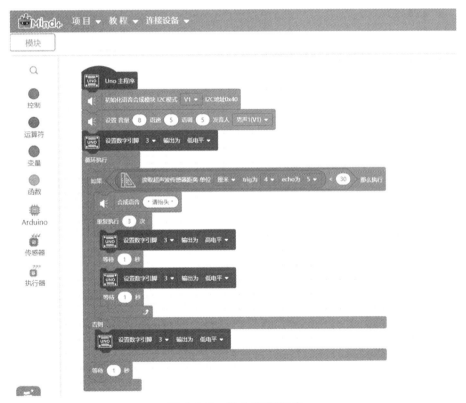

图 2-2-7　学生编辑程序

（4）第一代作品展示。

图 2-2-8　初代作品外观

任务五:测试作品,评估改进

1. 学习目标

（1）组内同学轮流对视力健康保护装置相关功能进行检验。
（2）对某项功能量化,并进行小组评价。

2. 核心问题

视力健康保护装置需要怎样的功能设计才能让使用者更方便舒适？如何使视力健康保护装置程序设计更加简洁?

3. 项目进程

环节一：使用装置

教师讲解使用视力健康保护装置中的具体注意事项及故障排查方案。

环节二：现场体验

学生在学校教室及家里的几个时间段分别使用视力健康保护装置,并将使用体验汇报给小组。小组成员分析原因,并对视力健康保护装置进行迭代改进。（时间分别是上午 9 点、下午 5 点、下午 6 点,体验内容有护眼灯、提示灯、音乐等。）

环节三:调节高度

对于不同身高的学生,使用视力健康保护装置时如何调整其高度,才能让它发挥最大的用处?

环节四:作品讲解

学生用简洁清晰的语言介绍作品功能,如:以使用者身份引入情境,引起共鸣。

4. 阶段性成果

学生测试作品功能,发现问题并改进,同时提出更多可添加功能,小组内商讨进行迭代。

任务六:产品发布,展示与反思

1. 学习目标

(1)通过路演展示视力健康保护装置。
(2)制作产品展示 PPT 与宣传海报,学会合作交流、有效表达。
(3)撰写反思笔记,养成一种解决实际生活问题的思维范式。

2. 核心问题

如何通过 PPT 与宣传海报展示作品,让观看者明白作品的功能?

3. 项目进程

环节一:路演准备

每个小组为各自的产品制作 PPT 与宣传海报,准备宣讲材料。

环节二:路演(产品发布会)

家长、教师和学生代表参加产品发布会。小组轮流进行产品发布,介绍产品。

环节三:收集意见

发布会后组织学生对家长、教师和学生代表进行采访,收集意见或建议。根据采访结果设计产品更新方案,填写建议单。

环节四:撰写反思笔记

根据建议,小组整理出作品需要改进的地方,对小组的作品进行迭代更新。

4. 阶段性成果

(1)学生反思记录。

> 11 月 9 日 ×××
>
> "超级陪读员"实现了低头提醒功能。我拿去给同学试用。有的同学放在书桌上很好用,有的同学反映没什么效果。仔细观察发现,原来是同学坐下后高度不一样,高一些的同学使用起来效果不明显。高度不一样怎样解决?如果制作的"超级陪读员"能够调整超声波传感器的高度就可以解决这个问题啦!
>
> 11 月 15 日 ×××
>
> 高度可调整已经实现了,但有同学反馈:书桌上的东西太多,位置太挤了。调查后发现,书桌上通常都有闹钟、护眼灯、水杯、字典、词典等。如果可以一机多用就好了。于是决定添加护眼灯功能,最好是智能的。(光感开灯关灯,灯光无极可调。)
>
> 11 月 22 日 ×××
>
> 除了同学试用后给了很多建议以外,同学的爸爸妈妈们也给了很多好的建议。比如:看书写作业时间太长对眼睛不好,如果可以智能提醒就好了。这个建议真的很棒,打算把运动提醒功能也加进去。

图 2-2-9 学生学习过程的反思记录

（2）产品迭代。增加定时运动提醒与高度调整功能，外形采用 3D 打印更加圆润可爱。

图 2-2-10　迭代后的产品外观

四、项目反思

（一）学生学有所思

此项目以保护学生视力为核心，由 5W1H 分析法开始，让学生通过缜密的思考进入项目化学习，通过不断地调整反思，不断地优化产品功能，把更多的功能集成到一个作品中，然后设计产品的外形，利用 3D 打印技术实现独特的设计，最后展示并讲解宣传各组作品，在这样的过程中培养了学生的创新思维和动手实践能力。

（二）教师教有所思

教师的教学理念需要改善，因为很多教师都是专门的学科教师，所以很容易把专业课中的一些习惯带入教学中，如过于关注学生的回答是否符合自己的心理预期。以调节"超级陪读员"高低来适应不同身高学生为例，学生提出多种解决办法，如底座加装调节高度螺母，调节脖子高低，调整超声波角度，等等，答案是不唯一的。项目化学习就是让参与者在不断发现问题、不断改进问题的过程中成长，所以教师除了眼光要放长远，还要改变教学习惯和思维。

（三）项目成效与困惑

如何避免把一个项目化学习变成课程制作？课程制作指学生按照教师的要求一步一步完成作品基本能成功，但作品单一，不能有效展示自己的想法。而项目化学习需要基于真实情境，具备迭代思想。学生根据实际情况，可以展示出自己的想法，产品制作有成功也有失败，学生在失败中改进，提高个人素养。

定制糖尿病人的个性化食谱

湖州市吴兴区妙西学校　朱晁乐

一、项目简介

在第 15 个"世界糖尿病日"(每年的 11 月 14 日)来临之际,本着为"打造健康湖州"尽一份力,志愿者探望老人时遇到了难题:78 岁独居的李奶奶患有严重的 Ⅱ 型糖尿病,由于饮食不合理,病情反复,不断加重。本项目基于该背景,以糖尿病人食谱设计的个案引出平衡膳食与健康管理,使学生全方位地了解七大营养素的作用及日常搭配,深入体会健康的含义。

项目时长:3 课时,40 分钟/课时,共 120 分钟。

涉及学科:科学、数学。

涉及年级:八年级。

二、项目规划

(一)驱动性问题

如何设计出一份个性化的食谱,既能科学、全面地照顾好李奶奶的身体健康,又尽可能地尊重她的饮食喜好?

（二）核心概念

表 2-3-1　"定制糖尿病人的个性化食谱"项目核心概念

类型		核心概念
学科	科学	生物与环境的相互关系：人的生活习惯影响机体健康；人体通过一定的调节机制保持稳态
	数学	数感和量感、运算能力
跨学科		物质与能量、稳定与变化

（三）学习目标

表 2-3-2　"定制糖尿病人的个性化食谱"项目学习目标

涉及学科	学科目标	素养目标
科学	1. 阐明人体健康的概念，举例说明良好的生活习惯是健康的保障；举例说明营养素的作用，形成均衡膳食的观念[《义务教育科学课程标准（2022 年版）》p.63] 2. 能列举激素对生命活动的调节作用[《义务教育科学课程标准（2022 年版）》p.58] 3. 列举糖尿病的预防措施[《义务教育科学课程标准（2022 年版）》p.63] 4. 能分析影响合理膳食的因素，养成良好的生活习惯和生活方式[《义务教育科学课程标准（2022 年版）》p.64] 5. 能认识生命系统通过自我调节维持稳态，逐步形成物质与能量、稳定与变化的观念[《义务教育科学课程标准（2022 年版）》p.59]	【科学思维】推理论证能力：基于证据和逻辑，运用分析与综合、比较与分类等思维方法，构建数据与解释之间的关系并提出合理见解 创新思维能力：从不同角度分析、思考问题，提出新颖而有价值的观点和解决问题的方法 【态度责任】科学态度：乐于探究与实践；尊重他人情感和态度，善于合作，乐于分享 社会责任：珍爱生命，践行科学、健康的生活方式
数学	掌握有理数的加、减、乘、除、乘方及简单的混合计算，能运用有理数的运算解决简单问题[《义务教育数学课程标准（2022 年版）》p.54]	【应用意识】有意识地利用数学概念、方法解决现实生活中的问题

（四）学情分析

（1）八年级的学生已经学过糖尿病的相关知识，对营养素也有一定的了解，但仅局限于常见的几类营养素和常见的几种食物，对营养素与人体健康关系的理解并不深刻，也无法从动态平衡和发展的角度去看待。

（2）八年级的学生在思维工具使用方面较为欠缺，有想法但不能清晰呈现；在信息资料的收集与查找方面缺乏系统的方法。

（五）学习地图

图 2-3-1　"定制糖尿病人的个性化食谱"项目学习地图

（六）项目评价

1. 过程性评价

表 2-3-3　"定制糖尿病人的个性化食谱"项目过程性评价

评价维度		评价标准			等级
		☆	☆☆	☆☆☆	
思维工具使用	KWL 表	不能正确使用 KWL 表	能正确使用 KWL 表，并能提出一些想法	能正确使用 KWL 表，罗列出多种合理想法	
	思维导图	无法制作思维导图	思维导图不完整或思路不清晰	能制作食谱设计的思维导图,思路清晰	
小组合作		未进行分工	小组分工明确，但成员参与度不高	查阅资料时分工明确，人人有事做,过程井井有条	
信息查找应用		查找资料较少,未认真阅读	查找了相关资料,有阅读痕迹,但未进行分类整理和提炼	查找出不少于 5 份相关资料;有明显的阅读、标注痕迹;有进行整理和提炼	
完善修改		几乎没有修改、完善的环节	有讨论、修改、完善的过程,但较少	对每一步的设计都有讨论、修改、完善的过程,各抒己见	

评价维度		评价标准			等级
		☆	☆☆	☆☆☆	
宣传过程	宣传对象	只在班级内进行宣传	在班级、学校进行宣传,但未在校外进行宣传	在班级、学校、校外等场所,向需要的对象宣传糖尿病的相关知识与健康观念	
	科学用语	表达不流畅,缺乏自信心,说服力不足	语言较科学,内容较全面,整体较好,但缺乏自信	语言科学精简,内容全面翔实,表达流畅自如,精神自信饱满	

2. 终结性评价

表 2-3-4　"定制糖尿病人的个性化食谱"项目终结性评价

评价维度		评价标准			等级
		☆	☆☆	☆☆☆	
摄入的总热量		总热量与基础代谢的差值占基础代谢的 0—5%	总热量与基础代谢的差值占基础代谢的 5%—10%	总热量与基础代谢的差值占基础代谢的 10% 以上	
营养素的科学搭配	营养素是否全面	一天的食物中糖类(碳水)、蛋白质、脂肪这 3 类产能营养素未全部体现,且膳食纤维、维生素、水、无机盐这 4 类营养素中的多种都未体现	一天的食物中包含了糖类(碳水)、蛋白质、脂肪这 3 类产能营养素,但膳食纤维、维生素、水、无机盐这 4 类营养素中的 1—2 类摄入不足	一天的食物中包含了糖类(碳水)、蛋白质、脂肪这 3 类产能营养素,并摄入包含适量膳食纤维、维生素、水、无机盐的食物	
	营养素的搭配比例	无科学标准支撑,按照自己的感觉安排了各个比例和量	有理论支撑,但实际设计中与科学标准偏差较大,或未详尽考虑到各营养素的摄入要求	有明确的来自课本或文献的科学标准支撑,各营养素比例和摄入量都按照糖尿病人的科学标准来安排	

续　表

维度		评价标准			等级
		☆	☆☆	☆☆☆	
营养素的科学搭配	食物搭配多样化程度	只提供了 1—2 种富含糖类、蛋白质、维生素、膳食纤维的食物选择,只提供了 1 种富含脂肪的食物选择,对水分和无机盐的摄入无明确要求	分别提供了 3—5 种富含糖类、蛋白质、维生素、膳食纤维的食物选择,提供了 2 种富含脂肪的食物选择,对水分和无机盐的摄入有明确要求	分别提供了 5 种以上的富含糖类、蛋白质、维生素、膳食纤维的食物选择,提供了 3 种及以上富含脂肪的食物选择,对水分和无机盐的摄入也有明确要求	
	食物量化精细程度	对摄入食物的量没有明确的要求,且未使用生活中常用的计量单位	对每一份食物的量都有明确的要求,但未标注生活中常用的计量单位	对每一份食物的量都有明确的要求,并尽可能地采用生活中常用的计量单位,如碗、个、勺等	
个性化的设计		只考虑到李奶奶个性化要求中的 1 条或未考虑:喜爱甜食、爱喝粥、爱吃鱼类食物、饭量较大	考虑并照顾到李奶奶个性化要求中的 2 条及以上:喜爱甜食、爱喝粥、爱吃鱼类食物、饭量较大	考虑并照顾到李奶奶的个性化要求:爱甜食、爱喝粥、爱吃鱼类食物、饭量较大等	

三、项目实施

任务一:头脑风暴

1.学习目标

(1)了解糖尿病,初步建立食物与能量的关系。

(2)绘制思维导图,明确学习方向。

(3)能够借助 KWL 表和问题解决流程图梳理出驱动性问题以及解决路径。

2.核心问题

了解糖尿病的预防保健与食谱的设计方法,绘制思维导图,确定行动方案。

3.项目进程

(1)基于驱动性问题,利用思维工具进行知识梳理。

(2)利用网络资源或书籍、文献等,查找、筛选、提炼出有效信息。

（3）建立糖尿病人的食谱设计框架，完善思维导图。

（4）教师引出 ADA 饮食（食物交换份法），与学生共同探讨学习。

一个食物交换份的谷薯类　　一个食物交换份的坚果类

同类食物其含有的碳水化合物、脂肪、蛋白质比例相近。

图 2-3-2　ADA 饮食法

4. 阶段性成果

（1）制作 KWL 表。

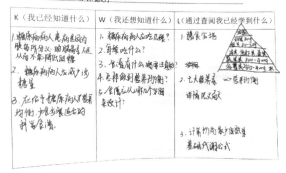

图 2-3-3　KWL 表

(2)制作食谱设计思维导图。

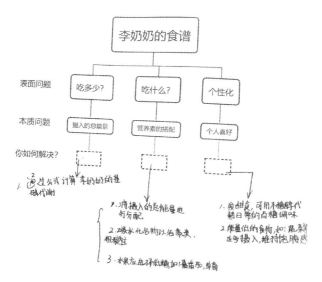

图 2-3-4 食谱设计思维导图成果

任务二：食谱设计

1.学习目标

(1)深入理解食物与能量的关系。

(2)掌握七大营养素的种类和作用。

(3)能对生活中常见物品的质量和体积进行正确估计。

2.核心问题

为李奶奶设计一份既科学又能照顾到个人需求的食谱。

3.项目进程

(1)比较不同食谱的优缺点，从中获得食谱设计的要点。

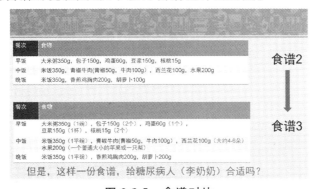

图 2-3-5 食谱对比

（2）小组合作，为李奶奶量身定制科学、合理的食谱。

（3）对照评价表，修改完善，交流汇报。

（4）迭代更新。

表 2-3-5　食谱的不足和改进建议

不足	改进建议
李奶奶爱吃甜食	可适当添加木糖醇
睡前的加餐并不是必须的	按需加餐，可多选择饱腹感强的食物
部分食谱碳水略少	应保证碳水的摄入（45%左右）
部分水果含糖量较高	水果都应选择低糖类

（5）请教专业医生指导，确认食谱安全可行。

将迭代更新后的最终方案交由湖州市疾控中心营养科医师确认其安全性和可行性，为有需要的糖尿病人提供食谱参考，在使用过程中确认其有效性。

4. 阶段性成果

（1）学生完成食谱设计手稿。

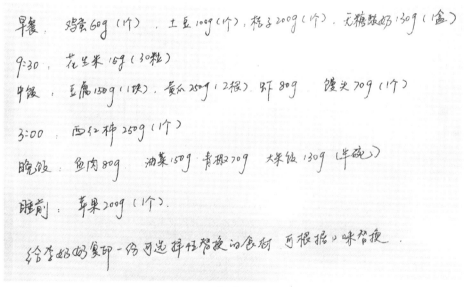

图 2-3-6　食谱的设计手稿

（2）学生改进优化食谱。

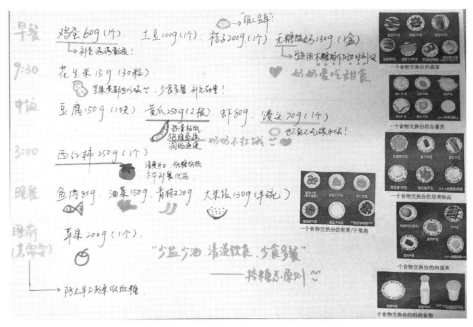

图 2-3-7 迭代优化后的食谱

任务三：公益宣传

1. 学习目标

（1）掌握糖尿病的主要病因（胰岛素分泌不足），了解目前的治疗手段。

（2）掌握健康的含义：身体健康、心理健康、社会适应健康。

2. 核心问题

选择合适的方式宣传、推广糖尿病人的日常饮食与保健知识。

3. 项目进程

（1）讨论糖尿病人如何保持健康。

（2）选择合适的方式传递爱与健康。

包括设计海报、分发自制的宣传单、制作公益小视频等，以小组为单位，由学生自主选择其中一项来完成。

（3）班级展示，师生共评，修改完善，扩大宣传。

4. 阶段性成果

分别在班级、校内、校外进行展示宣传。

图 2-3-8　班级展示

图 2-3-9　校内展示宣传　　　　　图 2-3-10　校外展示宣传

四、项目反思

(一)学生学有所思

首先,发现问题,积极寻找解决方式。

设计食谱时,若按照各类食物中含有的三大产能营养素具体含量去计算食物的热量,会发现这个方法工作量大、不实用。学生通过查阅文献,与教师一起探讨,找到了解决办法:用食物交换份法来设计食谱,原来不一定是精确的最好,理论只能指导实践,但实践还是要以符合日常需求为主。

其次,小组合作,众人拾柴火焰高。

在查阅文献资料任务中,为了在更短的时间内收集到最多的信息,小组从查阅文献就开始分类、分工合作,再提炼整理。但阅读文献的时间有点少,不能一下子抓到有价值的信息。经过反思,学生发现阅读文献资料也可以发挥小组合作的力量。总之,整个过程都让人体会到分工合作的重要性。

(二)教师教有所思

首先,查找资料,延伸课外,"广度"和"深度"共谋。

学生在课堂上只能粗浅地阅读 2—3 篇文献，无法对这些信息进行整理和深度思考，对于信息的处理和筛选需要更多的时间。后续类似方案中，可以将查阅文献延续到课外，让整个过程更加深入、全面。

其次，提前预演，多方参与，"青铜"与"王者"并进。

对于农村学生来说，自信、流畅地表达自我并非易事，因此，可以在班级内先进行出项活动的预演，在专业表述上力求科学、精简。另外，还可以邀请更多外部参观者来参与和评价，让每个学生都参与进来，共同进步。

设计心脑血管疾病治疗方案

湖州市志和中学　徐洁雅　陈　豪

一、项目简介

　　近几年来心梗、中风等突发性心脑血管疾病的发生呈现年轻化趋势,本项目从"血管堵塞会引发心梗、中风等心脑血管疾病"这一真实情境引入,通过"分析致病原因""提出设计创意""模拟实验验证""设计疏通方案"等环节,引导学生学习人体的结构层次、心脑血管疾病的治疗与预防、物质间的相互作用等相关知识,同时完成学生高阶思维的培养,使他们产生对医学发展的向往以及对生命健康的敬畏意识。

　　项目时长:6 课时,60 分钟/课时,共 360 分钟。

　　涉及学科:科学、技术。

　　涉及年级:九年级。

二、项目规划

(一)驱动性问题

如何借助外置管道疏通方案,设计并验证一份有效、可行的心脑血管疏通方案?

(二)核心概念

表 2-4-1 "心脑血管疾病治疗"项目核心概念

类型		核心概念
学科	科学	物质的结构与性质、物质的变化与化学反应、物质的运动与相互作用、生命系统的结构层次、生物体的稳态与调节
	技术	技术、工程与社会,工程设计与物化
跨学科		物质与能量、系统与模型、结构与功能、稳定与变化

(三)学习目标

表 2-4-2 "心脑血管疾病治疗"项目学习目标

学科目标	素养目标
1.知道不同物质具有不同的物理性质和化学性质[《义务教育科学课程标准(2022 年版)》p.21] 2.总结物质的三态及其变化的特点,认识化学反应需要一定的条件[《义务教育科学课程标准(2022 年版)》p.30] 3.了解流体压强和流速的定性关系[《义务教育科学课程标准(2022 年版)》p.37] 4.描述人体血液循环系统的结构和血液循环过程[《义务教育科学课程标准(2022 年版)》p.51] 5.生成人的生活习惯影响机体健康的观念,能够举例说明冠心病的预防措施[《义务教育科学课程标准(2022 年版)》p.63]	【科学精神】培养学生科学严谨的探究精神与态度 【健康生活】培养学生形成科学良好的生活习惯 【问题解决】培养学生积极思考、解决问题的能力 【责任担当】培养学生的社会责任感 【实践创新】培养学生的迁移运用和创新能力

(四)学情分析

(1)九年级的学生在知识方面对于物体间的相互作用和物质间的反应已经有一定的掌握,能够简单地利用压强、溶解等科学知识解释日常生活中的一些现象,但对知识原理的运用与迁移还有所欠缺。

(2)九年级的学生在技能方面已初步具备一定的观察、分类、测量、预测、控变的能力,但也还有一定的待发展空间。

(3)九年级的学生在完成本项目内容的同时还要补充酯化反应、生命健康等方面的知识。

（五）学习地图

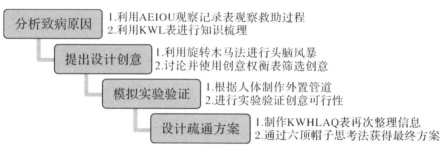

图 2-4-1 "设计心脑血管疾病治疗方案"项目学习地图

（六）评价标准

1. 过程性评价

表 2-4-3 "设计心脑血管疾病治疗方案"项目过程性评价

主要指标	评价标准			自评
	☆	☆☆	☆☆☆	
分工合作	小组有分工,但对自己的职责不清楚;与同组伙伴几乎没有合作	小组有分工,清楚职责,但不能履行到位;成员的主动性较差,小组讨论流于形式	小组分工明确,能准确、清晰地完成自己的任务;可以通过讨论发现问题、解决问题	
学科知识	大致了解疏通方案分为物理和化学两类	知道疏通方案分为物理和化学两类;了解某些疏通工具的疏通原理;知道人体的四大系统中有管道	知道每种疏通工具的使用原理;知道人体四大系统中的管道可能发生堵塞的原因和发生堵塞后的危害;了解某些人体管道堵塞的救助方案	
知识迁移	大致了解家庭管道和人体管道以及它们疏通方法的相似之处	知道人体管道和家用管道的堵塞在形成原因和疏通方案上都有一定的相似点,能够将某些家庭管道的疏通原理迁移运用到人体管道中	掌握人体管道堵塞和某些家用管道堵塞原因的共通性,能够将家用管道的疏通方案迁移运用到相同原因造成的人体管道堵塞情况中	
问题解决	发现了问题,但没有去思考讨论,没有解决	发现了问题,参与了思考讨论,但最终没能有效解决	发现了问题,善于思考讨论,并最终实践解决了问题	

续　表

主要 指标	评价标准			自评
	☆	☆☆	☆☆☆	
反思 迭代	缺少反思迭代的意识,缺少对初步猜想进行核实验证的热情	能够对初步提出的猜想进行分析并讨论其准确性,对人体管道疏通方案的设计初稿进行可行性分析和探究	能够对初步提出的猜想进行分析并讨论其准确性,会将人体管道疏通方案的初稿与现有的救助方案进行对比,加以优化	
创新 思维	缺乏创造力和想象力,没有突破	有一定独特的想法,但没有突破	有创造力和想象力,且有所突破	
方案 设计	产品设计只有概念性的文字描述,缺少具体的步骤和方式	有设计的意识,有图纸作为辅助介绍,设计的方案较为粗糙,没有详细的步骤	方案具有操作的可能性,有详细的步骤与方法	
产品 展示	能够展示产品的功能,但是缺少对其原理的解说	能够展示产品的功能,并能解说其原理;展示过程中能够大致说出各部分结构对应的功能,但是思路比较混乱,条理不够清晰	能够展示产品的功能,并能解说其原理;展示过程中能够条理清晰地讲述为了实现具体的功能对结构所进行的迭代	

2. 终结性评价

表 2-4-4　"设计心脑血管疾病治疗方案"项目终结性评价

主要 指标	说明	分值/分
方案 展示	参与小组需要提交一份解决方案。该方案应能较为清晰完整地展示该小组对解决"人体管道发生堵塞"这一问题的设计理念,方案中涉及的装置展示设计图,应在各结构上标注名称和用途,同时标注所选材料和原理	40
知识 运用	参与小组结合疏通管道的工具的使用解说工具背后的原理,并说明所设计的人体管道发生堵塞的方案是由哪种原理加以运用迁移的	20
展示 答辩	参与小组应结合设计方案对设计的装置进行现场展示,同时补充说明该装置还需要优化的地方和待解决的问题,提出后期的优化方案,同时需要回答专家提问。展示时间最多不超过 5 分钟,答辩时间为 5 分钟	40

三、项目实施

任务一:分析致病原因

1.学习目标

(1)了解心脑血管疾病的发生主要是因为血管的堵塞。

(2)能够借助 AEIOU 观察记录表观察心脑血管疾病突发时的救助过程。

(3)能够借助 KWL 表分析心脑血管疾病发生的原因。

2.核心问题

导致突发性心脑血管疾病的原因是什么?

3.项目进程

(1)情境导入。近年来,不良的生活习惯如熬夜、吸烟、不健康的饮食、缺少适量运动所引发的中风、心梗等突发性死亡事件概率激增。像这样的心脑血管疾病突发往往具有共同的原因,疾病也反映了我们身体内部发生的变化。

(2)观察医护人员对患者的救助过程,利用 AEIOU 观察记录表进行记录。

表 2-4-5　AEIOU 观察记录表

A(活动)	E(环境)	I(交互)	O(物品)	U(用户)

(3)利用 KWL 表进行知识梳理。

表 2-4-6　KWL 表

K(我所知道的)	W(我想要知道的)	L(我即将要学习的)

4.阶段性成果

(1)制作 AEIOU 观察记录表。

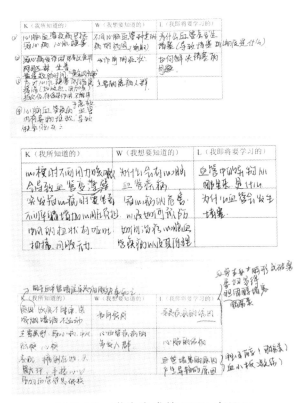

图 2-4-2 学生完成的 AEIOU 观察记录表展示

(2)制作 KWL 表。

图 2-4-3 学生完成的 KWL 表展示

任务二:提出设计创意

1.学习目标

(1)通过头脑风暴,进行思维发散。

（2）针对具体情况，提出解决问题的方案。

（3）利用创意权衡表，筛选出较为合理的设计方案。

2. 核心问题

头脑风暴，构思人体管道的疏通方法。

3. 项目进程

（1）利用旋转木马法进行头脑风暴。教师在教室不同地方放上一张写着问题的纸，并按纸张数量将学生分组，每组用 5—10 分钟对该问题进行头脑风暴，然后进行旋转。

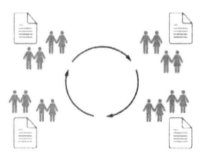

图 2-4-4　旋转木马法

（2）小组讨论，制作创意权衡表。

（3）对照创意权衡表，选出最佳的 5 个疏通方案。

4. 阶段性成果

（1）完成疏通管道的创意设计手稿。

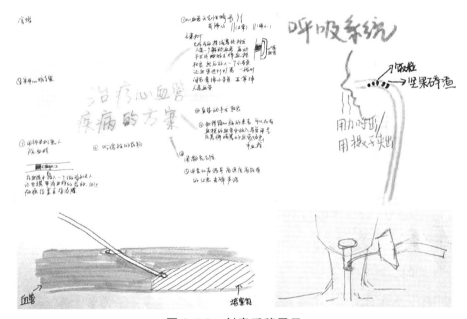

图 2-4-5　创意手稿展示

(2)制作方案创意权衡表。

创意权衡点	评分细则		
	☆	☆☆	☆☆☆
效果性	并没有太大的作用	会畅通一点点	效果很好，能畅通
时间短	需要经过一段时间才有用	在一天内起效果	可以在较短时间内就起作用
伤害身体	会对身体造成伤害	只会对身体造成一点点伤害	不会对身体造成伤害

图 2-4-6　方案创意权衡表展示

任务三:模拟实验验证

1. 学习目标

(1)掌握人体内部血液循环系统的结构和血液循环的过程。

(2)能够根据实验的过程和结果对方案进行具体的评价与分析。

2. 核心问题

通过外置管道,模拟心脑血管的疏通过程,并对方案展开评价与分析。

3. 项目进程

(1)根据人体血液循环系统的真实结构设计外置管道。

(2)利用外置下水管道,通过实验验证上一阶段选出的 5 个最佳创意方案。

(3)根据实验过程和结果,完成实验过程记录表。

表 2-4-7　实验过程记录

场景	疏通工具	科学原理

4. 阶段性成果

(1)设计搭建外置管道。

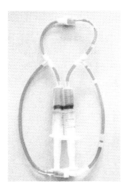

图 2-4-7　搭建外置管道

（2）完成实验过程记录表。

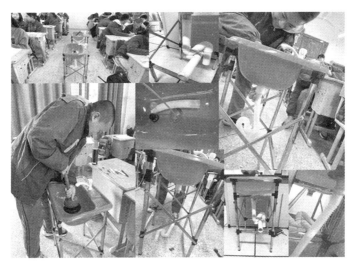

图 2-4-8　实验过程

场景	疏通工具	科学原理
马桶	吸耳塞	气压差
厨房	疏通棒	推动障碍物的移动
浴室	疏通粉剂	与杂发物化浴解

场景	疏通工具	科学原理
马桶	马桶塞	气压差
马桶	疏通管	虹通器
浴缸	疏通粉	利用化学药剂溶解障碍物

场景	疏通工具	科学原理
马桶	马桶塞	压强
洗脸台盆	吸盘器	压强
浴室地槽	除垢通枪	引流杂鱼数粉

场景	疏通工具	科学原理
厨房水槽	酸/碱性物质	将堵塞物溶解后排通
洗脸台盆	金属挂钩	物理
浴室地槽	金属抓钩	将堵塞物扫拉出
马桶	马桶塞子	气压差，将堵塞物压出

图 2-4-9　实验过程记录表展示

任务四:设计疏通方案

1. 学习目标

(1)利用 KWHLAQ 表对方案进行迭代。
(2)能够在团队中扮演不同的角色,对方案进行协作打磨。
(3)通过制作海报、视频等方式对方案进行推广。

2. 核心问题

根据上阶段的反馈将创意落地,形成切实可行的疏通方案。

3. 项目进程

(1)根据 KWHLAQ 表对方案创意进行迭代更新。

表 2-4-8　KWHLAQ 表

KNOW (我已经 知道的)	WANT (我想要 知道的)	HOW (怎么可 以知道)	LEARNED (我学到的)	ACTIVE (下一步 的行动)	QUESTION (我有什 么疑问)

(2)利用六顶帽子思考法进行小组讨论,提出疏通方案,并将讨论要点简单记录下来。

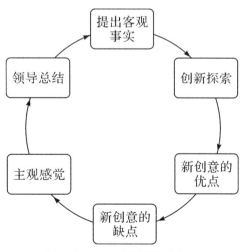

图 2-4-10　六顶帽子思考法

（3）汇总最终方案。

4.阶段性成果

每个小组呈现最终方案以及海报、视频等。

四、项目反思

(一)学生学到了知识,提高了能力,增加了兴趣

在项目完成后的学生访谈中,有学生表示:

上完这段时间的课,最终我们小组通过合作设计了一个治疗突发性心血管疾病的方案。回忆整个设计过程,我们不仅巩固了科学知识,更重要的是能够将科学知识运用到设计过程中。在搭建外置人体管道的过程中,原先枯燥的体循环、肺循环、气压等课本知识变得生动有趣。我们还知道了许多课外知识,像突发性心血管疾病的主要发病原因等。我们还学会了许多思维工具的使用:KWL表真的能够帮助我们自主学习,用旋转木马法进行头脑风暴给了我们很多的灵感,六顶帽子思考法让我们的思维和想法流动起来。这个课程既有趣又有意义,上完这些课后我更加热爱学习了,今后我要更认真地学习,期望能够运用所学帮助他人、回馈社会。

(二)教师完成了任务,进行了尝试,得到了成长

教师多元化教学能力得到提升本项目的实施,改变了教师单一的讲授式教学方法,通过研究性学习、体验式学习、讨论式学习和实践性学习,实现了学生学习方式的丰富多元,其中更多的是学生自主学习能力的提升。教师以多样的教学形态,促进自我教学研究能力的提升。团队教师认识到:在项目化学习中,教学方法必须多元化;调动学生的参与积极性,激发学生的内驱力,才能使项目化学习达到最优的效果。此外,项目化学习对教师的跨学科素养和执教能力提出了挑战,要求教师除了站在自身学科角度,更要站在多学科的角度高位设计,教师自身的专业成长加快。

(三)知识得到了迁移,问题也被解决

本项目将家用管道疏通产品的设计原理,迁移到人体管道的疏通方案中来。各环节逐步递进,逐步引导学生在一系列活动中去解决问题。项目过程中他们的思维是被完整建立起来的。用知识迁移的方式推动学生对心脑血管疾病治疗方案的思考,把设计思维的实施难度降低。知识迁移培养了学生的高阶思维,使学生进入深度学习状态,同时也让设计成为思考问题、解决问题的一种思维方法。

第三篇

生长·人与社会

智慧社区防疫门禁

湖州市织里镇晟舍小学　潘　虹

一、项目简介

　　"智慧社区防疫门禁"是基于工程的理念进行创新与升级的跨学科项目。项目开发源于 2022 年初,浙江的新冠疫情呈现多地多点多源散发、局部聚集态势,为积极应对社区排查,落实智能化管理要求,项目组制作了一款社区智能防疫门禁系统,对社区实行相对封闭式管理,为精准化、智能化管理提供建设性意见。通过系列活动让学生亲历防疫前线,为防疫献一份力,体验科技对生活的重要影响,感悟人类在疫情面前的伟大与坚韧。

　　项目时长:7 课时,40 分钟/课时,共 280 分钟。

　　涉及学科:科学、信息技术、艺术、劳动。

　　涉及年级:六年级。

二、项目规划

(一)驱动性问题

　　在全民防疫的大环境下,如何设计并制作出一款智能且精准的能进行有效防疫的社区门禁系统?

（二）核心概念

表 3-1-1 "智慧社区防疫门禁"项目核心概念

类型		核心概念
学科	科学	技术、工程与社会,工程设计与物化
	信息技术	数字化学习与创新、信息社会责任
	艺术	审美感知、创意实践
	劳动	劳动能力、劳动习惯和品质
跨学科		结构与功能、信息收集与分析、生命与健康、模型、系统

（三）学习目标

表 3-1-2 "智慧社区防疫门禁"项目学习目标

学科目标	素养目标
1.知道利用技术与工程能提高生产效率和工作效率,知道技术与工程对科学发展有促进作用,知道简单工程存在一定约束条件及验收标准[《义务教育科学课程标准(2022 年版)》p.8] 2.能使用或建构模型,解释有关的科学现象和过程[《义务教育科学课程标准(2022 年版)》p.10] 3.能进行初步的创意设计,并利用影像、文字或实物表达自己的创意[《义务教育科学课程标准(2022 年版)》p.10] 4.初步具有交流探究过程和结果,并进行评价、反思、改进的能力[《义务教育科学课程标准(2022 年版)》p.12] 5.能根据证据改进实物模型的设计与制作,具有初步的构思、设计、实施、验证与改进的能力[《义务教育科学课程标准(2022 年版)》p.13] 6.在问题解决过程中,能将问题分解为可处理的子问题,了解反馈对系统优化的作用[《义务教育信息技术课程标准(2022 年版)》p.9] 7.能设计用计算机实现过程与控制的方案,并在实验系统中通过编程等手段加以验证[《义务教育信息技术课程标准(2022 年版)》p.10] 8.能根据"人与自然和谐共生"的设计原则,对学校或社区进行环境规划,增强社会责任意识[《义务教育艺术课程标准(2022 年版)》p.10] 9.能根据劳动任务选择合适的材料和工具、技术与方法,安全、规范、有效地开展劳动[《义务教育劳动课程标准(2022 年版)》p.8] 10.进一步体验新技术支持下的现代服务业劳动,初步形成社会责任感[《义务教育劳动课程标准(2022 年版)》p.8]	【科学精神】逻辑清晰,能运用科学的思维方式认识事物、解决问题、指导行为;思维缜密,能多角度、辩证地分析问题,做出选择和决定;能大胆尝试,积极寻求有效的问题解决方法 【学会学习】能正确认识和理解学习的价值,具有积极的学习态度和浓厚的学习兴趣;具有对自己的学习状态进行审视的意识和习惯,善于总结经验;能自觉、有效地获取、评估、鉴别、使用信息 【责任担当】具有团队意识和互助精神;能主动作为,履职尽责,对自我和他人负责 【实践创新】善于发现和提出问题,有解决问题的兴趣和热情;能依据特定情境和具体条件,选择制订合理的解决方案;具有工程思维,能将创意和方案转化为有形物品或对已有物品进行改进与优化

(四)学情分析

(1)六年级的学生已具备基本的电路相关知识和杠杆的相关原理。对项目中温控系统与门禁系统的连接能很好地进行迁移。

(2)六年级的学生有一定的沟通、协作能力和信息筛选能力。学生通过之前的学习已经有了成立合作小组、互助合作的经验,学生在开展项目合作时会更加自信,配合得更好。

(3)六年级的学生在程序编写、温控系统的相应原理以及智能感应方面还有所欠缺,需要及时进行指导;且在项目长期实施的过程中,学生思维的连贯性有所欠缺。

(五)学习地图

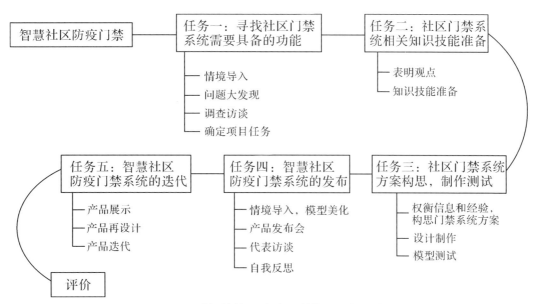

图 3-1-1 "智慧社区防疫门禁"项目学习地图

(六)项目评价

1.过程性评价

表 3-1-3 "智慧社区防疫门禁"项目过程性评价

项目指标	评价标准			自评	组评	师评
	☆	☆☆	☆☆☆			
设计方案	提供了少量想法,但没有被采用	提供了很多想法,只采用了少部分	提供了很多有用的想法,全被采用			
任务完成情况	分配的任务积极参与但没有完成	分配的任务积极参与并完成	分配的任务积极参与并完成,且能帮助他人			
小组合作意识	很少参与小组设计和制作	参加了部分小组设计制作活动	全程参与了小组设计与制作			
批判反思	项目完成后没有及时进行反思	项目完成后及时进行反思	项目完成后及时进行反思并撰写反思报告			

注:回顾学习活动进行评价(填写时间:任务三、四、五结束后,共填写 3 次)。

2.终结性评价

表 3-1-4 "智慧社区防疫门禁"项目终结性评价

主要指标	评价标准			评分
	☆	☆☆	☆☆☆	
感应灵敏度	杠杆能开和关,温控系统能感应温度,但有卡顿	杠杆根据感应到的温度能开和关,偶有卡顿	杠杆根据感应到的温度能灵敏地开和关	
结构设计	不同通道能开合,但偶尔需要手动控制	根据温度是否达标有单一通道开合	根据温度是否达标有不同通道开合	
成本控制	性价比不高	性价比较高	性价比高	

表 3-1-5 "智慧社区防疫门禁"项目学习成果终结性评价

主要指标	评价标准			评分
	☆	☆☆	☆☆☆	
知识掌握	对温控门禁系统不了解,对原理不明确	对温控门禁系统了解不全面,对原理思考不全面	了解温控门禁系统,准确掌握其原理	
设计图	缺少设计示意图,缺乏相对应的文字和符号标记	能画出简单的设计示意图,但缺乏相应的文字和符号标记	设计图清晰可视化,图形简单明了,标记明确	
产品制作	温控门禁系统结构偏差大,没有突破	温控门禁系统结构较合理,突破较少	温控门禁系统结构有助于社区使用,且具有创造力,有所突破	
材料选择	材料选择不恰当,没有达到预期的设计目标	材料选择合理,能勉强达到预期的设计目标	材料选择合理,且达到预期的设计目标	

三、项目实施

任务一:寻找社区门禁系统需要具备的功能

1.学习目标

(1)通过活动激活学生已有知识,进行信息分享,并暴露学生在社区门禁系统相关问题上的难点和盲点。

(2)能够借助 5W1H 分析法和问题解决流程图梳理出社区门禁系统的相关问题以及解决路径。

2.核心问题

激发学生的前概念并通过社会调查寻找社区防疫门禁系统需要具备的相关功能。

3.项目进程

环节一:情境导入

2022 年初,浙江的疫情呈现多地多点多源散发、局部聚集态势。为积极应对社区排查,落实智能化管理要求,动态掌握小区全体业主的健康状况,需要设计开发一款社区智能防疫门禁系统，为社区实行精准化、智能化管理提供参考，同学们有信心吗？

环节二：问题大发现

同学们，“门禁系统”四字会让你脑海里浮现出 5W1H 分析法中的什么问题？你对这些问题有什么看法？

环节三：调查访谈

根据 5W1H 分析法所获取的基本信息，拟定访谈问题，确定访谈对象，对进出社区的人进行调查访谈，请绘制你对问题思考解决的流程图。

环节四：确定项目任务

汇总整理全班同学的调查访谈信息，确定项目任务（社区智能防疫门禁系统）。

4. 阶段性成果

（1）学生能利用 5W1H 分析法，获取社区入口门禁系统的信息，根据已有认知提出一些相关问题。

（2）运用问题解决流程图来了解项目内容。

5W1H分析法

选定项目：智慧社区门禁			记录者：李婧瑶 记录时间：3.11		
Who 社区门禁系统的使用者	Why 为什么要重新设计	What 对门禁系统有什么需求	When 什么时候使用门禁系统	Where 用于什么样的地方	How 如何实施或解决
社区里居住的人	疫情时排查慢	更高效.自动测温	上下班	社区的进出口	将温控系统与门禁系统结合.

图 3-1-2　学生利用 5W1H 分析法记录结果

问题解决流程图

选定项目：改进社区门禁系统		记录者：张泽炫 记录时间：3.13	
我的目的	我需要掌握的知识	我需要具备的技能	设计制作并进行测试
做一个能感应人体体温的门禁	温控系统的原理 门禁系统如何工作	电路连接 程序编写 模型美化	感应测试

图 3-1-3　学生利用问题流程图分解项目

任务二：社区门禁系统相关知识技能准备

1. 学习目标

（1）学会聚焦问题，完善门禁系统的知识技能准备。

（2）学会整理调查信息，提炼出社区门禁系统共性问题，并收集个性问题，提出小组门禁系统的个性化解决方案。

（3）学会合作交流，运用收敛思维权衡利弊，形成门禁系统功能的小组决策。

2. 核心问题

通过调查访谈让学生提出门禁系统的个性化解决方案，并根据方案促使学生自主学习社区智能门禁系统需要掌握的知识和技能。

3.项目进程

环节一:表明观点

通过前期准备的流程图,完成小组图表,并展示小组的最终决策。

表 3-1-6　POV 法

选定项目:_____		记录者:_____ 记录时间:_____
User 用户	Needs 需求	Insights 个人见解

环节二:知识技能准备

请同学们根据自己想要设计制作的门禁系统提炼出相关知识和技能,全班进行统筹学习。

(1)走进编程。

Scratch 是一款由麻省理工学院(MIT)设计开发的面向少年的简易编程工具。学习编程,利用 Scratch 编制一个由不同温度控制门禁的程序:当入口处人员体温低于 37.4℃,且湖州通显示两码正常时,门禁系统绿色通道打开;当入口处人员体温高于 37.4℃,或者湖州通两码显示非正常,门禁系统发出警报声,红色通道打开进入隔离区域。

(2)了解温控系统。

温控器是通过温度保护器将温度传到温度控制器,温度控制器发出开关命令,从而控制设备的运行以达到理想的温度及节能效果。一般温控器与门禁系统有三种连接方式:温控器电源线;温控器负载线;传感器接线。门禁系统上一般都有传感器符号或者标明传感器端子,将其直接与传感器相接即可,不分正负(本次采用的接线方式)。

4.阶段性成果

掌握门禁系统的相关知识和技能,计算思维能力和动手能力得到提升。

POV法

选定项目： 智慧社区门禁	记录者：阅安琪 记录时间：3.21	
User 用户	Needs 需求	Insights 个人见解
社区里的居民	1. 感应人体体温 2. 自动开合 3. 双通道 4. 车辆识别	对温控系统以及门禁系统的原理更了解更透彻，需要学电路连接、编写程序去制作模型。

图 3-1-4　学生利用 POV 法总结自己的观点

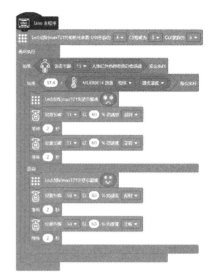

图 3-1-5　学生编写的程序片段

任务三：社区门禁系统方案构思，制作测试

1. 学习目标

（1）权衡需求信息和已得经验，小组间进行门禁系统的创新设计和拓展。

（2）初步进行门禁系统的图纸设计，并对图纸进行评价。

（3）根据产品标准，结合多方面因素，提出防疫门禁系统方案并进行制作。

2. 核心问题

根据已掌握的知识和技能让脑中设想的社区门禁系统模型通过设计图展示出来，并制作出相对应的模型。

3. 项目进程

环节一：权衡信息和经验，构思门禁系统方案

经过前期的知识和技能准备，学生对温控门禁系统的设计已有一定思考，对于设计中需要考虑的因素，教师在此进行引导，学生自主讨论得出。综合使用场景，讨论设计要求，根据产品标准，同时结合材料的价格、优缺点及可行性等多种因素，提出温控门禁系统的设计方案。

环节二：设计制作

小组合作：根据设计方案，选择所需材料，完成温控门禁系统的制作。其中温控器的程序自行编写，门禁栏杆自行制作，两者通过导线进行连接。学生自行尝试将温控器和门禁系统模型用串联或并联的方式进行电路的设计与连接、调试。

环节三:模型测试

测试:在设计所适用的场合中,两个体温正常的人与两个体温稍高的人,间隔1米通过温控门禁系统,测试不同通道的反应快慢和杠杆的开合是否灵敏。

4.阶段性成果

掌握模型的制作方法,能真实、准确地将设计图制作成模型。

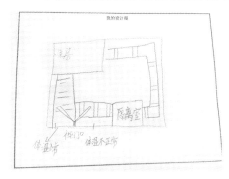

图 3-1-6　学生设计图初稿

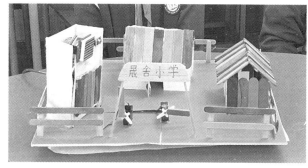

图 3-1-7　学生制作的初代模型

任务四:智慧社区防疫门禁系统的发布

1.学习目标

(1)通过发散思维进行团队思考,为门禁系统设计和谐统一的外观及装饰。
(2)通过感言单、吐槽单、建议单,提出小组门禁系统的个性化解决方案。
(3)撰写门禁系统的反思笔记,养成批判性思维。

2.核心问题

欣赏他人的社区门禁系统模型并反思自己的不足,开拓产品创新点。

3.项目进程

环节一:情境导入,模型美化

聚焦:我们已掌握门禁系统的制作方法,也制作了模型,但是我们的模型没有那么美观,能不能请同学们大胆发挥想象力,为我们的门禁系统设计一个独特又美丽的外观呢?

环节二:产品发布会

各组依次展示介绍自己设计制作的防疫门禁系统,并从感应灵敏度、结构设计、成本等方面进行详细说明,能用语言、文字、图表等方式表述探究的过程,进行产品发布。

环节三:代表访谈

在发布会后组织学生对家长和教师代表进行采访,并填写感言单、吐槽单、建议单,收集意见或建议,并根据采访结果设计产品更新方案。

环节四:自我反思

根据建议单和吐槽单,小组整理出自己作品可以改进的地方。

4. 阶段性成果

欣赏他人作品的可取之处,能对自己作品有进一步的反思,从而有针对性地进行产品的迭代更新。

图 3-1-8 吐槽单   图 3-1-9 建议单

图 3-1-10 学生介绍

任务五:智慧社区防疫门禁系统的迭代

1. 学习目标

利用头脑风暴,小组间进行门禁系统的再次创新和拓展。

2. 核心问题

通过自我反思,对社区门禁系统进行进一步的迭代与创新。

3. 项目进程

环节一:产品展示

活动:我来给你点个赞。

学生给展示环节中引发自己更多思考的产品点赞,点赞数排名前三的小组进行产品的详细介绍以及方法技能的讲解。

环节二:产品再设计

汇报:我想这么做。

汇报活动中进行头脑风暴,让学生对自己想要完成的产品进行更新再设计,使学生对具体的项目活动有自己的思考,利用学科整合,对自己提出的方案进行调整,在调整的过程中解决问题。

环节三:产品迭代

引导学生交换想法,对组员的设计进行升级,开发防疫温控人脸识别门禁系统。利用本项目学习中获得的知识与技能,设计开发创新门禁系统,实现门禁系统的多种可能性。

4.阶段性成果

通过对他人作品的进一步了解,能够对自己的作品有进一步反思,并将反思具象化,以设计图的形式展现出来。

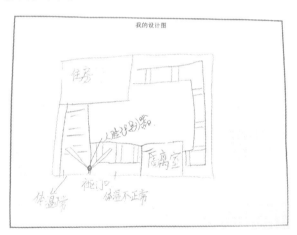

图 3-1-11 门禁系统迭代设计

四、项目反思

(一)学生学有所思

在项目完成后的学生访谈中,学生的观点摘录如下:

在为期一个月的项目学习中,我学会了简单的程序编写和门禁系统设计与制作的相关知识技能。当然,也有一些问题暂时难倒了我们,比如在前期头脑风暴时需要两个通道来区分不同的人群,但后期设计时通道的位置选择不太合理,最终通过对舵机的调节,我们解决了这个大难题。然而我觉得最大的收获并不是制作出模型,而是在项目过程中学会了运用问题解决流程图,让我在今后的学习生活中解决问题时有较好的逻辑思维能力。原来做任何事都是有流程和步骤的,通过将一件复杂的事情拆解成一个个简单的小步骤,能帮助我解决较难的问题,这也会使我在今后的学习过程中勇攀高峰,迎难而上。

(二)教师教有所思

传统的教学是内容相对单一的、持续时间比较短的教学,而项目式教学是综合性比较强的、持续时间比较久的、相对而言较复杂的教学,具有实践性和开放性,重视让学生通过"做中学"来完成学习目标。它可以使学生在短时间内投入学习,通过框架的建构和技能的迁移,让学生长时间保持探究欲望,持续领悟、反思,不断探究、实践,形成自己的学习网络,提升思维高度。项目化教学,让学生在学习科学知识的过程中,获得良好的学习方法,应用多学科知识解决问题。项目式教学在每一阶段都注重学生不同能力的培养,从而发展其高阶工程思维能力,利用融合概念,关注学生的全面发展,实现全面育人。

(三)项目成效与困惑

此学科项目是基于工程理念进行单元创新与设计的跨学科项目。此项目以社区门禁系统为载体,通过一个个模块化的子任务,让学生产生切身感受、情感共鸣,远比教材中原本的教学内容更易吸引学生。因此,本项目的实施开展,激发了学生的学习兴趣,促使教学环节更流畅,培养了学生沉浸式深层探究的能力,学生在快乐学习的基础上,孕育了生命至上的种子。

此次项目化学习的开展也存在一些问题,学生确定项目主题花费了较多的时间。由于前期基于5W1H分析法的调查访谈提出了较多的用户需求,学生对社区门禁系统的功能无法做到较好的取舍,无法直接有效地聚焦社区防疫门禁系统的核心问题。

多功能防疫校车站点

湖州市弁南小学　陈熊峰　孙俐敏

一、项目简介

本项目开发源于学校学生乘坐校车时遇到的实际问题,校车是学生的聚集区,同时也是新冠疫情的传播区。通过智能型校车站点快速辨别乘坐学生有无发热等情况,将是从源头切断传染源的有效措施之一。基于学校的实际情况,学生通过资源查阅、调查、设计、制作等跨学科学习,为防疫贡献自己的力量,做到科学防疫。

项目时长:10 课时,50 分钟/课时,共 500 分钟。

涉及学科:科学、技术、语文。

涉及年级:五年级、六年级。

二、项目规划

(一)驱动性问题

调查学校校车站点,根据乘坐校车遇到的实际问题,结合防疫,设计一座新型、智能的防疫校车站点。

（二）核心概念

表 3-2-1 "多功能防疫校车站点"项目核心概念

类型		核心概念
学科	科学	人体生命安全与生存环境密切相关,关注新冠病毒以及传播途径
	技术	能尝试运用科学原理设计并制作简单的装置,能进行模拟演示,实现精准、高效
	语文	了解人、健康、环境之间的相互联系,认识到合作有助于辨识实验的准确性
跨学科		结构与功能、稳定与变化、信息收集与分析、生命与健康

（三）学习目标

表 3-2-2 "多功能防疫校车站点"项目学习目标

学科目标	素养目标
1. 能运用观察、查阅资料、实地调查等方式获取信息,用科学语言记录整理信息,表述探究结果,并运用分析、比较、推理、概括等方法得出科学探究的结论[《义务教育科学课程标准(2022 年版)》p.12] 2. 能进行初步的创意设计,并利用影像、文字或实物表达自己的创意[《义务教育科学课程标准(2022 年版)》p.10] 3. 应用所学科学原理设计并制作简单的装置,能进行模拟演示并简要解释;能根据证据改进实物模型的设计和制作[《义务教育科学课程标准(2022 年版)》p.13] 4. 了解科学、技术、社会、环境之间的相互影响[《义务教育科学课程标准(2022 年版)》p.14] 5. 就科学问题在认识上的分歧,乐于与他人进行沟通交流和辩论,基于证据反思和调整探究活动[《义务教育科学课程标准(2022 年版)》p.14] 6. 走进大自然,走进科学世界,走进社会,学习画思维导图整理和呈现信息的方法;学习通过口头表述,分享所思所感[《义务教育语文课程标准(2022 年版)》p.24]	【科学思维】学习认识客观事物的本质属性、内在规律及相互关系的科学方式 【探究实践】了解和探索自然、获得科学认识、解决科学问题,以及在技术与工程实践过程中,形成科学探究能力、技术与工程实践能力和自主学习能力 【态度责任】有基于依据和逻辑发表自己见解的意识,严谨、求实 【劳动能力】具备完成一定劳动任务所需的设计能力、操作能力 【创意实践】综合运用多学科知识,紧密联系现实生活,进行创新和实际应用 【审美创造】学生通过感受、理解、欣赏、评价语言文字及作品,获得较为丰富的审美体验

(四)学情分析

(1)知识方面:学校校车站点,是学生相对熟悉的,这为达成本项目教学目标提供了一定的知识储备。

(2)技能方面:五、六年级的学生已有动手操作和实践的经验,同时掌握了基础的设计制作方法。

(3)不足之处:五、六年级的学生对人体正常体温这一概念的认知是模糊的,同时对测量体温方法的了解还很少。

(五)学习地图

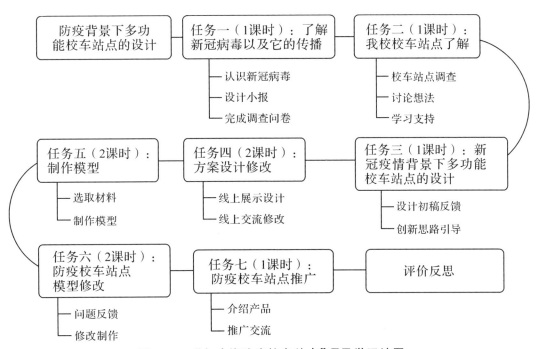

图 3-2-1　"多功能防疫校车站点"项目学习地图

(六)评价标准

1. 过程性评价

表 3-2-3 "多功能防疫校车站点"项目过程性评价

评价内容	评价标准			自评	组评	师评
	☆	☆☆	☆☆☆			
学习思维	不能利用已有的知识和思维工具解决问题,也没有独立完成学习任务	能够通过独立思维、亲子合作的方式完成真实情境的学习任务	能够利用已有的知识和思维工具解决问题,并通过独立思维、亲子合作的方式完成真实情境的学习任务			
方案设计	方案不完整,防疫功能不明确,没有画设计图	能完成防疫校车站点方案设计,但校车防疫功能不突出,能画出设计图但缺乏相应的文字解释说明	能够合理设计防疫校车站点方案,绘制出详细、美观、富有创意的设计图,并能在方案和设计图中体现出校车的防疫等功能			
模型制作	模型设计有比较多的问题,也不够美观	材料选取有些不合适,模型设计有些功能没有文字解释说明	能够有效地选取材料,根据设计图制作模型,并能利用文字进行补充说明			
优化改进	找不到合适的方法进行模型的改进	部分功能有故障,能听取别人的建议并进行改进	能够通过比较、测量,知道模型哪些地方设计得不合理,并对其他同学的作品指出设计缺陷,提出修改建议			

表 3-2-4 "多功能防疫校车站点"项目综合性评价

评价内容	评价标准			自评	组评	师评
	☆	☆☆	☆☆☆			
作品展示	制作工艺水平不高,比较粗糙,而且没有进行美化装饰	造型比较稳固,但缺乏整体美感,且功能不全面	站点造型设计精美,功能全面,整体结构稳固,有自己的个性化设计元素			

续　表

评价内容	评价标准			自评	组评	师评
	☆	☆☆	☆☆☆			
作品推广	表述模糊不清,设计优点不突出,产品推广方案难以实现	能简短地介绍自己的作品,但产品推广方案还不完善	能够详细清楚地介绍自己的作品以及优势,有完善的产品推广方案			

三、项目实施

任务一:了解新冠病毒以及它的传播

1. 学习目标

(1)通过活动激活学生已有的知识,发现学生在相关问题上的难点和盲点。

(2)运用跨学科整合的思维与能力,通过独立思维、亲子合作等方式,完成基于真实情境的项目学习任务。

(3)能够借助思维工具和问题解决流程步骤梳理出驱动性问题及解决路径。

2. 核心问题

如何通过利用思维工具激活学生已有知识和思维的方法来梳理项目中的问题?

3. 项目进程

环节一:认识新冠病毒

了解新冠病毒知识、传播途径以及防护措施。

环节二:设计小报

把收集到的信息,比如新冠病毒的来源、传播途径、如何自我防护等,进行整合,做一张图文结合的小报。

环节三:完成调查问卷

结合网课视频和一些搜索工具来完成小调查(用钉钉扫码)。

"防疫助学"——弇南小学 STEAM 线上课程导学单（1）

同学们：

大家好！准备好开启 STEAM 项目之旅了吗？相信认真的你即使隔着屏幕，也能学得棒棒的！

课前准备：笔记本、文具

第一步：带着问题学习课程

1. 新冠病毒是从哪里来的？

2. 新冠病毒的主要传播途径是什么？

3. 感染新冠病毒一般会有什么症状？

4. 避免传染，我们应该采取哪些自我保护措施？

5. 假如你要去超市购买一些生活用品和食物，你会选择以下哪些物品？请圈出来。

雨衣、口罩、护目镜、墨镜、耳塞、头盔、手套、面罩

第二步：打开网课开始学习

出现问题答案时，先按暂停，记录相应答案，再继续播放，遇到不明白的地方，可以再回去看看。

第三步：扫一扫，完成调查问卷（请用钉钉扫码）

请结合网课内容，利用电脑、手机完成调查问卷。

图 3-2-2　课程导学单(1)

4. 阶段性成果

(1)学生能利用课程导学单回忆自己已有的认知，并能提出一些相关问题。

(2)自行设计问题解决流程图来了解项目内容。

图 3-2-3　"抗战病毒"小报

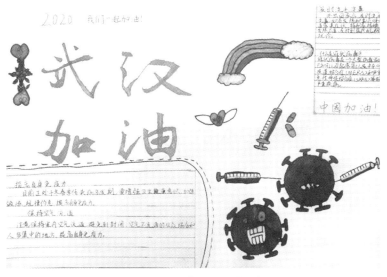

图 3-2-4　"武汉加油"小报

图 3-2-5　"预防病毒 从我做起"小报

任务二:我校校车站点了解

1. 学习目标

(1)快速辨别乘坐校车人群中有无发热等现象,从而让发热者及时就医。

(2)通过查阅资料和自主设计,促进学生深度学习掌握测量体温的方法。

2. 核心问题

如何快速辨别乘坐校车人群中有无发热等现象?防疫校车站点需要哪些元素?

3.项目进程

环节一:校车站点调查

(1)我校有一半学生乘坐校车上学,校车是学生的聚集区,也是许多传染性疾病的危险传播区。快速辨别乘坐校车人群中有无发热等现象,从而让发热者及时就医,将是从源头切断传染源的有效措施之一。

(2)为做好疫情防控工作,在校车的每个站点安排人员做好乘坐校车学生的体温检测等工作。低温、风雨等因素会干扰体温检测仪器的测量准确性,另外由于站点多、学生人数也多,检测体温需要一个过程,在这个过程中,校车的停留等待会给路面交通带来一定影响。

环节二:讨论想法

(1)根据这些实际情况,你有什么想说的?

(2)你会想到什么呢? 可以把你的想法在笔记本上写一写。

环节三:学习支持

展示生活中站点的图片。

图 3-2-6 高铁站点

图 3-2-7 车站内防疫测温点

图 3-2-8　车站内防疫测温通道

图 3-2-9　公共站点

图 3-2-10　校车站点

以上学习对你的防疫校车站点设计有什么启发呢？

防疫校车站点需要哪些元素？把你的想法写一写,画一画吧！

"防疫助学"——弇南小学 STEAM 线上课程导学单(2)

活动二：调查与学习支持

同学们：

　　大家好！准备好开启 STEAM 项目之旅了吗？相信认真的你即使

隔着屏幕,也能学得棒棒的！

课前准备：笔记本、文具等

第一步：观看微课（课前完成）

学习支持微课已经上传至群，请观看

思考：观阶段的校车站点存在什么问题？ _____

_____

_____

第二步：直播课学习（时间，3月9日下午 1:00）

注：在线直播课室，请大家准时参加，并积极发言

　　　第三步：我来设计

　　　　防疫校车站点的设计

　　　　设计者：_____　　　　时间：_____

需要的材料	我的设计（画一画、写一写）

图 3-2-11　课程导学单(2)

4. 阶段性成果

查阅资料自主设计校车站点。

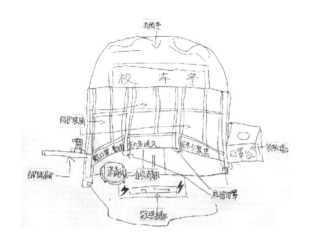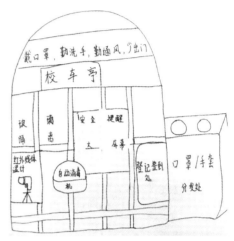

图 3-2-12　校车站点设计

任务三：新冠疫情背景下多功能校车站点的设计

1. 学习目标

能够合理设计防疫校车站点方案，站台的功能设施可以采用详细的设计图来展现。

2. 核心问题

如何设计防疫校车站点，体现其防疫功能？

3. 项目进程

环节一：设计初稿反馈

（1）站台的部分功能设施可以采用详细的设计图来展现。

（2）设计图的文字说明部分可以不用太多，主要就是点明各个功能设施的名称，或用简单文字介绍比较特别的功能设施。

（3）设计图还需要拥有客观的布局和一些具有创造力的想法。

环节二：创新思路引导

完成校车站点设计。

图 3-2-13 创意站台设计

防疫校车站点设计应该具备哪些条件呢？

首先，功能多样，设施齐全。（加入体温监测、自动点名、安全等功能设施）

其次，造型美观，色彩醒目。

最后，风格要和周围环境相协调。

"**防疫助学**"——弁南小学 STEAM 线上课程导学单（3）

活动三：设计方案

课前准备：白纸、美术工具等

第一步：在线直播学习（时间：3 月 11 日下午 1:00）

思考：你想设计一个怎样的校车站台？

第二步：我来设计

防疫校车站点的设计

设计者：＿＿＿＿＿＿＿ 时间：＿＿＿＿＿＿＿

我的设计（画一画、写一写）

图 3-2-14 课程导学单(3)

4.阶段性成果

学生通过设计图了解防疫校车站点的功能,掌握设计技巧。

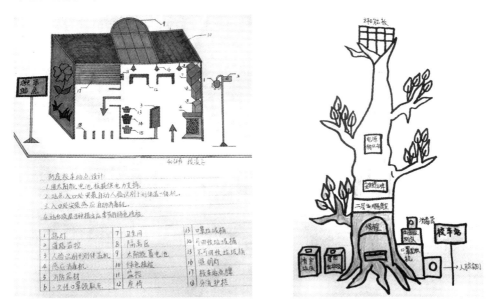

图 3-2-15　站点功能设计

任务四:方案设计修改

1.学习目标

(1)展示并讲解自己的设计。
(2)线上交流修改,对其他同学的设计提出自己的意见和建议。

2.核心问题

如何讲解自己的设计以及对其他同学的设计提出自己的意见和建议?

3.项目进程

环节一:线上展示设计

展示并讲解自己的设计,让同学们对你的设计有一定的了解。

环节二:线上交流修改

通过线上交流,对其他同学的设计提出自己的意见和建议,思考防疫校车的设计如何改进。

4.阶段性成果

头脑风暴:在线上交流,对其他同学的设计提出自己的意见和建议。

图 3-2-16　学生线上交流　　　　　图 3-2-17　设计修改图

任务五：制作模型

1. 学习目标

（1）根据设计图制作模型。

（2）选材尽可能充分，可以尝试全方位表现自己的设计，尽可能少用文字描述来代替自己的模型设计。

2. 核心问题

如何通过设计图制作模型来促进学生掌握选材及制作的方法？

3. 项目进程

环节一：选取材料

（1）思考：在制作模型之前，选择什么材料呈现自己的设计？

（2）选材尽可能充分，可以尝试全方位表现自己的设计，尽可能少用文字描述来代替自己的模型设计。

"防疫助学"——弁南小学STEAM线上课程导学单（5）

活动五：模模型反馈、修改

课前准备：纸、笔、已制作的模型、工具等

第一步：制作防疫校车站点过程中的思考

我制作的防疫校车站点	
优点	
缺点	
我制作过程中遇到的困难	

第二步：在线直播学习（时间：3月16日下午1:00）

第三步：修改并制作防疫校车站点

图 3-2-18　课程导学单(5)

环节二:制作模型

(1)自主制作。

(2)使用剪刀等工具一定要在家长的协助下完成。

4.阶段性成果

学生实现了从设计图到模型的跨越。

图 3-2-19 模型设计作品

任务六:防疫校车站点模型修改

1.学习目标

(1)能够通过比较、测量,知道模型哪些地方设计得不合理。

(2)掌握设计方法,学会辨别各个环节是否合理。

(3)通过有效的互动交流平台促进学生思维跨越,提出设计缺陷以及修改建议。

2.核心问题

如何通过有效的互动交流平台促进学生思维跨越,提出设计缺陷以及修改建议?

3.项目进程

环节一:问题反馈

(1)在模型的制作过程中遇到了什么问题? 是不是有些自己在设计图中的设计没有办法表现出来? 是不是材料的选择有问题?

(2)在模型制作的过程中有哪些通用的方法?

环节二:修改制作

自主制作、修改。

4.阶段性成果

学生通过互动平台交流,找出设计的缺陷并做出进一步的修改。

图 3-2-20 学生通过互动平台交流

图 3-2-21 修改后的作品

任务七:防疫校车站点推广

1.学习目标

(1)介绍自己的作品。

(2)推广防疫校车站点设计方案。

2.核心问题

如何向大家介绍自己的作品以及推广这个设计制作?

3.项目进程

环节一:介绍产品

(1)为什么这样设计?

(2)这样设计的理论依据是什么?

(3)从什么地方入手?

(4)想要达到什么效果?

环节二:推广交流

在线交流以及自主撰写。

4.阶段性成果

学生学习和掌握推广产品设计。

四、项目反思

(一)学生学有所思

在项目完成后的学生访谈中,学生的观点摘录如下:

通过防疫背景下多功能校车站点项目的学习,我有不少的收获:我知道了新冠病毒的来源、传播途径以及在疫情期间如何做好自我防护；对校车站点的实地调查，在防疫校车站点设计上给了我新的启发。在制作过程中我也遇到了难题，特别是模型的切割、胶水的粘黏、效果的美观方面还需要再耐心、细致些；在材料的选择上也要注意可行性，不能天马行空。制作完成后，我学习了怎样介绍和分享自己的作品并把它推广给大家，我用文字、小报等不同形式向大家展示成果。看到自己的作品受到大家的称赞，我感到很自豪，并且对不同学科的学习产生了兴趣，可以把所学的知识运用到实际生活中。

"防疫助学"——介南小学 STEAM 线上课程导学单（8）

活动八：收获与反思

同学们：

大家好！时间真快！我们的 STEAM 项目之旅即将到达终点。一路上的点点滴滴，相信认真的你肯定印象深刻。让我们一起为自己完成一份满意的项目答卷吧！

课前准备：笔记本、模型、文具等

第一站：回忆起初 （直播观看 PPT 视频）

（选取一路走来的部分照片）

第二站： 收获现有 （直播连麦，结合上次作业宣传你的作品）

第三站：项目总结 （直播）
学习怎样对项目活动进行总结反思
总结任务：写一写对整个项目或者对STEAM的
反思或者感受，字数 200 字左右

图 3-2-22 项目学习反思导学单（8）

（二）教师教有所思

在教学过程中通过创设防疫校车站点情境设计，激活各学科知识，使枯燥乏味的学科知识有了丰富的附着点和切实的生长点，让教学具有更加深刻的意义。借助思维工具促进学生深度学习实践与研究，将学科知识转化为学生的认知与学习导图，让学生逐步完成他们所感兴趣的任务。

本项目的开展也存在不少问题：学生平时接触工具较少，导致在制作模型时切割不匀称，整体美观度也有所欠缺；有些学习活动的教学设计还不是很贴合所有学生的发展特点，部分学生感到比较困惑，面对任务无从下手。应该从学生的实际情况出发去设计学习支架，学习支架的搭建必须紧密围绕学习目标，还必须具有严谨的逻辑关系，坚决杜绝思维跳跃。

(三)项目成效

首先,问题驱动,开启真正的探究情境。学生在活动情境中成为真正意义上的观测员、规划师、设计师、产品评估员等,经历了与以往学习完全不同的学习过程,开阔了思维,既理解了知识,又锻炼了技能。

其次,合作学习,促进问题的真正解决。学生通过实地考察,运用观察、预测和分析等方法发展科学和逻辑思维,防疫多功能校车站点模型的设计将各学科知识有效地融合在一起,使学生在团队合作中实现了深层次学习。

智能防疫联动医务室

湖州市第四中学教育集团　方　园

一、项目简介

本项目的开发源于学生实际生活中自救互救的现实问题。针对疫情背景下学生实际生活中的意外突发情况在医务室如何得到更好的处理问题,学生需要进行持续探究,了解智能产品、防疫产品及原理,感悟各种材料的性能,思考如何组合设计医务室,达到核心知识的再建构和思维迁移。本项目可以使学生了解科技给人们学习、生活和工作带来的影响,合理运用科技解决生活中的现实问题,自觉遵守科技领域的价值观念,不断增强社会责任感。

项目时长:10 课时,40 分钟/课时,共 400 分钟。

涉及学科:科学、技术、数学、信息、艺术。

涉及年级:八年级。

二、项目规划

(一)驱动性问题

如何设计一间既便于紧急救治,又具有防疫功能的智能联动医务室?

（二）核心概念

表 3-3-1　"智能防疫联动医务室"项目核心概念

类型		核心概念
学科	科学	物质的结构与性质
	技术	技术、工程与社会，工程设计与物化
	数学	空间观念、数据分析、应用意识、创新意识
	信息	数据、算法
	艺术	艺术造型
跨学科		结构与功能、物质与能量、系统与模型、稳定与变化

（三）学习目标

表 3-3-2　"智能防疫联动医务室"项目学习目标

学科目标	素养目标
1. 能制作把科学原理转化为技术产品的简单装置，应用形象的模型演示抽象的科学原理[《义务教育科学课程标准（2022 年版）》p. 13] 2. 能基于所学科学原理，对设计方案进行模拟分析和预测，根据实际反馈结果，对实物模型进行迭代改进。具有一定的构思、设计、优化、实施、验证能力[《义务教育科学课程标准（2022 年版）》p. 13] 3. 针对真实情境中的简单问题，能基于事实与证据，利用分析、比较、抽象和概括等思维方法建构模型，能运用简单模型解释常见现象，解决常见问题[《义务教育科学课程标准（2022 年版）》p. 11] 4. 坚持过程性评价与终结性评价相结合，加强学习结果的评估和应用。坚持自评和他评相结合，增强学生自主学习能力[《义务教育信息科技课程标准（2022 年版）》p. 3] 5. 掌握数据收集与整理的基本方法，形成数据观念、模型观念和推理能力[《义务教育数学课程标准（2022 年版）》p. 14—15] 6. 深化原理认识，探索利用信息科技手段解决问题的过程和方法[《义务教育信息科技课程标准（2022 年版）》p. 2] 7. 了解"设计满足实用功能与审美价值，传递社会责任"的设计原则，能为学校或社区的学习与生活需求设计作品，形成设计意识，增强社会责任感[《义务教育艺术课程标准（2022 年版）》p. 12]	【人文底蕴】培养学生在学习、理解、运用人文知识和技能等方面的基本能力、情感态度和价值取向 【科学精神】培养学生持之以恒、认真负责的态度 【学会学习】培养学生乐于学习、勤于思考的能力 【健康生活】培养学生的移情能力、站在他人立场思考问题的能力 【责任担当】培养学生的社会责任感 【实践创新】培养学生在日常活动、问题解决、适应挑战等方面的实践创新意识

(四)学情分析

(1)基础知识在项目学习中非常重要,知识体系环环相扣,八年级的学生经过七年级各学科的学习具有了一定程度的理论知识基础。

(2)在掌握理论知识的同时,动手实践能力也是需要具备的。学生实践操作的机会相对较少,因此学生在实际操作、动手实践方面相对比较薄弱。

(3)针对八年级的实际情况,本项目引导学生历经选题、方案设计、搭建测试、总结反馈的设计制作过程,利用多学科知识在创新设计、搭建测试、遭遇挫折、反思改进的迭代循环中,提高创意设计、动手操作、技术应用和物化的能力,增强合作共享的社会责任意识。

(五)学习地图

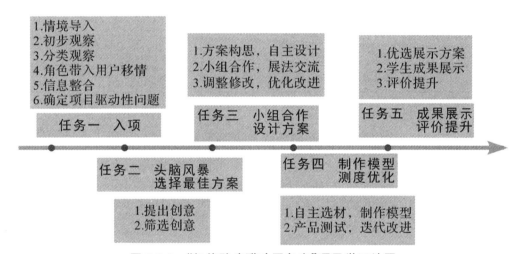

图 3-3-1 "智能防疫联动医务室"项目学习地图

(六)项目评价

1. 过程性评价

表 3-3-3 "智能防疫联动医务室"项目过程性评价

主要指标	项目标准			自评
	☆	☆☆	☆☆☆	
分工合作	小组有分工,但对自己的职责不清,与同伴几乎没有合作	小组有分工,清楚自己的职责,但不能履行到位,与同伴合作偶有不畅	小组分工明确,能准确、清晰地完成自己的任务,与同伴一直有合作,合作效果良好	

续　表

主要指标	项目标准			自评
	☆	☆☆	☆☆☆	
问题解决	发现了问题,但没有去思考讨论,没有解决	发现了问题,参与了思考讨论,但最终没能有效解决问题	发现了问题,善于思考讨论,并最终实践解决了问题	
创新思维	缺乏创造力和想象力,没有突破	有一定独特的想法,但没有突破	有创造力和想象力,且有所突破	
模型制作	能基本完成模型制作,但完全脱离原本的设计方案	完全能按照设计方案,完成模型制作	在修改测试过程中能完善模型,并能对应修改完善设计方案	
手册记录	学习过程中几乎没有记录,且缺少内容	学习过程中有记录,记录部分细节内容	学习过程记录完整,且细节内容完善	
自我反思和改进	几乎没有自我反思和改进,迭代设计稿修改较少	形成自我反思,且包含一些细节描述,设计稿有所改进	形成完善的自我反思,且包含所有细节描述,设计稿有好几处改进和巨大进步	
展示表达	能基本展示本组项目设计方案稿	能展示并解说本组项目设计方案稿	能展示,并能具体、准确地解说本组项目设计思路和方案稿	

2. 终结性评价

表 3-3-4　"智能防疫联动医务室"项目终结性评价

评价要素	主要指标	评价标准				等级
		☆☆☆☆	☆☆☆	☆☆	☆	
作品展示交流	展示完成情况	□作品具备完整的外观造型 □作品具备清晰有效的内部结构 □作品内部连接完整 □作品能实现预期效果与功能 (4项能全部达成)	□作品具备完整的外观造型 □作品具备清晰有效的内部结构 □作品内部连接完整 □作品能实现预期效果与功能 (4项能达成3项)	□作品具备完整的外观造型 □作品具备清晰有效的内部结构 □作品内部连接完整 □作品能实现预期效果与功能 (4项能达成2项)	□作品具备完整的外观造型 □作品具备清晰有效的内部结构 □作品内部连接完整 □作品能实现预期效果与功能 (4项能达成1项)	

续　表

评价要素	主要指标	评价标准				等级
		☆☆☆☆	☆☆☆	☆☆	☆	
作品展示交流	语言表达能力	□展示表达语言流畅清晰 □语言表达达到普通话标准,深情并茂 □展示表达具备得体合理的肢体语言 □能用中英文双语表达展示 （4项能全部达成）	□展示表达语言流畅清晰 □语言表达达到普通话标准,深情并茂 □展示表达具备得体合理的肢体语言 □能用中英文双语表达展示 （4项能达成3项）	□展示表达语言流畅清晰 □语言表达达到普通话标准,深情并茂 □展示表达具备得体合理的肢体语言 □能用中英文双语表达展示 （4项能达成2项）	□展示表达语言流畅清晰 □语言表达达到普通话标准,深情并茂 □展示表达具备得体合理的肢体语言 □能用中英文双语表达展示 （4项能达成1项）	
作品反思	作品绩效评价	□作品牢固度可靠 □作品外观合理美观 □作品具备创新性 □作品设计制作过程中培养了创新能力和动手实践能力 （4项能全部达成）	□作品牢固度可靠 □作品外观合理美观 □作品具备创新性 □作品设计制作过程中培养了创新能力和动手实践能力 （4项能达成3项）	□作品牢固度可靠 □作品外观合理美观 □作品具备创新性 □作品设计制作过程中培养了创新能力和动手实践能力 （4项能达成2项）	□作品牢固度可靠 □作品外观合理美观 □作品具备创新性 □作品设计制作过程中培养了创新能力和动手实践能力 （4项能达成1项）	
	作品优化思考	□作品能迁移使用 □作品设计考虑了智能一体化 □作品真实使用时考虑原材料的选择更换 □作品真实使用时考虑安装施工的方便性 （4项能全部达成）	□作品能迁移使用 □作品设计考虑了智能一体化 □作品真实使用时考虑原材料的选择更换 □作品真实使用时考虑安装施工的方便性 （4项能达成3项）	□作品能迁移使用 □作品设计考虑了智能一体化 □作品真实使用时考虑原材料的选择更换 □作品真实使用时考虑安装施工的方便性 （4项能达成2项）	□作品能迁移使用 □作品设计考虑了智能一体化 □作品真实使用时考虑原材料的选择更换 □作品真实使用时考虑安装施工的方便性 （4项能达成1项）	

三、项目实施

任务一：入项（聚焦问题）

1. 学习目标

（1）权衡、评价目前的医务室方案，为创新设计新的方案打下基础。

（2）初步掌握分析信息的各种能力和习惯。

2. 核心问题

学校医务室存在哪些问题？

3. 项目进程

环节一：情境导入

同学在学校里运动的时候出血或者骨折了，医务室就诊人多，来不及医治，看着受伤同学痛苦的样子，我们不禁想到：如何才能及时送到医务室并进行有效治疗？

环节二：初步观察

请观察医务室 3 分钟，观察的时候要有一定的顺序，由近及远、由左至右，记录观察到的信息。

环节三：分类观察

通过前期的观察我们对医务室有了一定的了解，现在将收集到的信息进行分解、分类，确定大家的关注点和需求，完成 AEIOU 观察记录表。

环节四：角色带入用户移情

了解用户移情图的使用方法，小组合作完成用户移情图，并规范填写。

环节五：信息整合

通过观察和移情，我们会发现很多有价值的问题，再通过 POV 法找出最迫切、最符合需求，并且是现有条件下需要解决的问题。

环节六：确定项目驱动性问题

汇总所有信息进行提炼，确定项目驱动性问题：如何设计一间智能、便于紧急救治、有防疫功能的联动医务室？并绘制项目流程图。

4. 阶段性成果

（1）学生能利用 AEIOU 观察记录表、用户移情图、POV 法提炼确定项目的驱动性问题。

（2）学生自主设计流程图来分析项目内容。

表 3-3-5　AEIOU 观察记录表

A （活动）	E （环境）	I （交互）	O （物品）	U （用户）
医务室主要的活动内容	医务室目前的环境	人与人、人与物发生的关联	医务室现有的物品（工具、器材等）	被你注意到的人

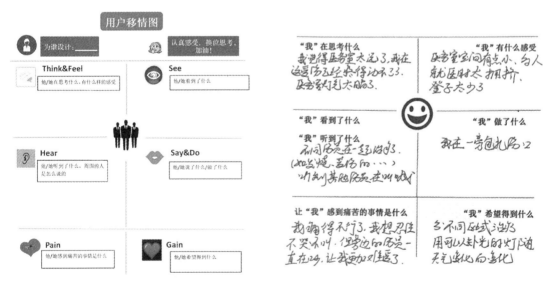

图 3-3-2　学生完成的 AEIOU 观察记录表

图 3-3-3　用户移情图　　　　　　　图 3-3-4　学生完成的用户移情图

表 3-3-6　POV 法

我观察了	
我发现了	
我猜想这可能是因为	
因此我觉得要解决的问题是	

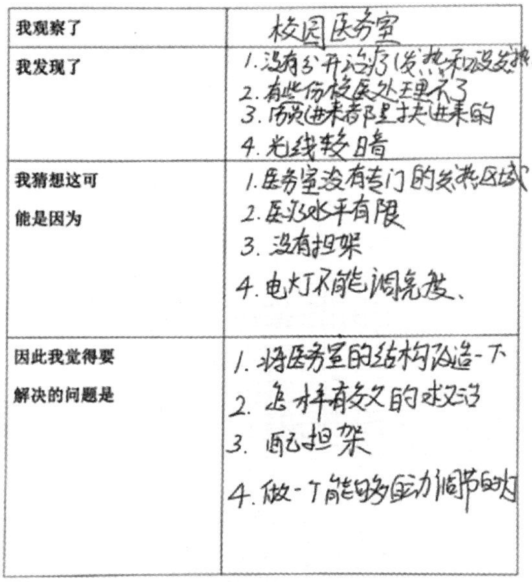

我观察了	校园医务室
我发现了	1.没有分开治疗(发热和没发热) 2.有些伤校医处理不了 3.伤员进来都是扶进来的 4.光线较暗
我猜想这可能是因为	1.医务室没有专门的发热区域 2.医疗水平有限 3.没有担架 4.电灯不能调亮度、
因此我觉得要解决的问题是	1.将医务室的结构改造一下 2.怎样有效的救治 3.配担架 4.做一个能够自动调节的灯

图 3-3-5　学生利用 POV 法分析问题

任务二:头脑风暴,选择最佳方案

1. 学习目标

(1) 通过了解整个急救过程,结合实际情况,分析适合的智能产品、防疫结构及选择的原因,对医务室进行合理的功能结构优化。

(2)通过发散思维和收敛思维进行权衡审辩,形成小组决策。

2. 核心问题

学校医务室哪些地方是我们目前能力条件下可以改进的?

3. 项目进程

环节一:提出创意

提出核心问题:一个智能、有防疫功能、便于急救的医务室需要依托哪些结构?哪些是我们目前可以改进的?围绕核心问题,小组成员运用“635”法提出问题解决的方法。

环节二:筛选创意

通过"635"法学生提出了很多的方案,接着运用方案权衡表从改造项目方案的有效性、可行性、应用性、创新性等角度对几种方案进行综合评判,初步筛选出最有价值的创意和想法。

小结:学生通过方案权衡表打分筛选出医务室的结构设备和医务室智能升级改进的方案,有负压系统、自动感应紫外线消毒、语音轨道式摄像头、自动调光灯等。

4. 阶段性成果

通过"635"法和方案权衡表筛选出可行、有价值的创意。

图 3-3-6 "635"法应用现场　　图 3-3-7 学生提出的方案内容展示

表 3-3-7 方案权衡

项目	方案 1	方案 2	方案 3	方案 4	备注
有效性					产品能够有效地解决问题
可行性					团队能够提供必要的知识、能力支持,具有可行性
应用性					产品操作简单易懂,符合学生需求
创新性					
……					

医务室改造项目方案权衡表

项目	负压系统	自动消毒器	大数据电子屏	智能门禁	备注
有效性	5	5	1	4	产品能够有效的解决问题
可行性	4	5	2	1	团队能够提供必要的知识、能力支持，具有可行性
应用性	4	4	1	2	产品操作简单易懂，符合学生需求
创新性	3	3	3	3	
总分	16	17	7	10	

图 3-3-8　医务室改造项目方案权衡表

任务三:小组合作,设计方案

1. 学习目标

(1)根据小组讨论构思初步方案,体会方案设计在项目中的重要性。

(2)了解产品设计创作的主要内容,如技术、尺寸、外观、材质、功能等。

2. 核心问题

如何筛选出智能防疫联动医务室的最优方案?

3. 项目进程

环节一:方案构思,自主设计

将筛选出的医务室方案按设计图的方式画出来,基于学生各学科知识与技能储备,围绕驱动性问题,引导学生用集体素描法以小组合作的方式开展方案设计,将自己考虑的一切真实想法表达出来并画出初代设计图。

环节二:小组合作,展示交流

小组间运用循环问诊法进行交流,每个团队围绕设计理念、执行任务时遇到的困难及其解决方法对项目方案进行介绍和展示。

环节三:调整修改,优化改进

小组成员针对同学们提出的建议和措施对方案设计图进行改进优化。

4. 阶段性成果

绘制方案图纸,掌握设计方案的方法和改进办法。

方案设计图	
我需要的器材	监控（摄像头、传感器）主杆、自动调节器、滚轮
方案设计图	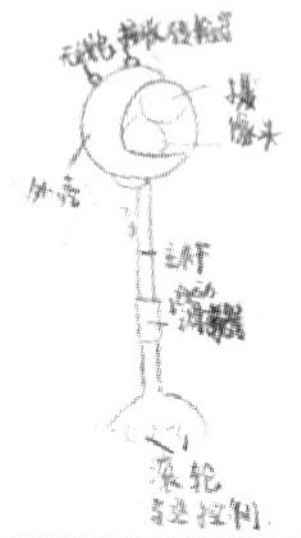
我的方案功效	使连线医生看到病人全面状况，加快诊断
我们的表现	☆☆☆☆☆

方案设计图	
我需要的器材	光敏传感器、无线系统、负压系统、紫外线系统。
方案设计图	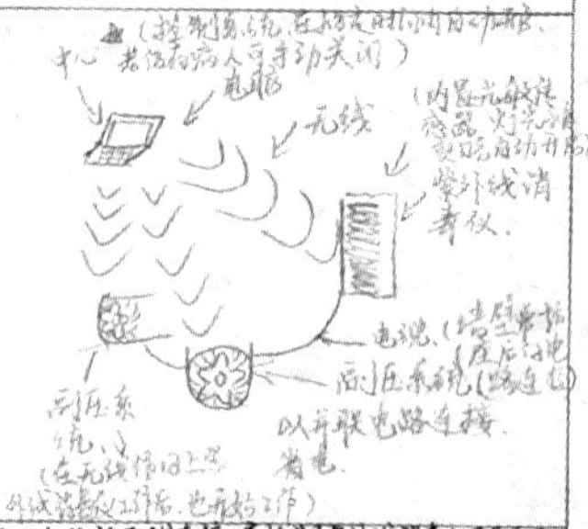
我的方案功效	借用电脑的无线连接，来控制紫外线消毒与负压系统，在规定时间内，自动开启系统通风，但考虑到可能有病人，因此手动关闭。如果在这之前忘记全部开启，又可以借光敏传感器来开启紫外线消毒系统，借并联电路的性质，使负压系统同步开启。
我们的表现	☆☆☆☆☆

图 3-3-9 方案设计图

防疫隔离区 方案分享交流	
项目设计理念	为了让医务室的环境流通且安全
小组设计过程中遇到的困难	无线系统比较难研发，成本可能较高。
其他小组认为方案的问题有哪些？	功能可能太少了些，药品问题如何解决？ 能否声控来调节负压系统
如何改进出现的问题？	找专业人士处理，并且预估预算，着手解决药品问题。 利用[illegible]

智能"医校"联动系统 方案分享交流	
项目设计理念	为了解决[illegible]一些校医无法解决的困难，需要通过实时连线进行指导
小组设计过程中遇到的困难	如何全面观察病人情况
其他小组认为方案的问题有哪些？	如何使摄像拍摄到需要的[illegible]？
如何改进出现的问题？	运用[illegible]

图 3-3-10 方案分享交流表

任务四：制作模型，测试优化

1. 学习目标

（1）理解医务室制作与测试优化的意义。

（2）掌握智能医务室制作和测试优化的方法。

2. 核心问题

如何将医务室构想变成立体的模型？如何对构建的医务室并进行测试改进？

3. 项目进程

环节一：自主选材，制作模型

小组成员根据方案选购相关的制作材料，在选购和制作过程中，做好成本核算。提供必要的操作工具，各小组限定 2 小时内完成产品模型制作。

环节二：产品测试，迭代改进

对模型进行实际操作测试，运用循环问诊法分享实践过程中出现的问题以及可能解决问题的思路，将做好的产品跟医院的专业医生进行交流沟通，与医务室真实的情况相匹配，再次调整改进并制作成品。

4. 阶段性成果

通过制作模型，掌握产品制作的方法，形成医务室各部分及整体的模型。

图 3-3-11　学校原始医务室结构　　图 3-3-12　改进设计后的医务室结构

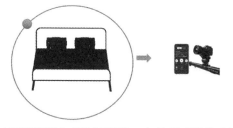

360°环绕滑轨摄像头，实时监控病患情况　　点对点对接，远程问诊，病患更安心

图 3-3-13　语音轨道式摄像头设计　　图 3-3-14　智能补光灯

图 3-3-15　制作模型

图 3-3-16　负压系统

任务五:成果展示,评价提升

1.学习目标

(1)了解成果展示交流的形式和意义。

(2)掌握项目化学习评价的操作方式。

2.核心问题

如何将我们的产品进行最佳展示,通过展示体现产品的实际应用价值?

3.项目进程

环节一:优选展示方案

各小组团队运用头脑写作法进行展示方案的多元化构思与设计,借助方案权衡表选择合适的展示方式。

环节二:学生成果展示

在成果展示阶段,团队围绕设计理念、团队分工、执行任务时遇到的困难及其解决方法对产品的结构、功能、效果进行介绍和展示,宣传急救和防疫的重要性。

环节三:评价提升

通过项目的整体实施推进,我们从多个维度对自己和同伴在项目中的表现进行客观评价,可以更深入地体会和感悟整个项目。

4.阶段性成果

学生对模型进行测试,通过制作模型进行立体化表达设计。

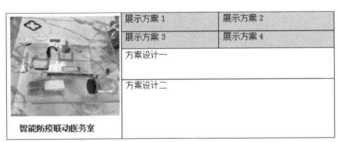

图 3-3-17 运用头脑写作法构思方案

图 3-3-18 智能防疫联动医务室模型

四、项目反思

(一)学生学有所思

通过本项目的学习,学生了解到项目化学习是一种包含知识、行动和态度的学习实践,不是按部就班完成探究的流程,强调的是"做"和"学"的不可分割性,学生不仅仅是"做",不仅仅是获得技能,而且要"学",对知识进行更有深度的理解。

(二)教师教有所思

教师在整个项目中采用开放式教学,激发学生产生多种多样的想法;让学生自主发现设计的不足,不断改进方案,从最初设计稿到终稿,自我质疑和调整。教师鼓励学生从失败中找答案,推动深度学习的发生。通过项目的开发,教师锻炼了课程开发的能力、理论和实践相结合的能力、思维能力,从而提升了自身素养。

(三)项目成效与困惑

本项目通过"聚焦问题""头脑风暴,选择最佳方案""小组合作,设计方案""制作模型,测试优化""成果展示,展示评价"等环节,促使学生体验完整解决真实问题的过程,帮助学生完成知识能力和高阶思维的飞跃,促进学生在深度学习中的习得与理解。随着项目的开展,组员们不断沟通交流,希望医务室在智能化的同时更加人性化。例如可以在红外线测温后自动打开关闭隔离室的门,便于更好地智能区分,在及时救治的同时让学生的生命安全得到更好的保障。又如可以增加大数据系统,实时监测医务室的室内温度、就诊人数和各区域人流数量、空气湿度等。

儿童防疫科普绘本

湖州市爱山小学教育集团　黎作民　朱宇虹

一、项目简介

2020年春季,新冠疫情猝不及防地蔓延全国各个省区市,乃至全球。这场突如其来的疫情让我们的生活和学习变得很不一样。为了让大家更加全面地了解流行性传染疾病的相关防预知识,做好自我防护,我们从认识病毒、了解传染病、学习防疫方法的视角出发,提出制作儿童防疫科普绘本项目。

项目时长:5课时,40分钟/课时,共200分钟。

涉及学科:科学、技术、语文。

涉及年级:五年级、六年级。

二、项目规划

(一)驱动性问题

如何制作一本立体防疫科普绘本?

(二)核心概念

表 3-4-1 "儿童防疫科普绘本"项目核心概念

类型		核心概念
学科	科学	生物体的稳态与调节、生物与环境的相互关系、生命的延续与进化
	技术	技术、工程与社会,工程设计与物化
	语文	人类活动与环境
跨学科		结构与功能、系统与模型、稳定与变化

(三)学习目标

表 3-4-2 "儿童防疫科普绘本"项目学习目标

学科目标	素养目标
1.了解人体通过一定的调节机制保持稳态[《义务教育科学课程标准(2022 年版)》p.57] 2.举例说出重大传染病和突发公共卫生事件对人类安全的威胁[《义务教育科学课程标准(2022 年版)》p.62] 3.能简要说明技术与工程对科学发展的促进作用,能以事实为依据做出判断[《义务教育科学课程标准(2022 年版)》p.93] 4.能制作实物模型,并基于证据改进实物模型的设计和制作。乐于尝试多种设计方案,初步具有质疑、创新的态度。知道技术与工程需要实事求是,能如实记录相关信息和正确对待作品的缺陷[《义务教育科学课程标准(2022 年版)》p.104]	【人文底蕴】培养学生在学习、理解、运用人文知识和技能等方面的基本能力、情感态度和价值取向 【科学精神】培养学生持之以恒、认真负责的态度 【学会学习】培养学生乐学善学、勤于思考的能力 【健康生活】培养学生的移情能力、站在他人立场思考问题的能力 【责任担当】培养学生的社会责任感 【实践创新】培养学生在日常活动、问题解决、适应挑战等方面的实践创新意识

(四)学情分析

(1)在知识层面,五、六年级的学生对不同病毒引起的一些疾病与危害较为熟悉。

(2)在技能方面,五、六年级的学生已经具备基本的调查、收集、整理、分析的能力,可以利用新媒体进行相关检索。

(3)五、六年级的学生对流行疾病的病毒形态结构及其生命活动特点知之甚少,在项目活动中需要鼓励学生深入学习;学生对如何将收集到的信息进行整理、归纳、梳理,制作成立体科普绘本的能力尚有不足,仍需要进一步提升。

(五)学习地图

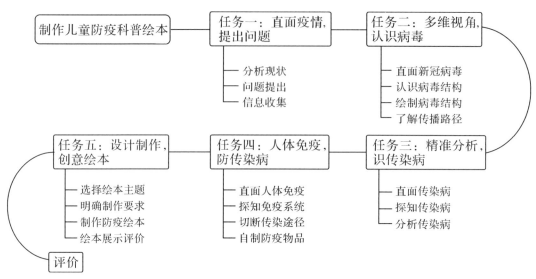

图 3-4-1 "儿童防疫科普绘本"项目学习地图

(六)项目评价

1. 过程性评价

表 3-4-3 "儿童防疫科普绘本"项目过程性评价

评价内容	评价标准			自评	组评	师评
	☆	☆☆	☆☆☆			
科学思维	参与过程中认真倾听并思考问题	参与过程中认真倾听,积极思考,提出有价值的观点	参与过程中认真倾听,积极思考,提出有价值的观点和解决问题的方法			
探究实践	参与小组绘本制作实践项目,完成 1 个以上任务	主动参与小组绘本制作实践项目,收集相关资料,提出绘本制作创意方案,完成 3 个以上任务	主动参与小组绘本制作实践项目,收集相关资料,提出绘本制作创意方案,并实践运用,全程参与任务			
态度责任	保持好奇心和探究热情,乐于探究和实践	保持好奇心和探究热情,乐于探究和实践,初步具有创新的兴趣	保持好奇心和探究热情,力争多种思路和方法探究、实践			

2.终结性评价

表 3-4-4　"儿童防疫科普绘本"项目终结性评价

评价内容	评价标准			自评	组评	师评
	☆	☆☆	☆☆☆			
丰富性	简单罗列出病毒的相关知识以及防护措施	详细罗列出病毒的相关知识以及防护措施	详细罗列出病毒的相关知识以及防护措施,有一定的拓展延伸			
科学性	绘本内容逻辑欠缺,科普知识、观点表述欠科学、规范	绘本内容逻辑较合理,科普知识、观点表述较科学、规范	绘本内容逻辑合理,科普知识、观点表述科学、规范			
创新性	版面设计简单,未能实现立体展开	版面设计新颖、美观,能立体展开	版面设计新颖、美观,能立体展开,实现语音点读等功能			

三、项目实施

任务一:直面疫情,提出问题

1.学习目标

(1)认同物质和能量的获取是维持生物体稳态与调节的基础。

(2)养成良好的生活习惯,关注重大传染病、突发公共卫生事件及其对人类安全的威胁,关注生物资源保护。

(3)学会使用新媒体进行病毒相关资料的搜索和信息整理。

(4)培养学生持之以恒、认真负责的态度。

2.核心问题

如何借助新媒体进行资料搜索和信息整理,认识不同病毒的来源、名称、形状结构、传播途径?

3.项目进程

环节一:分析现状

结合当前疫情背景,分析人们对新冠病毒的已有认识和防护措施。

环节二：问题提出

在全民抗疫的特殊时段，作为学生，我们如何利用自身的知识和技能帮助人们更好地了解不同种类的病毒及防护措施？

环节三：信息收集

通过新媒体收集信息，讨论防疫科普的有效路径，以及普及防疫知识的类型，如病毒、传染病相关知识、传播途径和预防措施等。

表 3-4-5 病毒、传染病知识记录

序号	名称	形状结构	传播途径
1			
2			
3			
4			

4. 阶段性成果

学生通过课堂分组讨论，确定想要了解的问题及破解问题的方法，及时进行记录。

序号	名称	形状结构	传播途径
1	流行性感冒病毒	呈球形	主要通过空气中的飞沫、易感者与感染者之间的接触或与被污染物品的接触而传播。
2	艾滋病病毒	呈圆形或卵圆形	只有通过直接接触艾滋病病毒感染者体内的某些体液，才有可能被感染。
3	麻疹病毒	呈球形	通过喷嚏、咳嗽和说话等飞沫传播。
4	乙型肝炎病毒	球形颗粒或者管型颗粒	主要的传播途径是血液传播，其次是母婴传播。

图 3-4-2 学生记录单展示

任务二：多维视角，认识病毒

1. 学习目标

（1）认识不同病毒的来源、名称、形状结构、传播途径。

（2）能制作实物模型，并基于证据改进实物模型的设计和制作。

（3）乐于尝试多种设计方案，初步具有质疑、创新的态度。

2. 核心问题

如何让学生认识更多的病毒的名称、来源、形状结构、传播途径？

3. 项目进程

环节一：直面新冠病毒

2020年春节，全国人民团结一心，居家抗疫，是为了和哪个病毒做斗争？——新冠病毒。

环节二：认识病毒结构

(1)这个病毒看不见摸不着，我们是怎么知道它的存在的？

(2)案例(资料卡)：新冠病毒的由来。

学生观看并讨论：新冠病毒是什么样的？从哪里来？为什么会让人生病？

(3)生活中有各种各样的病毒，你都知道哪些病毒呢？(流感、非典、疯牛病……)

(4)教师提供资料卡，各小组选择感兴趣的病毒资料卡阅读。

(5)病毒比细胞还小，只能用纳米表示，仔细观察显微镜下的病毒，你发现了什么？

环节三：绘制病毒结构

(1)病毒是怎样快速繁殖的？让我们来了解下病毒的基本结构。

(2)观察图片，请你画一画病毒的基本结构。

(3)利用橡皮泥、轻泥捏一捏病毒结构。

环节四：了解传播路径

(1)新冠病毒是怎样侵入人体的？(播放视频)

(2)想一想，所有病毒都是坏朋友吗？(思考病毒与人类的关系)

(3)你还想知道哪些病毒知识？

(4)布置延伸活动，查阅更多的病毒信息资料。

4. 阶段性成果

能够认识到新冠病毒的形状和结构，并且能绘制及制作模型。

图 3-4-3　学生制作的病毒模型

任务三：精准分析，识传染病

1. 学习目标

(1)了解不同传染病的传播路径和防疫措施。
(2)培养学生在日常活动、问题解决、适应挑战等方面的实践创新意识。
(3)培养学生乐学善学、勤于思考的能力。

2. 核心问题

针对不同传染病的传播路径，我们可以采用什么样的防疫措施？

3. 项目进程

环节一：直面传染病

回顾历史，2003年暴发"非典"，2004年暴发禽流感，等等，传染病一直是人们健康的杀手。思考：传染病是怎样传播的？

环节二：探知传染病

(1)做一做，用握手模拟传染病的传染模式，同学们可以感受传染病的传播过程。
(2)分析讨论：假设用面粉代表病毒，请问病毒是如何从一个人传播到另一个人的？沾面粉的手怎样把面粉传递到其他人？（可以拍一拍，通过空气；可以摸一摸，通过接触）
(3)不同的传染病都有自己的传播途径。揭示概念：传染源、传播途径、易感人群。

环节三：分析传染病

(1)案例展示：流感信息。
学生讨论分析并找到以下信息：
流感的传染源：流感患者。
传播途径：空气传播。
易感人群：自身抵抗力较弱的人群。
(2)视频展示：血吸虫的生活史。
学生分析讨论：血吸虫病是怎样传播给人体的？
(3)怎样控制传染病呢？
引导学生了解如何控制传染源，如切断传播途径或者保护易感人群。
(4)在抗击新冠疫情过程中，我们主要控制了哪些方面才取得阶段性胜利？
(5)想一想其他传染病是否也这样，如何知道它们的传播途径？

4. 阶段性成果

记录了解到的传染病名称、结构及特点，并能根据其传播途径进行分类汇总。

名称	传染源	传播途径	易感人群	防治方式
1 艾滋病	HTV感染者和艾滋病患者。	性接触、血液及血制品、母婴传播。	人群普遍易感	切断HTV传染的性接触传播。拒绝毒品,不共用针具。避免医源性艾滋病传播。阻断HTV的母婴传播途径。通过服用抗病毒治疗药物等综合预防措施。
2 霍乱	患者及带菌者	患者及带菌者的粪便排泄物污染水源或食物。	如果家人患有霍乱,其他成员患病风险会大大增加。	加强饮水消毒和食品管理,消灭苍蝇等传播媒介。只喝安全的水,吃完全煮熟和热的食物。口服霍乱疫苗。
3 淋病	淋病患者	主要通过性接触传染,少数情况可通过接触含淋球菌分泌物的物品而被感染。	与他人共用浴巾等其它洗浴用品者,患有淋病的新生儿,有不安全性行为的患病人群及性关系者。	讲究个人卫生,勤换、勤洗内裤。配偶患病后要禁止性生活,及时筛查。怀孕期间感染淋球菌,应及时到医院进行正规的治疗,降低新生儿出现并发症的风险。

图 3-4-4　传染病信息汇总

任务四:人体免疫,防传染病

1.学习目标

(1)认识人体自身免疫系统,了解预防传染病的措施。

(2)学会选择、制作口罩等防护用品,简要说明技术与工程对科学发展的促进作用。

(3)知道技术与工程需要实事求是,能如实记录相关信息和正确对待作品的缺陷。

(4)培养学生在日常活动、问题解决、适应挑战等方面的实践创新意识。

2.核心问题

病毒是怎样入侵我们身体的? 针对来势汹汹的传染病如何做好防护?

3.项目进程

环节一:直面人体免疫

空气中有很多细菌和病毒,为什么我们不会一直生病呢? 是否跟我们自己的身体有关?

环节二:探知免疫系统

(1)引导学生了解人体免疫器官及其作用,如扁桃体、淋巴结、胸腺、脾等。

(2)引导学生了解人体免疫系统的组成,如吞噬细胞、B细胞、T细胞。

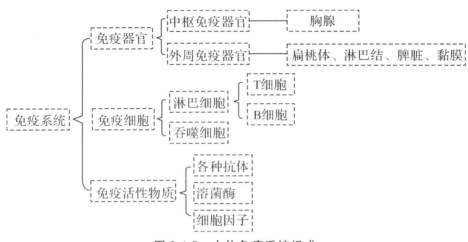

图 3-4-5　人体免疫系统组成

(3)总结人体免疫系统的作用。

环节三:切断传染途径

(1)图片对比 SARS、MERS、新冠三种流行性传染病的症状,引导学生了解新冠的传染源、传播途径、易感人群。

(2)思考:针对传染源、传播途径、易感人群三个方面,我们可以怎么防护呢?(隔离传染源,切断传播途径)

(3)每一个健康的人都属于潜在的易感人群,你知道怎样可以保护自己吗?

环节四:自制防疫物品

(1)学生通过观察和实践了解口罩的结构和作用。在疫情紧张时,如何用身边的材料制作能暂时抵抗病毒的口罩?

(2)口罩供应不充足时,可以重复使用吗?引导学生认识到口罩里的喷绒布具有防病毒作用,通过一定的方法可以实现口罩的循环使用。

(3)除了以上防护措施,作为易感人群,我们还可以怎样维持健康?

(4)总结归纳维持健康的好办法。

4.阶段性成果

通过学习,认识到口罩的作用和功能,能够在家自制防疫口罩。

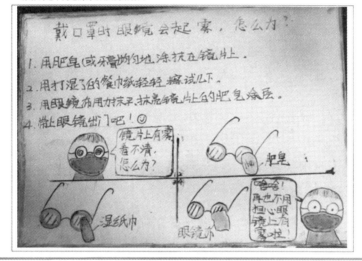

图 3-4-6　自制防疫口罩设计单

任务五：设计制作，创意绘本

1. 学习目标

（1）绘制出清晰、直观和美观的设计图，并按照设计图完成制作。

（2）学会运用技术对绘本进行编排和装订，比如翻页、折页等形式。

（3）能以事实为依据做出判断，整理归纳收集到的信息。

（4）针对不同的问题进行不同的设计和改进，乐于尝试多种设计方案。

2. 核心问题

如何将收集到的信息制作成适合儿童阅读的科普宣传防疫绘本？

3. 项目进程

环节一：选择绘本主题

在前几节课中，学生对新冠病毒及其他各类病毒有了一定的了解，也收集了相应的资料,结合自己想要了解的问题,确定防疫绘本的主要内容,明确活动任务,用浅显的文字和美观的图画展现对防疫的理解。

环节二:明确制作要求

为了鼓励人人参与,了解疫情,加强防护意识,我们开展了"防疫绘本制作大赛"。比一比,在前期的学习和自我学习中,同学们能用画笔更加准确地描绘对病毒的认知和防护。

(1)小组讨论,确定研究问题,研讨绘本制作形式及版面。

(2)全班讨论,确定制作要求。

作品形式:网络查询资料,并用单张漫画或四格漫画小故事的方式呈现(建议标注旁白,增加绘图趣味性)。

文字要求:历史中的传染病暴发事件或者疫苗研制的故事很多,建议学生收集资料后,用自己的语言进行表述,把这些与疾病抗争的历史说给同学听。每个故事表述字数不超过 300 字。

作品工具:白色 A4 纸或大卡纸、彩铅、马克笔或油画棒。

环节三:制作防疫绘本

根据防疫绘本制作要求,进行资料完善,选择相应主题进行绘本的设计与制作。

环节四:绘本展示评价

开展学生绘本的成果展和视频解说展示活动,组织全校学生参观和学习。

4.阶段性成果

学生绘本成型,展示成果。

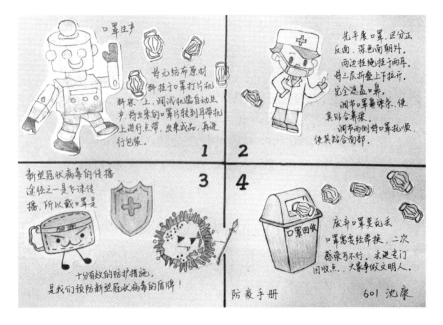

图 3-4-7　学生绘本展示

四、项目反思

(一)学生:学有所思,思有所行

历史是过去的现实,现实是未来的历史。面对突如其来的全球疫情,学生通过参与儿童科普绘本制作项目,卷入一场和疫情并肩作战的难忘经历。在本次项目活动中,学生不仅收获了一本本亲手制作的立体科普防疫绘本,而且逐一挑战了自己所学的绘画技巧、绘本解读、创意制作等能力。在项目实施过程中,学生们也遇到了很多困难,比如将有关病毒的历史资料转化为绘画以及通俗易懂的文字,再通过立体书的形式呈现,再如制作有效防护的口罩,等等。为了克服困难,学生查阅立体书制作方法、防疫口罩制作要求,屡次实践,努力将最佳的成品制作出来。通过这次活动,学生对科学知识的探索和人体健康的认知产生了浓厚的兴趣,体悟到尊重生命、敬畏自然的意义,真正实现了在学中有所思,思中有所行。

(二)教师:教有所思,思有所悟

当代学习的内涵正在发生变化,学习的活动是建构客观世界意义的活动,是探索与塑造自我的活动,是编织自己同他人关系的活动。这种扩展的学习需要一定的形式和方式来进行,由此,项目化学习作为一种综合性的学习方式,在帮助学生认识客观世界、重塑自我以及构建与他人的关系上具有重要价值。

　　"儿童防疫科普绘本"项目的实施背景是建立在新冠疫情大背景下的,并以此为切入点,结合过去流感经验,从学生实际问题出发,和学生一起挑选出他们感兴趣的、可普及的历史防疫故事进行绘本创作,把可怕的病毒通过科学的描述呈现在学生面前,引导他们正确认识病毒、传染病和预防传染病。

　　在常规学习中,学习过程容易被学科知识固化,缺乏个性、开放性,学生在学习中的主体性难以得到体现,学生学习的知识与学生的生活并没有发生关联,难以激发学生对知识意义和价值的认同。本项目从学生切身真实经历切入,把学生当成学习的主体,通过绘本制作激发学生的学习兴趣。在了解相关防疫科普知识的同时,融入社会性问题,宣传防疫科普知识,增进学生对社会的理解,增强其社会责任意识。

　　通过本次实践项目,教师也深刻体会到真实问题情境驱动设计的重要性,相比传统教学,开展项目化学习可以调动学生的积极性和参与性,充分培养学生的思维能力、解决问题的能力,学会将设计与实际相结合,将设计运用于生活、服务于生活。

　　疫情是危机,也是学习创新的契机。在这样的特殊时期,让非正式环境学习成为学生学习的常态,让他们学会提问、善于质疑,带着责任感和使命感,做一名充满正能量的祖国少年。

附录

思维工具

思维是人类所具有的高级认识活动。按照信息论的观点,思维是对新输入信息与脑内储存知识经验进行一系列复杂的心智操作过程。也就是说,学习本身就是一种思维活动,而我们需要用项目化学习的方式将这类思维变得更高阶,并将这种高阶的思维方式转化为发现问题、分析问题和解决问题的一种素养。

思维工具是用来帮助人们解决问题和推进思考的方法、技术或框架。本书用到的思维工具有 5W1H 分析法、AEIOV 观察记录表、POV 法、KWL 表、问题解决流程图、PDQ 表、项目墙、拼图学习法、循环问诊法、旋转木马法、六项帽子思考法等。这些工具通过不同的方式和角度来引导人们思考、挖掘和分析问题的因果关系,并帮助人们产生新的想法和解决方案。思维工具可以帮助人们在面对复杂问题时更加系统化、有序化地思考,从而提高思考质量和效率,并有助于提高创新和发现新的解决方案的能力。

一、5W1H 分析法

表 A-1-1　5W1H 分析法

选定项目：_____			记录者：_____ 记录时间：_____		
Who （使用者）	Why （为什么）	What （有什么需求）	When （什么时候）	Where （用于什么地方）	How （如何实施或解决）

使用方法:5W1H 分析法是对目标计划进行分解和决策的思维工具,通过对问题的目的、对象、地点、时间、人员和方法提出一系列询问,来寻求解决问题的方法。先将问题列出,得到回答后通过取消、合并、重排和简化对问题进行综合分析研究,从而产生更新的创造性设想或决策。

二、AEIOU 观察记录表

表 A-1-2　AEIOU 观察记录法

A-Activity （活动） 主要的活动内容	E-Environment （环境） 目前的环境	I-Interaction （交互） 人与人、人与物 发生的关系	O-Object （物品） 现有的物品 （工具、器材等）	U-User （用户） 被你注意的人

使用方法:用于项目化课程初始阶段,从活动、环境、交互、物品、用户 5 个维度帮助学生进行更深入的观察。

三、POV 法

表 A-1-3　POV 法

选定项目：_____		记录者：_____ 记录时间：_____
User 用户	Needs 需求	Insights 个人见解

使用方法：用于对前期调查访谈已经获得的信息进行提炼，形成自己的观点，包含用户、需求和个人见解 3 个方面。运用 POV 法有利于帮助学生厘清思路，在众多信息中寻找切合实际的内容，并以此为基点解决实际问题。

四、KWL 表

表 A-1-4　KWL 表

K-Know （你已经知道什么）	W-Want （你想知道什么）	L-Learned （你学到什么）

使用方法：可以个人使用，也可以小组共同使用。使用 KWL 表可以帮助使用者在固有的知识和新学习的知识之间建立联系，更容易形成知识体系，同时也能帮助使用者检查学习进度，确保学习成果覆盖所有的疑问。它的应用范围特别广泛，课堂教学、做实验、小组学习、书籍阅读、自学时都可以使用。

五、问题解决流程图

表 A-1-5　问题解决流程图

选定项目：_____		记录者：_____ 记录时间：_____	
我的目的	我需要掌握的知识	我需要具备的技能	设计制作并进行测试

使用方法:将一件复杂的事拆解成简单的步骤,以流程图的方式串联起来,体现了问题解决的"逻辑思维过程"。问题解决流程图有利于学生充分理解问题、了解各步骤之间的连贯关系,有利于明确自己在问题解决流程中未能充分理解的部分。

六、PDQ 表

表 A-1-6　PDQ 表

姓名	项目内容		
	P 亮点	D 建议	Q 问题

使用方法:帮助组内优化成果,进行迭代,最终产生一个较为成熟的方案。

七、项目墙

使用方法:由教师管理,教师在班级项目墙上记录项目名称、驱动性问题、项目推进过程中的重要节点等,用于提醒小组的项目进展应该达到的程度。

八、拼图学习法

使用方法:教师组建拼图组并进行组员分工;各组相同分工的学生组成临时专家组,共同学习某一专业知识;临时专家组成员学完后回到拼图组,在组内分享自己所学知识;拼图组的各部分知识得以整合,小组共同完成整个任务。拼图学习法有利于调动学生的课堂参与度,推动个体学习与项目发展。

九、循环问诊法

使用方法:每个小组选派一名介绍员,带着小组方案或作品到相邻小组做介绍。

听取建议后回组反馈、修改，再派介绍员到下一组做介绍，重复操作，直到向所有小组介绍完毕。循环问诊法利于组织研讨、交流，获取广泛建议。

十、旋转木马法

使用方法：第一步张贴问题板。教师在张贴板上写下不同问题或话题，并将张贴板贴在教室墙上。第二步分组。学生分成小组，每组分配一支不同颜色的记号笔及一块张贴板。第三步记录想法。每组用记号笔在张贴板上写下自己的意见或想法。第四步转动旋转木马。每组就是一只小木马，在教室里旋转起来，到达下一块张贴板时，用记号笔记录下意见或想法，直到回到最开始的那块张贴板。第五步阅读张贴板。小组各自阅读张贴板上的所有意见或想法，并标出最重要的条目。

十一、六顶帽子思考法

使用方法：使用 6 种不同颜色的帽子代表 6 种不同的思维模式。六顶帽子思考法是一个操作简单、经过反复验证的思维工具。讨论者各抒己见，聆听别人的观点，从不同角度思考同一个问题，从而创造高效能的解决方案。该方案用平行思维取代批判式思维和垂直思维，利于提高团队成员的集思广益能力。

唐
波

黄
丽
君

总
主
编

湖州市教育学会
湖州市教育科学研究中心 组织编写

跨学科主题项目化学习案例设计精选

跨学科生态主题

项目化学习案例设计精选

唐 波 主编

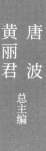
浙江工商大学出版社
ZHEJIANG GONGSHANG UNIVERSITY PRESS
·杭州·

图书在版编目(CIP)数据

跨学科生态主题项目化学习案例设计精选 / 唐波主编. — 杭州：浙江工商大学出版社，2023.8

("优教共享：项目化学习实践的湖州探索"丛书. 跨学科主题项目化学习案例设计精选)

ISBN 978-7-5178-5629-0

Ⅰ. ①跨… Ⅱ. ①唐… Ⅲ. ①生态环境－环境教育－教案(教育)－中小学 Ⅳ. ①G633.982

中国国家版本馆 CIP 数据核字(2023)第 144957 号

跨学科生态主题项目化学习案例设计精选

KUA XUEKE SHENGTAI ZHUTI XIANGMUHUA XUEXI ANLI SHEJI JINGXUAN

唐　波　主编

策划编辑	俞　闻　任晓燕
责任编辑	熊静文
责任校对	林莉燕
封面设计	朱嘉怡
责任印制	包建辉
出版发行	浙江工商大学出版社
	(杭州市教工路 198 号　邮政编码 310012)
	(E-mail：zjgsupress@163.com)
	(网址：http://www.zjgsupress.com)
	电话：0571－88904980，88831806(传真)
排　　版	杭州朝曦图文设计有限公司
印　　刷	杭州钱江彩色印务有限公司
开　　本	787mm×1092mm　1/16
总 印 张	32
总 字 数	661 千
版 印 次	2023 年 8 月第 1 版　2023 年 8 月第 1 次印刷
书　　号	ISBN 978-7-5178-5629-0
定　　价	85.00 元(全 3 册)

"优教共享:项目化学习实践的湖州探索"丛书

（湖州市教育学会、湖州市教育科学研究中心组织编写）

丛书编委会

主　　任:金淦英

副主任:黄丽君

编　　委:（按区县排序）

　　　　魏　钧　周　凌　费利荣　张建权　沈勤勇

　　　　张平华　叶　军　唐　波

本册编委会

主　　编:唐　波

副主编:吴秋红　沈志宏　朱颂伟

编　　委:（按姓氏笔画排序）

　　　　王元玲　王慧颖　方利利　吕灿琳　庄晓彤

　　　　孙　菁　杨志亮　杨雄峰　吴　俊　何　蓓

　　　　周宗美　徐莉莎　曹　懿　葛海祥　韩晓鸣

　　　　潘　琳

总　序

　　项目化学习是把学科知识与真实生活情境有机联系起来的一种学习方式,强化做中学、用中学、创中学,为学生提供整体认识世界的机会,对促进学生全面发展、深化学校教学改革有着深远的意义。

　　在全面深化课程改革、落实立德树人根本任务的背景下,湖州市从2016年开始探索以STEAM教育为切入点的项目化学习实践,通过构建城乡教研共同体,实施面向全学段"课程育人"跨学科项目化学习、普通高中"提质增效"学科项目化学习、义务教育"落实双减"项目化作业推进行动计划,并从保障机制、资源建设、师资培训、成果展示等多个维度,探寻架构城乡教育"共同富裕"的整体框架,彰显湖州优教共享的教研支撑力量。经过6年多的实践探索,形成了以下几条主要经验:

　　一是规划项目化学习的整体框架。2016年,湖州市启动以STEAM教育为抓手的项目化学习实践,在试点学校实践的基础上,从基础、特色、热点三个方面确立学科、跨学科、超学科三类项目制课程,规划了项目化学习整体框架。

　　二是确立项目化学习的重要地位。2017年,湖州市对25所样本学校(15所小学和 10 所初中)的科技创新教育和综合实践现状开展调研,发现学生科技创新教育的主阵地多限于课堂,学生动手实践能力整体较弱,创新思维水平整体较低,与区域人才战略目标存在落差,因此确立了 STEAM 教育在提升学生科技素养方面的重要地位。

三是物化项目化学习的研究成果。2018 年,"一点二线三维,区域推进 STEAM 教育实践的湖州行动"被评为 2018 年浙江省教研工作亮点,"区域推进 STEAM 教育的策略研究"立项为中国教育科学院专项研究课题,《融合·创新·分享:STEAM 教育实践的湖州样本》由浙江教育出版社正式出版发行。

四是发挥项目化学习的示范作用。2019 年,浙江省人民政府《每日要情》第 9 期刊发《湖州市全面推进 STEAM 教育成效明显》的报道;浙江省第二届中小学 STEAM 教育大会在湖州召开,会议讨论了"STEAM 教育实践的湖州样本"。

五是创新项目化学习的实践样态。2020 年,湖州市以"STEAM +生态"项目课程的开发与实施为载体,创建共同体学习社区。"'STEAM +生态'学习实践共同体"入选教育部科技司 2019 年度教育信息化教学应用实践共同体项目。以牵头学校带动成员学校、成员学校带动实验学校层层推进,形成跨区域、跨学段、跨学科的项目化学习实践新样态。

六是实施项目化学习的提升计划。2021 年,启动《湖州市中小幼项目化学习三年行动计划》,全域推进项目化学习。到 2023 学年,培育湖州市"项目化学习"示范区 2个、领航学校 20 所、示范学校 40 所、实验学校 80 所,完成精品课程 100 门、优秀项目案例 300 项,编印各学科项目化学习丛书,指导学校项目化学习实践。

湖州市 6 年多的项目化学习研究与实践,从 STEAM 教育到学科项目化学习的常态化开展,丰富了课堂教学的形态,形成了区域特色鲜明的项目化学习整体框架,顺应了新课程改革的需要,有效实现了课程育人的价值。

《义务教育课程方案和课程标准(2022 年版)》明确各门课程用不少于 10%的课时设计跨学科主题学习,以培养学生应用知识解决实际问题的意识和能力。跨学科学习若以项目化学习来进行,会极大促进跨学科意识的形成与发展,因此项目化学习丛书的出版,正是呼应新课程改革的诉求,为学校和教师提供可复制可操作的经验。

丛书按学科类别分为 4 个系列,分别为语言类(包括小学语文、初中语文、小学英

语、初中英语 4 个分册）、社会类（包括义务教育道德与法治、初中历史与社会 2 个分册）、科技类（包括小学科学、初中科学、初中数学 3 个分册）、跨学科生涯（包括生命、生态、主题 3 个分册）。

　　丛书既有突出国家课程特色的学科项目化学习典型案例，又有基于"五育融合"的跨学科项目化学习实践样态，呈现湖州市基础教育全学科多领域项目化学习的实践与研究成果。

　　丛书由各学科教研员及一线骨干教师在实践基础上共同研发，是 2018 年《融合·创新·分享：STEAM 教育实践的湖州样本》的迭代升级，普适性好，操作性强，可以为学校开展项目化学习实践提供良好的借鉴。我们希望通过这一套系统学习方法，让学生在探究复杂、真实问题的过程中，掌握所学知识和技能，促进深度学习的真实发生，实现核心素养的真正落地。

　　丛书选编的案例均从湖州市项目化学习基地学校的实践成果中产生，项目案例包括项目简介、项目规划、项目实施、项目评价、项目反思。项目实施中的每个任务环节都有相应的支持性活动，并有设计意图说明。

　　在实现"共同富裕"背景下，湖州市充分发挥教育科研的支撑作用，协同多方力量，聚焦项目化学习，全力打造以项目化学习为载体的"优教共享"教育新名片，体现了湖州教研人"实干争先"的精神风貌。相信"优教共享：项目化学习实践的湖州探索"丛书，有助于湖州教育高质量发展，也能够供兄弟地市学习与借鉴。

2023 年 6 月

前　言

　　湖州,地处浙江北部,有着众多的自然景观和历史人文景观,如莫干山、南浔古镇等。湖州还是浙江乃至全国的粮食、蚕茧、淡水鱼、毛竹的主要产区和重要生产基地,但随着经济的高速发展,许多生态问题也随之而来。

　　本书从自然生态、人文生态和科技生态三个方面列举我们关注的生态问题。

(一)保护环境·改善自然

　　地球既是我们人类赖以生存的家园,更是一个生态系统。地球上最大的生态系统是生物圈,最为复杂的生态系统是热带雨林生态系统。生态系统是开放的,为了维系自身的稳定,生态系统需要不断输入能量,许多基础物质在生态系统中不断循环。生态系统的平衡如果被打破,就会面临崩溃的危险。

　　人类作为地球上最高级的生物,主要生活在以城市和农田为主的人工生态系统中。科学家霍金认为,人类大肆开采资源和破坏环境,让地球发生一系列人类无法承受的连锁反应,比如火山喷发、大气含氧量下降、温度过高等致命问题。环境问题已成为世界上最严重的问题。

　　2005年8月15日,时任浙江省委书记的习近平在湖州安吉考察时首次提出"绿水青山就是金山银山"这一科学论断。作为这一理念发源地的师生,我们更应该用实际行动去践行它。

　　探索鱼菜共生的奥秘;设计分类垃圾桶助力垃圾分类;在校园农场种下蔬菜,探究不同蔬菜的生长习性,体会劳动的艰辛,懂得珍惜食物;尝试在印刷电路板废液中回收物质再利用,减少污染:孩子们正在用自己的行动保护自然环境和我们的家园。

(二)走近文化·崇尚文明

在西方,文化(culture)原意是"农耕、开垦"。在汉语中,文化原意为"以文教化"。随着社会的发展,文化也有了更丰富的表现,如琴、棋、书、画等。有的文化在历史的长河中销声匿迹,有的文化得以传承和延续。

筑一道融合校园文化的时光绿巷,让孩子走近它,了解它,感受它独有的校园文化!

2013年9月7日,国家主席习近平在哈萨克斯坦纳扎尔巴耶夫大学发表重要演讲时,倡议共同建设"丝绸之路经济带",将"重启丝绸之路"作为一项造福沿途各国人民的大事业。新时代的孩子们通过"重走丝绸之路"活动——"探·丝路源头""寻·丝路技艺""研·丝路作物""觅·丝路商贸",在老师的引导下,体会学科融合,助力问题的解决,走向人文生态,走近丝绸文化,崇尚人类文明。

(三)体验技术·科技创新

技术自古以来就有,其存在取决于人们的需求。随着人们需求的不断变化升级,技术也随之不断迭代更新,满足人们对美好生活的需要。

通过设计各种雨水收集装置,充分利用收集到的雨水,将知水、爱水、节水的环保理念深埋在孩子心中。运用工程技术手段,利用数据分析结果,设计制作精准分类垃圾分拣机,减少垃圾量。关注绿色生态,关心能源浪费现象,走进社区推广新兴科技和低碳理念。

让我们一起行动起来,保护我们赖以生存的家园!

目　录

第一篇

保护环境·改善自然

神奇的鱼菜共生

湖州市吴兴区塘甸小学　王慧颖

一、项目简介

我校一些学生家已拆迁,搬到高层住宅楼生活,而家中大人依旧保持原农村生活中的种菜养鱼习惯,想在自家高层住宅楼阳台上种菜养鱼。本项目以此为背景,组织学生开展对自家阳台环境和人物等的调查,在做好材料及其他学习准备后,从"保护环境、改善自然"的理念和意识出发,决定通过小组合作,利用废弃PVC水管等材料初步设计制作家庭阳台鱼菜共生装置,并在测试检验、改进优化装置后进行展示评价。

项目时长:17课时,40分钟/课时,共680分钟。

涉及学科:科学、艺术、数学、劳动。

涉及年级:五年级、六年级。

二、项目规划

(一)驱动性问题

如何设计制作一款家庭阳台的种菜养鱼装置,鱼的粪水可作为蔬菜生长的营养,以实现鱼菜共生?

（二）核心概念

表 1-1-1 "神奇的鱼菜共生"项目核心概念

类型		核心概念
学科	科学	生物体的稳态与调节,生物与环境的相互关系,技术、工程与社会,工程设计与物化
	艺术	欣赏与评述,造型与表现,设计与应用,综合与探索
	数学	数感、量感、空间观念
	劳动	农业生产劳动
跨学科		结构与功能、系统与系统模型、因果关系、稳定与变化

（三）学习目标

表 1-1-2 "神奇的鱼菜共生"项目学习目标

学科目标	素养目标
【科学课标】 1. 知道植物和动物的生存需要环境条件［《义务教育科学课程标准(2022 年版)》p.7］ 2. 简单描述生物与生物、生物与环境之间相互依存的关系［《义务教育科学课程标准(2022 年版)》p.8］ 3. 初步形成生物体的物质与能量、稳定与变化的观念［《义务教育科学课程标准(2022 年版)》p.9］ 4. 知道简单的设计存在限制条件,并有多种设计方案;知道简单工程存在一定的约束条件及验收标准［《义务教育科学课程标准(2022 年版)》p.8］ 5. 知道工程需要经历明确问题、设计方案、实施计划、检验作品、改进完善、发布成果等过程［《义务教育科学课程标准(2022 年版)》p.9］ 6. 能进行初步的创意设计,并利用影像、文字或实物表达自己的创意［《义务教育科学课程标准(2022 年版)》p.10］ 7. 掌握常见工具的使用方法;能制作某种产品的简化实物模型,并反映其中的部分科学原理;能发现作品的不足并进行改进［《义务教育科学课程标准(2022 年版)》p.12］ 8. 能运用观察、实验、查阅资料、实地调查、案例分析等方式获取信息,用科学语言、概念图、统计图表等记录整理信息［《义务教育科学课程标准(2022 年版)》	【人文底蕴】培养并形成一定的审美情趣。具有发现、感知、欣赏、评价美的意识和基本能力;具有艺术表达和创意表现的兴趣和意识 【科学精神】首先,培养并形成一定的理性思维。能理解和掌握基本的科学原理和方法。其次,培养并形成 ·定的批判质疑精神。具有问题意识;能多角度、辩证地分析问题,做出选择和决定等。最后,培养并形成勇于探究的精神。具有好奇心和想象力;能大胆尝试,积极寻求有效的问题解决方法 【学会学习】首先,养成乐学善学的学习态度。具有积极的学习态度和浓厚的学习兴趣;能自主学习。其次,养成勤于反思的学习习惯。具有对自己的学习状态进行审视的意识和习惯,善于总结经验。最后,形成信息意识。能自觉、有效地获取、评估、鉴别、使用信息 【健康学习】首先,形成珍爱生命的意识。具有安全意识与自我保护

续　表

学科目标	素养目标
p.12] 9. 面对有说服力的证据,愿意调整自己的想法;善于有依据地质疑别人的观点;乐于合作与交流,善于通过小组合作,共同解决科学、技术与工程问题[《义务教育科学课程标准(2022 年版)》p.14] 【艺术课标】 1. 感知、发现、体验和欣赏艺术美、自然美,提升审美感知能力[《义务教育艺术课程标准(2022 年版)》p.6-7] 2. 运用形象思维创作情景生动、意蕴健康的艺术作品,提升艺术表现能力[《义务教育艺术课程标准(2022 年版)》p.7] 【数学课标】 在主题活动和项目学习中,应用数学和其他学科知识与方法解决问题,积累数学活动经验,形成数感、量感、模型意识、应用意识和创新意识[《义务教育数学课程标准(2022 年版)》p.14] 【劳动课标】 进一步体验种植、养鱼、手工制作等生产劳动,能根据劳动任务选择合适的材料和工具、技术与方法,安全、规范、有效地开展劳动[《义务教育劳动课程标准(2022 年版)》p.8]	能力。其次,养成健全的人格。能调节和管理自己的情绪,具有抗挫折能力等。最后,能逐步做到自我管理。能正确认识与评估自我 【责任担当】形成一定的社会责任意识,具有团队意识和互助精神;热爱并尊重自然 【实践创新】首先,培养并形成一定的劳动意识。具有动手操作能力,掌握一定的劳动技能。其次,培养并形成一定的解决问题意识。善于发现和提出问题;能依据特定情境和具体条件,选择制订合理的解决方案。最后,培养并形成一定的技术运用能力。具有工程思维,能将创意和方案转化为有形物品或对已有物品进行改进与优化

(四)学情分析

(1)在知识方面,五、六年级学生在科学学科上已学习了生态瓶的制作方法与维持生态瓶生态平衡的原理等,在数学学科上已学习了常见物品的简单尺寸设计与计算等,在美术学科上已学习了相关物品的绘图绘制、创意美化等,在劳动学科上已学习了常见物品的搭建与初步的修理调整等。

(2)在技能方面,五、六年级学生已掌握了常规工具与材料的使用、设计图的绘制等,并具有一定的团队合作能力、动手实践能力、语言表达能力、劳动能力、创造力等。

（五）学习地图

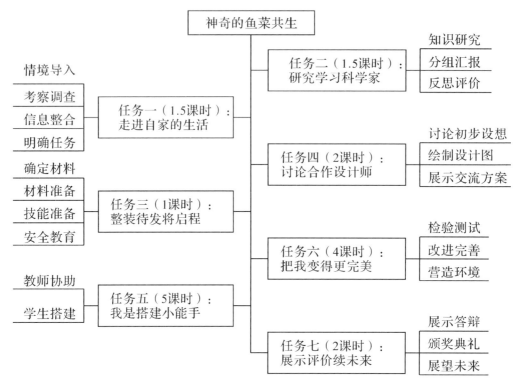

图 1-1-1 "神奇的鱼菜共生"项目学习地图

（六）项目评价

1. 过程性评价

表 1-1-3 "神奇的鱼菜共生"项目过程性评价

评价维度	评价标准			得☆数											
	☆☆☆	☆☆	☆	第1组			第2组			第3组			第4组		
				师评	自评	互评	师评	自评	互评	师评	自评	互评	师评	自评	互评
走进自家的生活	能积极细致地进行考察调查，在记录单上有详细记录	能较为积极地进行考察调查，在记录单上有一定的记录	能完成考察调查，在记录单上有个别的记录												
	各小组得分														

续　表

评价维度	评价标准			得☆数											
	☆☆☆	☆☆	☆	第1组			第2组			第3组			第4组		
				师评	自评	互评	师评	自评	互评	师评	自评	互评	师评	自评	互评
研究学习科学家	能积极主动地自主研究学习,汇报的内容精彩详细	能较为积极主动地自主研究学习,汇报的内容较详细	能完成自主研究学习,有汇报内容												
	各小组得分														
整装待发将启程	能说出各项材料的名称及其功能,知道如何规范、安全地使用各项材料及工具	能说出部分材料的名称及其功能,知道如何规范、安全地使用各项材料及工具	能说出少量材料的名称及其功能,知道如何规范、安全地使用各项材料及工具												
	各小组得分														
讨论合作设计师	能整洁规范、科学合理地画出设计图,给出详细的设计方案	能整洁规范地画出设计图,给出一定的设计方案	能画出设计图,给出设计方案												
	各小组得分														
我是搭建小能手	能依据设计方案完成装置的制作与搭建;组员团结协作、分工安排合理	能完成装置的制作与搭建;组员能够团结协作、分工安排较合理	能进行装置的制作与搭建;组员有沟通、有分工												
	各小组得分														

评价维度	评价标准			得☆数											
	☆☆☆	☆☆	☆	第1组			第2组			第3组			第4组		
				师评	自评	互评	师评	自评	互评	师评	自评	互评	师评	自评	互评
把我变得更完美	能对自己的装置进行测试,并能发现问题,改进美化自己的装置	能对自己的装置进行测试,并发现问题	能对自己的装置进行测试												
	各小组得分														
展示评价续未来	作品能完整地呈现;演示介绍时全面详细、自信从容、声音响亮;积极探索后续的研究	作品能完整地呈现;演示介绍时比较详细、声音响亮	作品能完整地呈现;能完成演示介绍												
	各小组得分														

2. 终结性评价

表1-1-4　"神奇的鱼菜共生"项目终结性评价

评价维度	评价标准			得☆数											
	☆☆☆	☆☆	☆	第1组			第2组			第3组			第4组		
				师评	自评	互评	师评	自评	互评	师评	自评	互评	师评	自评	互评
装置稳固	能抵御3级(大风量)风吹	能抵御2级(中等风量)风吹	能抵御1级(小风量)风吹												
	测试结果														
	各小组得分														

续　表

评价维度	评价标准			得☆数											
	☆☆☆	☆☆	☆	第1组			第2组			第3组			第4组		
				师评	自评	互评	师评	自评	互评	师评	自评	互评	师评	自评	互评
水循环情况	下面养鱼装置和上面种菜装置能长时间实现水循环	下面养鱼装置和上面种菜装置可短时间内实现水循环	下面养鱼装置和上面种菜装置不能实现水循环												
	测试结果														
	各小组得分														
漏水程度	装置通水后，不漏水	装置通水后，漏少量水	装置通水后，漏大量水												
	测试结果														
	各小组得分														
鱼菜共生	鱼菜可共生时间≥7天	3天≤鱼菜可共生时间<7天	鱼菜可共生时间<3天												
	测试结果														
	各小组得分														
外表美观	结构合理、外形美观，或在所有小组中处于最高水平	结构比较合理、外形较为美观，或在所有小组中处于中等水平	结构欠佳、制作粗糙，或在所有小组中处于最差水平												
	各小组得分														
	各小组总分														

三、项目实施

任务一:走进自家的生活

1.学习目标

(1)能积极细致地进行考察调查,在记录单上有详细记录。

(2)知道在生态系统中,促进物质循环利用,会提高生态系统的能量利用率,有利于维持生态平衡,产生良好的生态效益。

2.核心问题

如何实现在自家高层住宅楼阳台上既种菜又养鱼?

3.项目进程

环节一:情境导入

我班大部分同学家已拆迁,搬到高层住宅楼生活,而老师在家访过程中发现大多数家庭依旧保持原来农村生活中的种菜养鱼习惯,想在自家高层住宅楼阳台上种菜养鱼,该如何实现?

环节二:考察调查

学生通过观察、访谈、实地考察自己家的阳台等方式了解家庭现状,确定家人的关注点和需求,填写记录单中的 AEIOU(A 指活动,E 指环境,I 指交互,O 指物体,U 指用户)观察记录表。

学生回家后对自己的家人进行调查,完成用户移情图,填写记录单。(假设自己是爸爸、妈妈、爷爷、奶奶等,从你看到什么、听到什么、想到什么、做些什么 4 个方面设身处地分析自己的感受,找到用户的"痛点",以及"希望得到什么"。)

环节三:信息整合

通过调查和考察,学生发现了很多有价值的问题,再通过 POV 法找出最迫切、最符合人的需求且在现有条件下可以解决的问题,填写记录单。

环节四:明确任务

在自家阳台设计制作种菜、养鱼装置,尝试设计建造家庭阳台鱼菜共生系统,即下面养鱼、上面种菜,淡水养鱼与无土栽培相结合。

4.阶段性成果

学生完成任务一小组记录单。

表 1-1-5 走进自家的生活

我爱思考	我爱记录和表达				
考察调查（AEIOU观察记录表）	A（Activity，活动）家庭阳台主要的活动和内容	E（Environment，环境）家庭阳台目前的环境	I（Interaction，交互）人与人、人与物发生的关联	O（Object，物体）家庭阳台现有的物品	U（User，用户）被你注意到的人

角色扮演（用户移情）

Think&Feel "我" 在思考什么，有什么样的感受

See "我" 看到了什么

Hear "我" 听到了什么，周围的人是怎么说的

Say&Do "我" 说了什么做了什么

Pain "我" 感到痛苦的事情是什么

Gain "我" 希望得到什么

Think&Feel "我" 在思考什么，有什么样的感受

See "我" 看到了什么

Hear "我" 听到了什么，周围的人是怎么说的

Say&Do "我" 说了什么做了什么

Pain "我" 感到痛苦的事情是什么

Gain "我" 希望得到什么

Think&Feel "我" 在思考什么，有什么样的感受

See "我" 看到了什么

Hear "我" 听到了什么，周围的人是怎么说的

Say&Do "我" 说了什么做了什么

Pain "我" 感到痛苦的事情是什么

Gain "我" 希望得到什么

Think&Feel "我" 在思考什么，有什么样的感受

See "我" 看到了什么

Hear "我" 听到了什么，周围的人是怎么说的

Say&Do "我" 说了什么做了什么

Pain "我" 感到痛苦的事情是什么

Gain "我" 希望得到什么

我爱思考	我爱记录和表达		
信息整合 （POV法）	我观察了	自家阳台	
	我发现了		
	我猜想这可能是因为		
	因此我觉得需要解决的问题是		
明确任务			

任务二：研究学习科学家

1.学习目标

（1）能积极主动地研究学习，汇报的内容精彩详细。

（2）了解鱼菜共生的基本原理、鱼菜共生装置的特点及常用于鱼菜共生的菜品种和鱼品种。

2.核心问题

如何初步搭建淡水养鱼与无土栽培相结合的鱼菜共生装置？

3.项目进程

环节一：知识研究

学生在课下自主查阅资料，研究鱼菜共生的原理以及淡水养鱼与无土栽培相结合的鱼菜共生装置应具有怎样的特点，哪种菜适合用鱼菜共生装置种植，哪种鱼适合用鱼菜共生装置饲养，并将其记录在记录单上。

环节二：分组汇报

学生先在课上进行组内交流并补充本组的调查研究结果，小组代表再进行全班汇报。

环节三:反思评价

根据以上结果汇报,师生一起制定终结性评价的标准,并完善过程性评价表。

4.阶段性成果

学生完成任务二小组记录单。

表 1-1-6 研究学习科学家

小组成员:

我的任务卡	我的小报告
鱼菜共生的原理	
淡水养鱼与无土栽培相结合的鱼菜共生装置应具有怎样的特点	
哪种菜适合用鱼菜共生装置培养	
哪种鱼适合用鱼菜共生装置培养	
我还调查了解到其他相关的知识	

任务三:整装待发将启程

1.学习目标

(1)能说出各项材料的名称及其功能。

(2)知道如何规范、安全地使用各项材料及工具。

2.核心问题

怎样的材料适合搭建鱼菜共生装置?

3.项目进程

环节一:确定材料

根据鱼菜共生装置的特点,我们应分别选择怎样的材料?学生小组合作采用团队列名法,分类别讨论并填写在记录单中。

环节二:材料准备

教师展示各个材料,学生认识各个材料。注意将危险工具单独隐藏放置。

环节三:技能准备

教师展示 PVC 水管的加工——开孔、挖槽、切割、磨光、连接,并教授 PVC 水管与各组件的尺寸匹配、衔接组装。

环节四:安全教育

重视并强调学生在材料使用过程中的注意事项,加强教育,谨防受伤。

4. 阶段性成果

学生完成任务三小组记录单。

表 1-1-7　整装待发将启程

小组成员:

你准备好了吗	我准备好了
根据鱼菜共生装置的特点,我们应分别选择怎样的材料	
你认识这些材料吗? 这些废弃的 PVC 水管及配件主要用途是什么	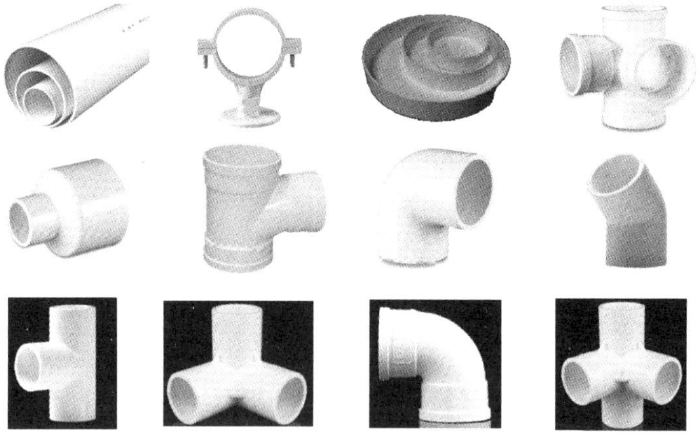
右图的材料又有什么用途	
哪些材料和工具非常危险,不能接触	
在材料的使用过程中还需要注意什么	

任务四:讨论合作设计师

1.学习目标

(1)能设计出具有合理空间结构的鱼菜共生装置。

(2)能整洁规范、科学合理地画出设计图,给出详细的设计方案。

(3)能根据设计图,利用尺子等测量工具对材料量取合适的尺寸。

2.核心问题

如何利用以上的材料,设计一款家庭阳台鱼菜共生装置?

3.项目进程

环节一:讨论初步设想

小组讨论共商设计初步设想,明确分工安排。

环节二:绘制设计图

绘制本组的家庭阳台鱼菜共生装置设计图。

环节三:展示交流方案

每小组的设计方案在全班进行展示交流,小组之间进行辩证思维的碰撞。

4.阶段性成果

学生完成任务四小组记录单和装置设计图。

表 1-1-8　讨论合作设计师

小组成员:

方案设计	我们设计的鱼菜共生装置
本装置所用到的材料	无土栽培种菜装置:
	淡水养殖养鱼装置:

续　表

方案设计	我们设计的鱼菜共生装置
装置设计图	
我们为什么要这样设计	

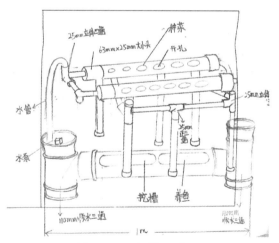

图 1-1-2　装置设计图

任务五：我是搭建小能手

1. 学习目标

(1)能依据设计方案完成装置的制作与搭建。

(2)组员团结协作，分工安排合理。

2. 核心问题

如何利用这些材料和工具搭建出设计图上的鱼菜共生装置呢？

3. 项目进程

环节一：教师协助

项目团队教师协助完成PVC水管的加工——开孔、挖槽、切割、打磨、连接。对于高难度操作，可以请教专业的木工师傅或者装修工师傅。

图 1-1-3　开孔　　　　　图 1-1-4　挖槽　　　　　图 1-1-5　切割

图 1-1-6　打磨　　　　　图 1-1-7　连接

环节二：学生搭建

小组合作，量取选材，分别搭建养鱼装置和种菜装置。

4. 阶段性成果

学生小组完成鱼菜共生装置初代作品。

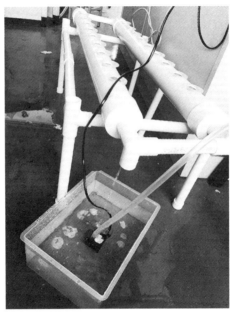

图 1-1-8　鱼菜共生装置初代作品

任务六:把我变得更完美

1. 学习目标

(1)能对自己的装置进行测试,并发现问题,进而能改进美化装置。

(2)知道工程设计的基本步骤,包括提出问题、明确任务、准备、设计、制作、测试、改进等阶段。

(3)能美化作品外形,提升审美能力和创造美的能力。

2. 核心问题

检验测试自己小组的鱼菜共生装置存在哪些问题,又该如何解决?

3. 项目进程

环节一:检验测试

按照终结性评价的标准检验测试已搭好的鱼菜共生装置,记录存在的问题及针对相关问题的解决方案。

环节二:改进完善

(1)改进、完善并美化鱼菜共生装置:你会怎样做让模型看起来更美丽呢?画出你的小设想。

(2)按照本小组的美化设想,动手实践起来,让自己小组的鱼菜共生装置更加美丽!

环节三:营造环境

若完成美化,则继续完善装置,营造蔬菜、鱼儿的生活环境:淡水养鱼装置中放入石头、水生植物、鱼虾等水生动植物;无土栽培装置中放入基质陶粒、事先培育发芽的幼苗;用水泵连接种菜养鱼两装置,以实现内部物质循环。

4. 阶段性成果

学生完成任务六小组记录单和美化设想图。

表 1-1-9　把我变得更完美

小组成员:

我们的模型出现哪些问题	我们是如何解决这些问题的
如何让我们的鱼菜共生装置看起来更美丽？画出我们的想法	

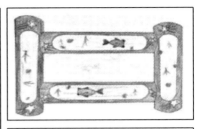

图 1-1-9　鱼菜共生装置美化设想

任务七:展示评价续未来

1.学习目标

(1)能全面详细、自信从容、声音响亮地进行展示、介绍与交流,培养语言组织表达能力。

(2)能进一步对自己或他人的想法、草图、模型进行相应的调整和测试。

(3)积极探索后续的研究内容,能进一步设计出具有合理空间结构的鱼菜共生装置。

2.核心问题

如何介绍我们的鱼菜共生装置呢?

3.项目进程

环节一:展示答辩

先小组讨论决定好展示哪些内容,填写好相应的记录单;然后分小组依次展示作品,并介绍本组的作品(从多方面、多维度进行介绍:材料、结构、原理、团队分工、所遇困难、如何解决困难、怎样改进作品等,作品的特点、优点、不足等);再通过答辩的形式,全班同学进行交流,互相学习,对本小组尚未考虑到的问题继续探究学习。

环节二:颁奖典礼

完成终结性评价表,对总分最高的小组和某一阶段或某一方面分数最高的小组进行奖励和表扬。

环节三:展望未来

激发学生学习兴趣:同学们,我们的鱼菜共生装置模型已经搭建好了。但是,蔬菜和鱼能在我们设计制作的装置中共同生存多久呢？一段时间后,装置中的蔬菜和鱼又会发生什么变化呢？为什么会发生这些变化呢？关于本项目,你还有什么想继续探究的吗？学生交流分享。

教师总结延伸:关于我们的鱼菜共生装置,还有许多地方等着我们研究……未来,我们将长期观察记录蔬菜和鱼接下来的生长变化,进一步掌握无土栽培技术与淡水养鱼技术,并且继续改进升级我们的鱼菜共生装置,让鱼儿、蔬菜长得更好! 期待大丰收!

4.阶段性成果

学生完成任务七小组记录单和鱼菜共生装置。

表 1-1-10　展示评价续未来

我们的装置	内容
模型名称	
我们遇到哪些困难	
如何解决这些问题	
优点	
不足点	

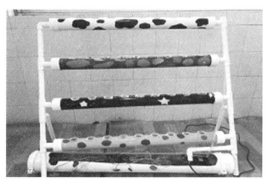

图 1-1-10　鱼菜共生装置作品

四、项目反思

(一)学生的"学"

通过本项目8个任务的学习,学生的动手实践能力、劳动能力、创新能力、创造力、语言表达能力、团队协作能力等综合能力都有了一定的提升,加之一系列的记录单与思维工具,让学生不断地开展沉浸式研究,其高阶思维、设计思维、工程思维等都得到了一定的发展。

(二)教师的"教"

反思本项目,学生在操作过程中容易出现装置漏水、实际尺寸误差导致各部分无法衔接、水泵安装困难、无法实现水循环等问题,并且本项目的实施需要教师协助完成切割打磨 PVC 水管等高难度操作,这都对教师提出了更高的要求与挑战。故建议本项目的施教以教师团队或双师课堂的形式开展。

(三)项目的"惑"

本项目历经17个课时,目前学生已向自制的鱼菜共生装置里放入自己培育的水培蔬菜幼苗和购买的鲫鱼鱼苗,但后续还需投入大量的时间研究鱼菜共生,需长期观察记录蔬菜和鱼接下来的生长变化情况。如何保证学生后期持续地观察记录蔬菜和鱼的变化,从而更好地研究鱼菜共生,进一步改进鱼菜共生装置,这是本项目需要思考和继续探究的地方。

校园绿色农场种植计划

湖州市弁南中学　杨雄峰

一、项目简介

为深入贯彻习近平总书记关于教育的重要论述,全面贯彻党的教育方针,在教育和实践中逐步构建德智体美劳全面培养的教育体系,本项目以学校绿色农场种植计划作为依托,在八年级和九年级的教学中将项目化学习置于自然生态真实情境,进一步激发学生的劳动热情和对科学的学习热情。

项目时长:19课时,40分钟/课时,共760分钟。

涉及学科:科学、劳动。

涉及年级:八年级、九年级。

二、项目规划

(一)驱动性问题

勤劳是中华民族的传统美德,劳动中有智慧。如果给你一块土地,你想种什么?怎样才能种好?

（二）核心概念

表 1-2-1 "校园绿色农场种植计划"项目核心概念

类型		核心概念
学科	科学	生命系统、生物与环境、生态系统、物质的结构与性质
	劳动	农业生产劳动
跨学科		模式、系统、组织、结构与功能

（三）学习目标

表 1-2-2 "校园绿色农场种植计划"项目学习目标

学科目标	素养目标
1.知道简单机械（杠杆）及其在生产生活中的应用［《义务教育科学课程标准（2022 年版）》p.43］ 2.描述生态系统的组成及其功能，列举不同类型的生态系统，运用生态系统的概念分析生产生活中的一些简单问题［《义务教育科学课程标准（2022 年版）》p.52］ 3.描述植物的生存和生长需要水、阳光、空气和适宜的温度［《义务教育科学课程标准（2022 年版）》p.57］ 4.能综合植物的调节过程，认识生命系统能通过自我调节维持稳态，逐步形成物质与能量、稳定与变化的观念。能建构光合作用的概念或模型，认同植物体内物质和能量的转换原理对农业生产具有重大意义［《义务教育科学课程标准（2022 年版）》p.59］ 5.体验当地常见的种植等生产劳动。选择 1—2 种优良种植品种，开展系列化种植劳动实践，体验种植方式和方法。了解中国传统农业特点，分析现代农业与传统农业的区别，理解种植、养殖与生活及经济的关系［《义务教育劳动课程标准（2022 年版）》p.29］	【科学观念】形成对客观事物的总体认识，包括对人与自然、科学、技术、社会、环境之间关系的认识，解决实际问题中的应用 【科学思维】形成对客观事物的本质属性、内在规律及相互关系的科学认识，提出解决问题的方法 【探究实践】在培育种植等劳动中结合科学探究的指导，培养学生遇到问题时积极、科学地探索自然界的规律和奥秘，并规范表述探究成果的能力 【劳动观念】在校园绿色农场的劳动实践中逐渐形成对劳动、劳动者、劳动成果等方面的认知和总体看法。在此基础上形成基本态度和情感，主要表现为：学生能尊重劳动，尊重普通劳动者 【劳动能力】具备完成一定劳动任务所需要的设计能力、操作能力及团队合作能力

（四）学情分析

（1）知识储备：八、九年级的学生对生物学、自然资源、人与环境已经有了初步的认识,已经认识到植物体的基本结构及相应的功能,已经知道植物与环境的相互作用,对土壤的结构有了初步的认识,并了解一些现代农业科学知识,等等。

（2）技能储备：八、九年级的学生也具备了初步的农业劳动技能。有简单的生产劳动种植经历,如一些常见植物栽培的经历,初步学习苗木嫁接或扦插的方法,能栽培一两种花卉或种植、移栽瓜、菜。

（3）现状描述：当前学校教学越来越注重对学生实践动手能力的培养,注重对知识的运用;有一定条件的学校可以开辟一块约 1 亩的菜园子,按班级数划分出各个区域,为教师对学生进行劳动教育创设必需的硬件设施。

（五）学习地图

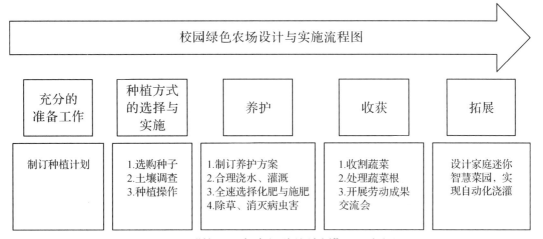

图 1-2-1　"校园绿色农场种植计划"项目流程图

（六）项目评价

1. 过程性评价

表 1-2-3　"校园绿色农场种植计划"项目过程性评价

主要指标	评价标准			自评	组评	师评
	☆	☆☆	☆☆☆			
分工合作	小组有分工,但对自己的职责不清,与同组伙伴几乎没有合作	小组有分工,清楚职责,但不能履行到位,与同组伙伴合作偶有不畅	小组分工明确,能准确、清晰地完成自己的任务。一直有合作,合作效果良好			

主要指标	评价标准			自评	组评	师评
	☆	☆☆	☆☆☆			
问题解决	发现了问题,但没有去思考讨论,没有解决	发现了问题,参与了思考讨论,但最终没能有效解决问题	发现了问题,善于思考讨论,并最终通过实践解决了问题			
创新思维	缺乏创造力和想象力,没有突破	有一定的想法,但没有突破	有创造力和想象力,且有所突破			
活动方案设计	无设计图,凭空设计,缺少详细的活动方案	有设计图,有粗略的活动方案,但缺乏相应的文字和标注	有设计图,有详细的活动方案和步骤,并能做出相应的标注			
活动结果	活动失败,无法测得和记录活动结果	活动成功,但没有有效及时地记录活动结果	活动成功,且能完整地记录所有数据并进行数据处理			
劳动和实践的报告记录	没能完成一份完整的活动报告,缺少某些板块	基本能完成一份完整的活动报告,但某些板块过于粗略	活动报告详细完整,且条理清晰			
展示表达	能基本展示本组活动报告	能展示并解说本组活动报告	能展示并能具体、准确地解说本组活动报告的各板块			

2. 终结性评价

表 1-2-4 "校园绿色农场种植计划"项目终结性评价

评价内容	评价标准			自评	组评	师评
	☆	☆☆	☆☆☆			
菜园种植计划设计	整体杂乱无章	整体合理,但部分不合理	整体规范合理、清晰			
植物长势	植物死亡	植物出现生长不良现象,并未解决	植物长势良好,出现问题能及时解决			
化肥使用	化肥滥用	化肥使用正确,但不考虑性价比及用量	化肥使用正确,且考虑到性价比及用量			

续　表

评价内容	评价标准			自评	组评	师评
	☆	☆☆	☆☆☆			
设计"智慧化"	无幕布	幕布安装后无法实现自动化	有幕布,且能实现自动化			
有无缺水警告装置	无缺水警告装置	有缺水警告装置,但不能自动化浇水	有缺水警告装置,且能进行自动化浇水			

三、项目实施

本项目共有 5 个任务,每个任务预设 3 课时,另设 4 课时用于机动调整,共 19 课时。

任务一:充分的准备工作

1. 学习目标

(1)学会方案设计,了解种植的植被作物的生长习性。

(2)了解中国传统农业特点,分析现代农业与传统农业的区别,理解种植、养殖与生活及经济的关系。

2. 核心问题

环境对植物有什么影响?

3. 项目进程

设计一个合理可行的种植计划。

表 1-2-5　我的种植计划

班级		负责人		组员	
当地环境调查					
选择种植的作物及特点(分析研究各种蔬菜、水果和作物的种植时间、生长周期和适宜播种的季节)					

班级		负责人		组员	
人员分工					
菜地布局设计图					

4. 阶段性成果

学生学会选择适合湖州地区气候的水果、蔬菜和作物种类。春夏天气炎热,适合种植西瓜、草莓、杏菜及空心菜;秋冬较为寒冷干燥,选择种植青菜、萝卜等。学生的种植计划也体现出其注重所选蔬果的生长周期、收获时间是否符合学期时间的要求。

任务二:种植方式的选择与实施

1. 学习目标

(1)了解种子的萌发。

(2)学会调查。

(3)学会基本的劳动技能。

2. 核心问题

种子萌发的条件有哪些?

3. 项目进程

环节一:选购种子

鼓励学生自己通过淘宝或者菜市场,进行专业化的种子选购,购买种子或苗种尽量做到物美价廉。买来的种子包装上有种子种植方法和时间的指导。

环节二:土壤调查

探究土壤的结构和成分:

(1)在有花卉和农林作物生长的土壤中,用土壤取样器选取 2—3 个土壤样本。把土壤样本选取地点及该地当时的气温、湿度等环境特点记录下来。

(2)用小铲子慢慢地挖取样本中的土壤,用肉眼或借助放大镜观察土壤样本中有没有其他生物。交流或查阅资料,确定找到的生物名称,并将生物名称及其数量填写到观察结果记录表中。

(3)将土壤样本恢复原样。

(4)对观察结果进行简要分析与评价,并填写到观察结果记录表中。

表 1-2-6　土壤样本观察结果记录

观察时间		天气状况	
观察地点			
环境特点			
土壤 生物		水分 含量		空气 含量		矿物质 含量	

土壤综合评价：
改良建议：

环节三：种植操作

（1）整理土壤：撒种子之前，要将翻好的土壤整理平整，并用耙子将较大的土块敲碎，使土块的直径小于 5 厘米，但也不用太过精细。要求学生不要踩在整理平整过的土壤上，从而保持土壤结构的合理，使土壤疏松、透气。

考查学生，真实问题情境：种子的萌发和根的呼吸作用都需要什么条件？我们该如何创设该条件？

（2）将植物种子撒在土壤的上面，不要太稀疏，也不要太稠密，避免今后影响植株的正常生长。

（3）撒好种子后，用耙子轻轻地将土壤来回拨动，让种子被土壤轻轻地覆盖，也可防止麻雀来啄食种子，但要注意不能盖得太厚。然后合理浇水。

4. 阶段性成果

大部分班级种植的幼苗生长苗壮。

图 1-2-2　覆上薄膜保温保湿

图 1-2-3　二段育苗法

任务三:养护

1.学习目标

（1）学会松土、灌溉等基本技能。

（2）了解植物生长需要哪些条件。

（3）学会合理施肥、除草、消灭病虫害,培养勤劳的品质。

2.核心问题

植物生长的条件是什么? 农作物生长与生态环节的相互关系如何?

3.项目进程

环节一:制订养护方案

光照、水分、土壤养分等因素都会影响番茄果实生长。我们该如何根据它生长过程中出现的状况调整养护方案呢? 请记录生长状况并探讨解决方案。

表 1-2-7　我的养护方案

分解项	观察记录植物生长状况	原因查找与问题解决
植物叶片		
侧枝		
病虫害		
杂草		
其他		

环节二:合理浇水

（1）洒水方式:不要用很大的水柱来冲刷土壤或者植物,应该接上洒水器,洒水较均匀,还可以为蔬菜叶子洗去灰尘。此法让学生学到节约用水、合理利用水资源的知识。

（2）淹没方式:引水使土壤全部没入,并马上让水退去。其目的在于让全部土壤充分吸水。一般植株较多时用此法,以确保土壤都能浇湿。

环节三:合理选择化肥与施肥

（1）可以施用化肥（氮肥、钾肥、复合肥）及有机肥。

考查学生,问题情境:什么种类的蔬菜需要施更多的肥料?具体需要什么种类的肥料?为什么?引出氮肥与根瘤菌等知识点。

（2）施用化肥比较便宜,迅速见效,但是效果持续时间比较短,而且容易因为施用过量造成对植株的伤害。施用时要特别注意，不能让化肥黏附在植株的叶面上，否则极易造成叶片的损伤。施肥还有另外的选择，如施用有机肥，持续时间更长，也不太会造成植株受伤，效果更好。同时，还可以在种植之前的翻土过程中，将相应的有机肥混入土壤中，加大土壤肥力。也可利用堆肥的方式，将堆肥混入土壤中，经济有效。

考查学生，问题情境：有机质与土壤肥力是什么关系？

环节四：除草、消灭病虫害

（1）菜园容易滋生杂草，为保证肥料、阳光被植物充分吸收，需要将菜园子的杂草拔除干净。尽可能不让杂草的种子掉落到土地上，避免再次发芽。

（2）种植时，要精心选择蔬菜种类和时机，这样就能够减少喷药次数。通常我们会在清晨看到毛虫啃食蔬菜，如果种植数量不大的话，可以徒手将毛虫抓走，抓毛虫的过程是一个比较生动有趣的环节。

知识窗口：毛虫属于昆虫，属于无脊椎动物中的一类节肢动物，是地球上数量最多的动物，在所有生物种类中占比超过50％，它们的踪迹遍布世界的每一个角落。当然我们学校的菜园子也不能幸免。

4.阶段性成果

部分班级种植的作物长势喜人。

图 1-2-4　903 班种植的茄子　　　　图 1-2-5　902 班种植的玉米

任务四：收获

1.学习目标

学会收割的基本劳动技能，合作与交流。

2.核心问题

如何收割蔬菜？

3.项目进程

环节一：收割蔬菜

一般的蔬菜在收割时，是用刀从根与叶之间切断，不能离根太远，否则会造成材料浪费或者叶子脱落，也不能保留太多根部。

环节二：处理蔬菜根

收割之后，应该要把留在土壤中的根部全部拔出，并将土地翻松，接受阳光的照射，这样有利于下一次的种植。有些蔬菜可以收割多次，例如番薯叶、龙须菜等，切忌一次收割之后就将其连根拔除了。

环节三：开展劳动成果交流会

（1）设计和布置劳动成果交流会，撰写交流会方案。

（2）撰写劳动心得（400字左右）。

4.阶段性成果

（1）学生对蔬菜收割的时机把握有了一定的了解，学会使用适当的工具来收割蔬菜，学会选择合理的收割方式。

（2）体会到劳动的艰辛与价值，学会了交流与分享。

任务五：拓展

1.学习目标

构思与设计自动化迷你菜园，由小及大，实现大农场的自动化。

2.核心问题

暑假放假，菜园如何实现自动化管理？请先设计一个家庭迷你菜园。

3.项目进程

环节一：思维发散、小组讨论

搭建一个家庭迷你菜园需要考虑哪些方面？家庭迷你菜园在生物学中相当于一个小型的生态系统，从生态系统的成分考虑以下方面：非生物物质与能量（土壤的成分或水培液体成分）、生产者（蔬菜种类，有性生殖或营养繁殖）、消费者、分解者（食用真菌）。考虑到是"家庭""迷你"菜园，得设计合理的大小尺寸，选择适合家庭种植的蔬菜，生长周期不宜过长，要适应现阶段的环境（当季蔬菜）等，也可以从自己的喜好出发。

环节二：方案构思、自主设计

将家庭迷你菜园方案通过设计图的方式画出来；基于各学科知识与技能的准备，

将自己考虑的所有真实想法表达出来。

环节三：方案展示、评价优化

在汇报时，每个团队围绕"是什么、为什么、怎么做"对项目方案进行介绍和展示。与此同时，其他小组也可以提出自己的疑惑，小组成员针对同学们提出的建议和措施对方案设计图进行改进优化。

4. 阶段性成果

学生设计和绘制出大量充满创意的家庭迷你智慧菜园设计图。

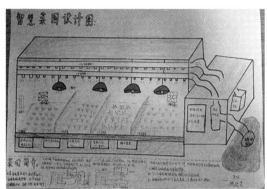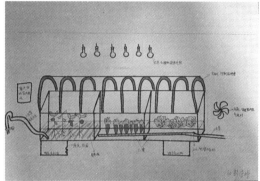

图 1-2-6 部分学生的设计图

四、项目反思

（一）学生学有所思

学生学会了基本的劳动技能，提升了学习能力、审美能力，具备了劳动生活、实践创新等基本素养。学生在实践过程中将所学到的知识应用到实际生活中，再根据劳动过程中遇到的问题，学习新的知识来解决，就这样相互促进，逐步加深自己的理论知识理解并投入实践应用。学生的生活质量提高了，健康状况也得到了改善。

（二）教师教有所思

本项目具有本土化、校本化的特点。在原来的仅以劳动教育为主要内容的基础上，探索出科学教学与劳动教育相融合的项目化教学模式。经过一年多的实践尝试，得到了一些实践经验，进行了一定的总结与反思。

在平时的教学中发现，学生的动手实践能力非常薄弱，由此，本项目旨在探索出更适合当地学生的教学模式，真正赋予书本知识以实践意义，也使学生进一步了解生态的价值。

本次项目化教学实践也存在一些不足。如项目评价环节,对学生能力的评价无法达到系统、明细、直观的水平,从而学生的实际操作无法达到理想的可视化状态,即对学生的帮助不够直观。在今后的实践中,要多从学生的角度出发,改进项目环节设计,增强项目评价的可操作性。教师要不断探索,提高自身的专业素养和实践能力。

(三)项目成效与困惑

本项目在将科学学科与具体劳动实践融合的过程中,一些细节的有效融合还不足,学科融合的成效不够显著。

回收利用印刷电路板废液中的物质

浙江省长兴中学　杨志亮
南京航空航天大学苏州附属中学　葛海祥

一、项目简介

　　"绿水青山就是金山银山"是习近平总书记给我们的发展指导意见。基于教学用书的指导,学生通过完成"废液成分的分析与检验""废液中物质回收利用方案设计""废液中物质回收利用实验探究"3个任务,进行 Fe^{3+}、Fe^{2+} 等离子检验。通过对复杂情境中具体物质的分析,本项目培养了学生科学探究精神、团队协作精神与创新意识,提升了学生解决问题的能力。通过提炼出将废液转化为可利用的 Cu 和 $FeCl_3$ 溶液的方案,学生从中体会科学探究的魅力所在,最终形成"绿色化学"理念。

　　项目时长:3课时,40分钟/课时,共120分钟。

　　涉及学科:化学、技术、人文。

　　涉及年级:高中一年级。

二、项目规划

(一)驱动性问题

　　如何设计出回收利用印刷电路板废液中有用物质(Cu 和 $FeCl_3$)的方案,实现物质再利用,最终实现"绿色环保"?

（二）核心概念

表 1-3-1 "回收利用印刷电路板废液中的物质"项目核心概念

类型		核心概念
学科	化学	Fe^{2+}、Fe^{3+} 的检验及相互转化、过滤、试剂滴加（定量）等常规实验操作原理；实验方案设计的一般思维模型；"绿色化学"理念
	技术	收集多种信息如资料卡、图片等传达的信息，合理运用数据、实验现象等对结果进行分析
	人文	体验科学探究的乐趣，形成"绿色化学"理念
跨学科		物质与能量、系统与模型、稳定与变化、信息收集与分析

（三）学习目标

表 1-3-2 "回收利用印刷电路板废液中的物质"项目学习目标

学科	学科目标	素养目标
化学	通过掌握 Fe^{3+}、Fe^{2+} 的鉴别和检验方法，进一步熟悉 Fe^{3+} 和 Fe^{2+} 相互转化，逐步形成化学综合性实验方案设计的方法模型，增强社会责任感	【人文底蕴】培养学生在学习、理解、运用人文知识和技能等方面的基本能力、情感态度和价值取向 【科学精神】培养学生理性思维、敢于批判质疑的精神品质 【学会学习】培养学生勤于思考、善于捕捉关键信息解决问题的能力 【健康生活】培养学生的合作意识和自我管理的能力 【责任担当】培养学生的社会责任感 【实践创新】培养学生在问题解决、技术应用等方面的实践创新意识
技术	动手实验，整合信息，提炼出将废液转化为可利用的 Cu 和 $FeCl_3$ 溶液的方案	
人文	了解化学在解决环境问题中的重要作用，建立环境和资源可持续发展的意识	

（四）学情分析

（1）知识层面：高一学生已学习了"物质的分类与转化""氧化还原反应""离子反应""钠及其化合物""氯及其化合物"等理论知识，具备基本实验操作知识，已初步形成"元素观""微粒观""分类观""转化观""价态观"等概念。

（2）技能层面：高一学生具备一定的实验操作能力，对化学实验有较为浓厚的学习兴趣，但逻辑推理能力、实验方案设计能力较薄弱，在类比迁移、归纳提升等高阶思维能力上略显不足。

（3）素养层面：高一学生能从宏观角度观察现象，但较难从微观层面深入理解化学反应的本质，且"绿色化学"意识淡薄。

（五）学习地图

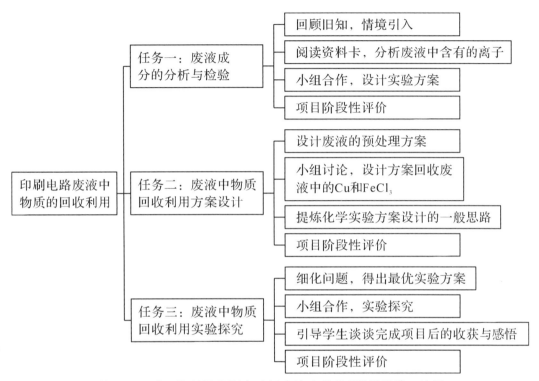

图 1-3-1　"回收利用印刷电路板废液中的物质"项目学习地图

（六）项目评价

1. 过程性评价

表 1-3-3　"回收利用印刷电路板废液中的物质"项目任务一评价

评价内容	评价标准			评价等级
	1 分	2 分	3 分	得分
任务一	能正确分析出废液中的大多数离子，但不能正确设计其检验方案	能正确分析出废液中的大多数离子，且能正确设计其检验方案	能正确分析出废液中的所有主离子，且能正确设计其检验方案	

表 1-3-4 "回收利用印刷电路板废液中的物质"项目任务二评价

评价内容	评价标准			评价等级
	1分	2分	3分	得分
任务二	能正确分析出废液中回收 Cu 和 $FeCl_3$ 溶液的反应原理,不能设计出正确的回收方案	能正确分析出废液中回收 Cu 和 $FeCl_3$ 溶液的反应原理,能设计出正确的回收方案	能正确分析出废液中回收 Cu 和 $FeCl_3$ 溶液的反应原理,能设计出正确的回收方案,且回收线路表述清晰	

表 1-3-5 "回收利用印刷电路板废液中的物质"项目任务三评价

评价内容	评价标准			评价等级
	1分	2分	3分	得分
任务三	能根据设计的实验方案,完成废液中物质回收利用实验的各项基本操作;回收得到产品,但产量不大	能根据设计的实验方案,完成废液中物质回收利用实验的各项基本操作;回收得到产品,且产量较大	能根据设计的实验方案,完成废液中物质回收利用实验的各项基本操作,回收得到产品,且产量较大。在实验过程中,学生较好地探究分析如何将过量、适量等不确定关系进行定量化处理	

2. 终结性评价

表 1-3-6 "回收利用印刷电路板废液中的物质"终结性评价

要素	指标	评价要素	自评	组评	师评	评分
自主性	提出问题	自己提出问题				2
		经教师提供的方案提示提出问题				1
	解决问题	积极想办法解决问题				2
		自己想不出解决办法,教师布置了具体任务才动手做				1

续　表

要素	指标	评价要素	自评	组评	师评	评分
合作性	协作技能	当同学遇到困难时，主动给予帮助				2
		同学请我帮忙时，自己通常都会答应				1
	交流技能	讨论中，自己乐于接受他人的意见并修正想法				2
		认真倾听他人的意见，但坚持自己是对的				1
探究性	假设技能	能提出多个可检验的假设				2
		能提出1个可检验的假设				1
	设计及创新能力	能想到控制自变量的正确方法				2
		不知怎样控制自变量				1
	反思能力	对问题及时反思并修正				2
		对问题及时反思，但未找到改进方法				1
	推理能力	预期与反复实验的结果基本一致				2
		预期与反复实验的结果相反				1
	表达能力	结论表达规范、全面				2
		结论表达稍有不规范、不准确之处				1

三、项目实施

任务一:废液成分的分析与检验

1.学习目标

通过掌握 Fe^{3+}、Fe^{2+} 的鉴别和检验方法，进一步熟悉 Fe^{3+} 和 Fe^{2+} 相互转化，培养学生宏观辨识、微观探析、依证据推理的核心素养。

2.核心问题

根据所学，分析腐蚀废液中含有哪些离子，并设计实验方案进行检验。

3. 项目进程

环节一：回顾旧知，情境引入

回顾初中所学"铁"等旧知，借助资料卡等支持性工具引导学生进入新的情境：电子工业中的一个重要反应——印刷电路板反应。要求阅读信息，并书写其反应原理的化学方程式（$Cu+2Fe^{3+}=\!\!=\!\!=Cu^{2+}+2Fe^{2+}$）。

环节二：阅读资料卡，分析废液中含有的离子

引导学生阅读资料卡1。印刷电路板完成之后，会产生印刷电路板废液，分析废液中含有的离子（Fe^{3+}、Fe^{2+}、Cu^{2+}、H^{+}）。

> **资料卡1**：随着电子工业的快速发展，印刷电路板产量增加较快，造成大量电路板腐蚀废液产生，此类腐蚀废液并不是中性的，而是具有较强的酸性。如果采用饱和腐蚀液（$FeCl_3$）蚀刻覆铜板，其废液中 Fe^{3+} 的浓度约为 $100g/L$，Fe^{2+} 的浓度约为 $70g/L$，Cu^{2+} 的浓度约为 $270g/L$。如若不经处理任意排放，就会造成地下管道的重金属污染，特别是河流、地下水严重污染，对动植物造成伤害，铜会在鱼体内沉积，从而对人体健康产生潜在威胁。

图 1-3-2　阅读资料卡 1

环节三：小组合作，设计实验方案

教师向学生展示从实验室取来的废液。针对环节二中分析出的 4 种阳离子，引导学生以小组为单位讨论，设计实验验证所预测离子的存在。最后，要求各小组派代表汇报实验方案。

引导学生小组讨论：学生自己设计的腐蚀废液中的离子检验方案是否科学？引导学生小组合作、实验验证。

实验注意：物质（离子）的检验要通过取样完成，一般取样 1mL 左右（普通试管一指宽的高度），检验试剂一般滴加 2—3 滴。

引导学生阅读资料卡 2 和 3，并分析已设计方案在检验 Fe^{2+} 和 Fe^{3+} 过程中的优点与不足。

> **资料卡2**：实验室里常用二氧化锰加热氧化浓盐酸制取氯气，除了二氧化锰，一些其他的氧化剂也可以氧化盐酸制取氯气，如 $KMnO_4$、$KClO_3$、$Ca(ClO)_2$ 等。
> 例如：$2KMnO_4+16HCl=\!\!=\!\!=2KCl+2MnCl_2+5Cl_2\uparrow+8H_2O$
> 因为 $KMnO_4$ 的氧化性比 MnO_2 强，所以用 $KMnO_4$ 制 Cl_2，通常不需加热。

图 1-3-3　阅读资料卡 2

资料卡3：铁氰化钾，化学式为 $K_3[Fe(CN)_6]$，俗称赤血盐。用 $K_3[Fe(CN)_6]$ 来检测二价铁离子，在酸性溶液中与二价铁离子反应生成蓝色沉淀，被称为滕氏蓝。检测三价铁离子时使用的则是亚铁氰化钾，其化学式为 $K_4[Fe(CN)_6]$，也生成不溶于水的蓝色沉淀，称为普鲁士蓝。研究表明，滕氏蓝与普鲁士蓝是同一物质，颜色略有不同是因为制备方法等不同。

图 1-3-4　阅读资料卡 3

环节四：项目阶段性评价

首先引导学生利用任务一评价表进行自评，然后小组同学对各自表现进行互评，最后教师对各小组表现进行评价。

4. 阶段性成果

学生通过自主分析、小组讨论等形式得出废液中主要的 4 种阳离子的检验方案。

表 3-7　废液中主要的 4 种阳离子的检验方案

阳离子	KSCN 溶液	NaOH 溶液	KMnO$_4$ 溶液	焰色试验	pH 试纸
Fe^{3+}	血红色	红褐色沉淀			
Fe^{2+}			高锰酸钾褪色		
Cu^{2+}				绿色火焰	
H^+					变红

任务二：废液中物质回收利用方案设计

1. 学习目标

在 Cu 和 $FeCl_3$ 溶液回收利用的实验方案设计过程中，逐步形成化学综合性实验方案设计的方法模型，培养学生科学探究和创新意识的核心素养。

2. 核心问题

如何以"绿色化学"理念为依托，设计实验方案回收废液中的物质？

3. 项目进程

环节一：设计废液的预处理方案

废液直接排放，不符合"绿色化学"理念，教师引导学生查阅资料，讨论如何处理废液。

环节二：小组讨论，设计方案回收废液中的 Cu 和 $FeCl_3$

学生小组讨论交流，设计实验方案回收废液中的 Cu 和 $FeCl_3$，汇报实验结果，写出转化过程中的主要离子方程式（$2Fe^{3+} + Fe == 3Fe^{2+}$，$Fe + Cu^{2+} == Fe^{2+} + Cu$，$2Fe^{2+} + Cl_2 == 2Fe^{3+} + 2Cl^-$）。

环节三：提炼化学实验方案设计的一般思路

教师引导学生学习实验方案的设计，归纳简单离子的检验方案，提炼较为复杂的物质回收利用方案设计，小组合作，最终归纳出化学实验方案设计的一般思路，由小组代表汇报。

环节四：项目阶段性评价

首先引导学生利用任务二评价表进行自评，然后小组同学对各自表现进行互评，最后教师对各小组表现进行评价。

4.阶段性成果

（1）学生设计完成回收废液中的 Cu 和 $FeCl_3$ 实验方案及归纳出主要离子反应方程式。

表 1-3-8　学生设计的实验方案

组别	实验方案	主要离子反应方程式
1		
2		$2Fe^{3+} + Fe == 3Fe^{2+}$ $Fe + Cu^{2+} == Fe^{2+} + Cu$ $2Fe^{2+} + Cl_2 == 2Fe^{3+} + 2Cl^-$

（2）学生在讨论过程中，得出了化学实验方案设计的一般思路。

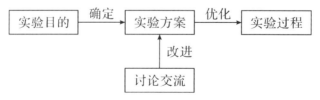

图 1-3-5　化学实验设计思路

任务三:废液中物质回收利用实验探究

1.学习目标

使学生在 Cu 和 $FeCl_3$ 溶液回收利用的实验实践探究中,获得成功的喜悦,体验"绿色化学"理念的重要性,增强社会责任感。

2.核心问题

如何通过实验探究,解决实验方案设计中的问题,最终提炼出最优化的化学实验方案设计的一般思路?

3.项目进程

环节一:细化问题,得出最优实验方案

在已有实验方案的基础上,教师引导学生细化实验步骤,预测实验操作中可能遇到的问题。在废液的回收利用实验中,教师引导学生探究分析如何将过量、适量等不确定关系进行定量化处理。

教师引导学生思考:在添加铁粉的前提下,双氧水少量多次添加,没有出现明显现象,难以确定其是否过量,双氧水过量后哪些离子会消失?

环节二:小组合作,实验探究

学生以小组为单位,根据细化后的实验方案进行探究实验,得出结论。

图 1-3-6 学生实验探究

环节三:引导学生谈谈完成项目后的收获与感悟

废液通过合理处理能获得新生,教师引导学生谈谈完成项目后的收获与感悟。

学生收获 1:实验操作要充分考虑每一步的细节,只有充分准备才能取得实验的成功。

学生收获 2:问题的解决往往由知识的储备决定。只有不断充实我们的知识,才能提升我们解决问题的能力。

学生收获 3:废液经过合理的处理生成了 Cu 和 $FeCl_3$ 溶液,实现变废为宝,符合"绿色化学"理念。只有秉承这样的理念,才能将我们的生活变得更加美好。

课后拓展:教师引导学生思考,通过回收利用得到的 $FeCl_3$ 溶液中是否存在其他杂质离子? 如果存在,可能是什么? 并设计实验方案进行验证。

环节四:项目阶段性评价

首先引导学生利用任务三评价表进行自评,然后小组同学对各自表现进行互评,最后教师对各小组表现进行评价。

4.阶段性成果

学生在讨论过程中,得出了优化后化学实验方案设计的一般思路。

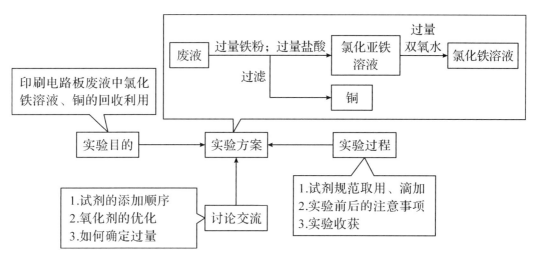

图 1-3-7 优化后的化学实验设计思路

四、项目反思

(一)学生学而有思

本项目涉及铁、盐等知识,传统的教学往往进行习题讲评,但习题教学零散、孤立、缺少知识与问题的关键联系。本项目被拆解为"废液成分的分析与检验""废液中物质回收利用方案设计""废液中物质回收利用实验探究"3 个学习任务。学生在印刷电路板废液中进行 Fe^{3+}、Fe^{2+} 等离子检验,通过复杂情境中具体物质分析培养科学探究的精神;在回收利用实验方案的设计中,增强团队协作精神与创新意识;在回收利用的实验操作中,通过如何将过量、适量等不确定关系进行定量化处理,进而提升解决问题的能力；在理论分析和实践探索的过程中，通过亲自体验感受"绿色化学"理念的重要意义。

（二）教师教有所思

教师要统筹安排课上和课下任务，课上开展核心活动，如汇报、交流、实验等功能价值更大的活动，课下让学生完成能够自主完成的活动，如查阅资料、总结性质及自我评价等。此外，在项目实施过程中，教师要加强管理，需要提醒小组分工明确，提高小组合作和交流的效率。如将"实验步骤的细化和问题的发现"这一环节放在课下进行，课上进行汇报展示，可以给实验探究和汇报交流等核心活动更多的时间。再比如，教师让每个小组汇报，而学生的汇报中有很多内容相互重复或者相似，针对这一现象，教师应该在课下提前通过评价表对学生的成果进行评价反馈，选出具有代表性的作品安排课上汇报。

（三）项目成效与困惑

项目化学习，从实施过程和学生收获的评价反馈来看收益很大，但初次尝试确实遇到很多挑战。比如课时问题。本项目共 3 课时，由于项目化学习以学生为中心，开放性比较大，教学时间比较紧张，容易出现不按照预期完成任务的情况。通过实践，我们认识到：在时间安排方面，教师要做到有的放矢，教学环节的设计应更具针对性。项目化学习实施过程中所用的时间往往多于常规教学安排，在规划项目的时候，教师也要做好延期准备。

垃圾也有家，爱护环境你我他

湖州市南浔区南浔锦绣实验学校　韩晓鸣

一、项目简介

从 2019 年开始，上海、杭州、湖州等大、中城市相继出台了生活垃圾分类实施方案。垃圾分类势在必行，且人人有责、人人参与。作为新时代的学生，我们更应该响应国家号召，主动参与其中。本项目鼓励学生利用相关的材料设计和制作一个便于投放、防水、具有一定美观性的分类垃圾桶，并能准确进行垃圾投放，旨在让学生对垃圾分类有更多的了解，养成垃圾分类的好习惯，并能带动周边的人一起进行垃圾分类，从而激发大家保护环境的意识。

项目时长：8 课时，40 分钟/课时，共 320 分钟。

涉及学科：科学、信息科技。

涉及年级：三年级、四年级。

二、项目规划

(一)驱动性问题

如何设计、制作一个易于投放、防水、美观的分类垃圾桶，有利于更多的人正确进行垃圾分类和养成垃圾分类的好习惯，从而激发大家保护环境的意识？

(二)核心概念

表 1-4-1 "垃圾也有家,爱护环境你我他"项目核心概念

类型		核心概念
学科	科学	技术、工程与社会,工程设计与物化
	信息科技	人工智能
跨学科		结构与功能

(三)学习目标

表 1-4-2 "垃圾也有家,爱护环境你我他"项目学习目标

学科目标	核心素养目标
1.知道使用工具可以更加便利、快捷和精确;学会使用常见的工具制作简易简单作品,并了解它的构造和特点[《义务教育科学课程标准(2022 年版)》p.91] 2.借助表格、草图、实物模型等方式说明自己的设计思路[《义务教育科学课程标准(2022 年版)》p.103] 3.知道制作过程应遵循一定的顺序,制作简单的实物模型;尝试发现实物模型的不足,改进并展示[《义务教育科学课程标准(2022 年版)》p.103] 4.根据学习和生活需要,合理选择人工智能[《义务教育信息科技课程标准(2022 年版)》p.9]	【人文底蕴】引导学生从人文和科学并重的视角观察、思考垃圾分类这一举措,并逐步养成垃圾分类的好习惯。培养学生的社会主义核心价值观,对自然和生命的敬畏感和科学精神、态度等 【科学精神】培养学生持之以恒、认真负责的态度 【学会学习】培养学生乐学善学、站在他人立场思考问题的能力 【健康生活】培养学生形成垃圾分类的好习惯 【责任担当】引导学生积极思考自己在本次垃圾分类中的社会责任,在真实问题的研究中主动承担社会责任 【实践创新】引导学生探究性、自主性学习,经历高阶思维的学习实践,培养学生充分运用批判性思维、科学思维、多学科知识发现并解决问题的能力

(四)学情分析

(1)三、四年级的学生对垃圾分类的标准有了一定的了解,知道垃圾分类包括可回收垃圾、厨余垃圾、有害垃圾和其他垃圾等。很多学生在平时生活中也在践行着垃圾分类。

(2)三、四年级的学生经过多年的科学学习,已经掌握了一定的观察方法和操作技能,也掌握了简单工具的使用,会用简单的设计图表达自己的想法等。该年龄段的学生小组合作能力较低年级学生有了很大的提升。

(3)三、四年级的学生对垃圾分类的原因不是很了解,对如何正确进行垃圾分类有着较大的误区。

（五）学习地图

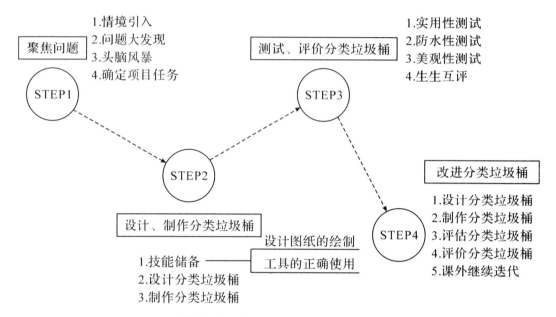

图 1-4-1 "垃圾也有家,爱护环境你我他"项目学习地图

（六）项目评价

1. 过程性评价

表 1-4-3 "垃圾也有家,爱护环境你我他"项目过程性评价（一）

主要指标	评价标准			自评	组评
	☆	☆☆	☆☆☆		
知识准备	对垃圾分类不了解,不能准确辨认垃圾分类标志,不知道如何进行垃圾分类	对垃圾分类有一定的了解,能准确辨认垃圾分类标志,不能准确进行垃圾分类	对垃圾分类十分了解,能准确辨认垃圾分类标志,能准确进行垃圾分类		
技能准备	可以按照模式绘制出思维导图,但分类不合理	能理解思维导图的模式,绘制出思维导图,分类合理	较好地理解了思维导图的模式,能快速绘制出思维导图,分类合理		

续　表

主要指标	评价标准			自评	组评
	☆	☆☆	☆☆☆		
分工合作	小组分工不明确,只有一两名学生在指挥或者做事情,小组成员之间缺少沟通	小组分工明确,个别成员不知道自己的分工;小组成员之间有一定的沟通交流,缺少对他人建议的思考	小组分工明确,每个成员都能完成自己的任务,并能认真对待每名成员的建议,有选择性地接受,并改进设计		
设计图	缺少设计示意图,缺乏相应的文字、符号标记	能画出简单的设计示意图,缺乏相应的文字、符号标记	能够绘制设计示意图,使设计方案可视化,能在示意图上标出部件、尺寸		
交流设计	小组没能根据设计过程、要求效果以及竞争力等因素清楚展示出垃圾桶的优点,没有逻辑性,产品也缺乏可信度,与预想设计差距较大	小组较为清晰地展示了垃圾桶的优势,具备一定的可信度,基本符合预想设计;但对其中不足的地方缺少必要的说明	小组完整、清晰地展示出垃圾桶的优点,对其中不足的部分也做了详尽说明,完全激发了他人的购买欲望		
成本意识	总成本超出40元	总成本控制在20—40元之间	总成本控制在20元以内		

表 1-4-4　"垃圾也有家,爱护环境你我他"项目过程性评价(二)

主要指标	评价标准			自评	组评
	☆	☆☆	☆☆☆		
优化改进	没有合适的方法进行作品的优化和改进	有一些故障排除、模型测试、改进的方法,并对模型进行了适当的优化	根据明确的科学原理或数据进行故障排除、测试和改进		
探究拓展	知道了垃圾桶有各种各样的样式,但不能与所学知识联系起来提出改进想法	能够理解垃圾桶不同样式和造型设计的原理,提出一些作品的改进思路	在认识垃圾桶有不同样式和造型的基础上,能够设计出改进作品的实验方案		

2.终结性评价

表 1-4-5 "垃圾也有家,爱护环境你我他"项目终结性评价

主要指标		评价标准			自评	组评
		☆	☆☆	☆☆☆		
作品	实用性	自制垃圾桶的垃圾门无法正常开启,垃圾桶大小不合适,无法正常使用	自制垃圾桶的垃圾门可以正常使用,垃圾桶大小合适,可正常投放垃圾	自制垃圾桶垃圾门开启方便,投放垃圾便捷		
	防水性	在防水测试中,垃圾桶浸水严重,上、下层都有浸湿痕迹	在防水测试中,垃圾桶有一定的浸水,上层有少量浸湿痕迹	在防水测试中,垃圾桶没有任何被水浸湿的现象,防水效果好		
	美观性	没有垃圾分类标志、制作粗糙,不具有美观性	制作规整,但不能很好地与环境融合	制作规整、美观,可以很好地与环境融合		

三、项目实施

任务一:聚焦问题

1.学习目标

(1)通过已有认知的激活,帮助学生意识到垃圾投递过程中的难点和盲点。
(2)能够借助 KWH 表和问题解决流程图梳理出驱动性问题以及解决路径。

2.核心问题

如何解决日常投递垃圾过程中遇到的问题呢?

3.项目进程

环节一:情境引入

(1)回忆平时生活中去垃圾站投递垃圾时的情景:你是如何投递垃圾的?
(2)实地考察校园和小区内的垃圾站。

环节二:问题大发现

在投递垃圾过程中遇到了哪些困难?你是怎么考虑的?请完成 KWH 表/KWL 表。

环节三:头脑风暴

围绕提出的问题,你觉得可以怎么解决呢?请画出思考流程图。在尝试解决的

过程中提出驱动性问题。

环节四：确定项目任务

汇总全班同学的KWH表/KWL表，确定项目任务。

在研讨过程中确立本项目的评价维度和评价标准。

4.阶段性成果

(1)学生能利用KWH表回忆自己已有认知，并能够提出一些相关问题。

表1-4-6　KWH表

关于这一问题我的已知(K)	关于这一问题我想知道(W)	关于这一问题我打算如何解决(H)
分类收集垃圾	如何让分类垃圾桶便于投放、防水、美观、科学	制作一个分类垃圾桶模型

(2)学生能自行设计问题解决流程图来了解项目内容。

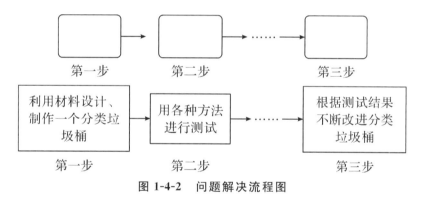

图1-4-2　问题解决流程图

(3)学生通过讨论确立了本项目的评价维度和评价标准。

任务二：设计、制作分类垃圾桶

1.学习目标

(1)结合评价标准，利用材料设计、制作一款分类垃圾桶。

(2)能用等比例缩小方式进行设计图纸的绘制。

(3)培养小组成员间相互合作的能力。

2.核心问题

如何通过等比例缩小方式进行设计图纸的绘制，并根据设计图纸进行分类垃圾桶的制作。

3.项目进程

环节一:技能储备

(1)设计图纸的绘制。

以一名设计师的身份来进行图纸设计。要求每个组设计一个简易笔筒。

①绘制设计图。

展示交流,并在研讨过程中确定设计图的评价维度及评价标准。评价维度包括是否图文并茂、是否有相应的标注和标识等。评价标准见过程性评价(一)表中"设计图"行。

②根据评价标准修改设计图。

(2)工具的正确使用。

热熔胶枪使用原理:热熔胶棒受热熔化,受冷凝固。

讲解刻刀安全使用方法。

巩固:利用刻刀和热熔胶枪将一张瓦楞纸板切割制作成一个立方体模型。

展示作品,并在研讨过程中确立立方体模型的评价标准,见终结性评价表中"作品美观性"行。

分析在使用工具的过程中遇到的问题,并提出改进措施。

环节二:设计分类垃圾桶

(1)设计图纸。

表 1-4-7　材料价目

材料	单价	材料	单价	材料	单价
瓦楞纸板	5元/个	白色 A4 纸	1元/张	彩色卡纸	2元/张
双面胶	3元/个	木棒	1元/根	大彩色卡纸	5元/张
透明胶	3元/个	塑料杯	5元/个	食用油	2元/杯
固体胶	3元/个	热熔胶枪	5元/个	刻刀	免费

出示终结性评价的标准。学生以小组为单位,选择相应材料设计一款分类垃圾桶。

(2)交流设计图纸。

根据评价维度——是否图文并茂、是否有相应的标注和标识等进行评价。

(3)根据设计图的评价标准修改设计图。

环节三:制作分类垃圾桶

(1)学生根据设计图纸,选择相应材料进行制作。

制作时间限制为 45 分钟,超过则需要计算时间成本,每超过 1 分钟需要增加 1 元的时间成本,记录到总成本中。

(2)根据设计、制作情况,指导学生完成过程性评价(一)表。

4. 阶段性成果

学生能较为详细地进行图纸设计,并根据设计制作分类垃圾桶。

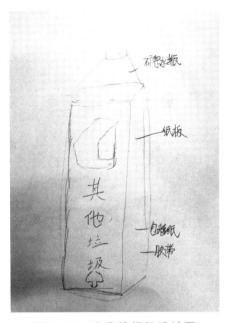

图 1-4-3　分类垃圾桶设计图　　　　图 1-4-4　分类垃圾桶

任务三:测试、评价分类垃圾桶

1. 学习目标

(1)学生能根据评价标准设计测试方法进行测试。

(2)学生能从多维度评价产品。

2. 核心问题

如何通过设计测试方法来检测分类垃圾桶的各项功能,并根据评价标准进行评价?

3. 项目进程

环节一:实用性测试

根据评价标准确定实用性测试方法:学生先将各种垃圾的卡片进行分类,并说明分类的理由,然后将卡片投放在不同的垃圾桶中,观察投递是否方便。

环节二:防水性测试

根据评价标准确定防水性测试方法:学生通过在垃圾桶的上方及四周用花洒模式进行洒水,观察分类垃圾桶的防水能力。

环节三:美观性测试

根据评价标准确定美观性测试方法:学生将是否有垃圾分类标志、是否制作规整、能否与周围环境相一致作为主要的评判标准。

环节四:生生互评

对照评价标准,根据测试结果,学生对分类垃圾桶进行组内自评和组间互评。

4. 阶段性成果

(1)学生确立了检测分类垃圾桶实用性、防水性和美观性的具体方法和评判标准。

(2)学生能了解自己组的分类垃圾桶存在的问题,并能主动吸取其他组的成功经验。

任务四:改进分类垃圾桶

1. 学习目标

(1)根据测试结果和评价标准,利用更丰富的材料改进分类垃圾桶。
(2)设计、制作、测试、评价第二代分类垃圾桶。

2. 核心问题

如何利用材料改进分类垃圾桶,使其效果更好?

3. 项目进程

环节一:设计分类垃圾桶

根据第一代分类垃圾桶测试结果,学生重新设计分类垃圾桶,在原有基础上增加了红外、超声等开源硬件。由于有了第一次的设计,本轮设计更重视比例尺、材料、数据等标识和标注,更强调从不同角度观察设计。

环节二:制作分类垃圾桶

根据设计图纸,学生制作新一代分类垃圾桶。特别注意制作一定要按照设计图纸,不能设计、制作分离。

环节三:评估分类垃圾桶

根据确定的测试方法,从防水性、实用性和美观性的角度对新一代分类垃圾桶进行测试,个别组增加了开源硬件。

环节四:评价分类垃圾桶

根据测试结果,各小组进行组内和组间互评。

环节五:课外继续迭代

学生可以在课后利用家里更丰富的材料,不断改进分类垃圾桶。

完成过程性评价(二)表和终结性评价表。

4.阶段性成果

(1)学生对设计、制作、测试、评价分类垃圾桶等方面有了更深入的了解和感悟。

(2)通过不断的改进,学生设计出更为成熟和完善的设计图。

(3)学生制作了脚踩式分类垃圾桶和感应式分类垃圾桶。

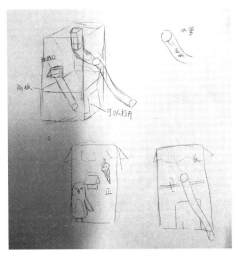
图 1-4-5　改进的设计图

图 1-4-6　迭代的分类垃圾桶

四、项目反思

(一)学生学而有思

在项目完成后的学生访谈中,学生的观点摘录如下:

这是我们第一次真正进行项目化研究,以往都是老师布置什么,我们就去做什么,而在这种课堂上老师讲得很少,他们提供给我们材料,让我们自己去设计、去制作。有些同学在做的过程中,有不懂的地方问老师,老师会进行详细讲解。让我感触最深的是,以往都是老师给我们打分,评判是否优秀。而这次我们自己给自己打分,自己给其他组打分,而且还要向其他组介绍我们作品的优点、不足,还要不断地改进、提升。我们做了一次又一次,每一次都会比之前更好。我太喜欢这类课了,因为可以让我更好地发挥我的优点和长处。但是在活动中,我们组的有些同学只是在看,没有真正参与,他总是说他不会。

(二)教师教有所思

本项目通过"聚焦问题""设计、制作分类垃圾桶""测试、评价分类垃圾桶""改进分类垃圾桶"4个任务,让学生第一次经历了工程项目的整个过程。项目要求学习产出环节包含设计作品,通过设计促进知识的融合与迁移运用,通过作品外化学习成效、外显习得的知识和能力。项目强调在群体协同中相互帮助、相互启发,进行群体性知识建构。因此它对教师提出了更高的要求与挑战,教师不仅需要具备较强的学科重组能力、项目设计能力、技术运用能力和项目执教能力等,而且需要从多学科的视角进行高位设计,这有利于教师今后的快速成长。

(三)项目成效与困惑

设计是项目的关键。对于三、四年级的学生,要求他们像工程师那样严谨设计肯定是不现实的,但是要以工程师的角色定位去要求他们,让他们学着像真正的工程师那样去设计。通过热身设计、第一代设计、迭代设计,学生的设计水准不断提高。与此同时,我们发现很少有学生能自始至终地按照比例尺来进行设计,标识和标注也往往会被遗漏,特别是不能兼顾侧视图、俯视图和立体图。另外,学生在制作过程中,往往会不自觉地抛弃设计图。由于大多数学生对超声、红外等开源硬件知之甚少,故在迭代设计时只有两个组用到了相关的电子产品,最终也只有一组制作成功。以后我们可以将这部分内容放在技能储备环节,这样学生在设计时会对开源硬件有一定的认知,也会更多地选择使用相关电子产品。

第二篇

走近文化·崇尚文明

一克米有多少

湖州市湖师附小教育集团　庄晓彤

一、项目简介

本项目是基于人教版数学教材二年级下册"克与千克"单元展开的。项目的开发源于《中国城市餐饮食物浪费报告(2020年)》和我校正在开展的"午餐光盘行动",旨在让学生掌握克与千克的知识,并从节约粮食的正面角度对学生进行品德引导,培养学生勤俭节约的美德。项目共分4个子任务、5课时,分别是"我是最佳统计员""我是精准掌秤人""我是出彩工程师""我是优秀宣讲员",通过系列活动让学生真正感知质量多少,丰富质量的量感体验,达到以数据宣传节粮的目的。

项目时长:5课时,40分钟/课时,共200分钟。

涉及学科:数学、科学、语文、艺术。

涉及年级:二年级。

二、项目规划

(一)驱动性问题

如何利用数据让节约粮食宣传更加真实、打动人心?

(二)核心概念

表 2-1-1 "一克米有多少"项目核心概念

类型		核心概念
学科	数学	量感、数据分析、运算能力
	科学	技术运用、问题解决、勇于探究
	语文	人文积淀、社会责任
	艺术	审美判断、创意实践
跨学科		问题解决机制、结构与功能

(三)学习目标

表 2-1-2 "一克米有多少"项目学习目标

学科目标	素养目标
1.认识"克、千克",建立 1 克、10 克、100 克、1000 克等质量的体感,明确质量单位间的关系[《义务教育数学课程标准(2022 年版)》p.13] 2.经历数据的统计过程,会对数据进行简单的整理、分析和判断,并对事情做出推断[《义务教育数学课程标准(2022 年版)》p.38] 3.了解天平工作原理,会动手设计图纸,制作简易天平,对作品进行调整、分析并二次修改[《义务教育科学课程标准(2022 年版)》p.11] 4.学习宣传标语、歌谣等撰写,会对自己的作品进行宣传、表达[《义务教育语文课程标准(2022 年版)》p.6] 5.通过海报设计,激发学生的创意,培养学生的审美判断能力[《义务教育美术课程标准(2022 年版)》p.48]	【人文底蕴】在标语撰写和海报制作中培养学生的审美认识、评价和判断能力 【科学精神】通过获取和分析各种信息,感悟方案可行的重要性和方案迭代的必要性,培养学生的批判精神 【学会学习】以解决实际问题为目标,培养学生从生活中发现问题、解决问题的能力 【健康生活】培养学生珍惜粮食的意识,养成健康饮食的习惯 【责任担当】从节约粮食的正面角度对学生进行品德引导,培养学生勤俭节约的美德 【实践创新】能大胆质疑,从不同角度提出设计思路,采用新方法、新材料完成设计和制作,培养学生的创新能力

(四)学情分析

(1)二年级的学生对克与千克、天平的知识是有认知的,他们在买东西时听说过,在包装袋上看到过,甚至有学生知道"1 千克＝1000 克,1 斤＝500 克"。他们在生活中已经积累了丰富的关于质量的知识。

(2)二年级的学生在对天平的设计、制作与使用及物品质量的估计等技能方面是欠缺的，这对于他们而言存在着很大的探索空间。

（五）学习地图

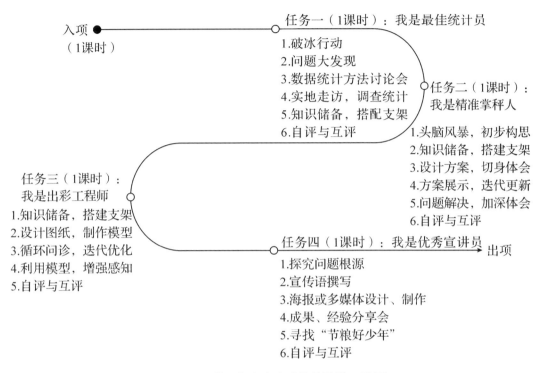

图 2-1-1 "一克米有多少"项目学习地图

（六）项目评价

1. 过程性评价

表 2-1-3 "一克米有多少"项目任务一评价

评价维度	评价等级			评价者		
	☆	☆☆	☆☆☆	自评	组评	师评
调查访谈	积极主动地参与访谈过程	积极主动地参与访谈过程，记录访谈信息	能选择合理的方法主动参与访谈过程，准确记录访谈信息			
数据分析与整理	整理数据，能看懂统计结果	找到数据类型，能描述统计数据，在同伴的协作下制作出统计图表	找到数据类型，能正确运用方法描述统计教据，能用统计图表清晰呈现统计结果			

续 表

评价维度	评价等级			评价者		
	☆	☆☆	☆☆☆	自评	组评	师评
表达倾听	认真倾听,分享交流统计结果	认真倾听,分享交流统计结果,并对他人作品提出建议	认真倾听,分享交流统计结果,并对他人作品提出合理建议			
团队合作	能参与讨论,协助组员绘制思维泡泡图	能积极主动地参与讨论,提出建议,在同伴的帮助下绘制初步的思维泡泡图	能积极主动地参与讨论,提出有价值的建议,有效绘制思维泡泡图			

表 2-1-4 "一克米有多少"项目任务二评价

评价维度	评价等级			评价者		
	☆	☆☆	☆☆☆	自评	组评	师评
知识掌握	对克与千克知识的理解有点模糊	较好地掌握克与千克的知识及其关系	掌握克与千克的知识及其关系			
估测能力	对物品估测与实际有较大差距	较好地运用估计方法,结果较为接近准确值	灵活运用估测方法,接近准确值,方法灵活			
数学表达	活动中数学思考稍欠缺,表达时语言组织能力有待提高	较好地运用数学的思维、语言去思考、表达	会用数学的思维、语言去思考、表达			
参与程度	合作中主动性不够,积极性有待提高	能积极地参与活动,在同伴协助下完成,学会分享	能积极主动地参与活动,乐于合作、互相帮助,会分享			

表 2-1-5 "一克米有多少"项目任务三评价

评价维度	评价等级			评价者		
	☆	☆☆	☆☆☆	自评	组评	师评
知识掌握	对天平工作原理有点清楚	较好地掌握天平工作原理	掌握天平的工作原理			
设计能力	天平设计时存在一定困难,不知如何选择材料	较好地根据天平工作原理设计简易图纸,并选择简单材料	能根据天平工作原理设计图纸,并选择恰当合适的材料			

续　表

评价维度	评价等级			评价者		
	☆	☆☆	☆☆☆	自评	组评	师评
工程制作	图纸理解存在困难。制作耗时长,天平调试存在困难	较好地理解图纸,在同伴协助下完成制作,能调试天平	能根据小组设计图纸快速、灵活地完成天平制作,并能及时做出调试			
参与程度	合作中主动性不够,积极性有待提高	能积极地参与制作,在组员的协助下一起完成,会分享	能积极主动地参与制作,乐于合作、互相帮助,会分享			

表 2-1-6　"一克米有多少"项目任务四评价

评价维度	评价等级			评价者		
	☆	☆☆	☆☆☆	自评	组评	师评
表达倾听	积极主动地交流自己的想法、分享经验,能参与小组作品的宣传	积极主动地交流自己的想法、分享经验,能积极宣传小组作品	积极主动地交流自己的想法、分享经验,能积极宣传小组作品,作品介绍思路清晰、表达完整,具有良好的宣传效果			
团队合作	协助团队制作、呈现、宣传作品	能参与团队合作,参与制作、呈现、宣传作品全流程	能参与团队合作,能顺利、有效制作、呈现、宣传作品			
数据应用	简单利用数据,参与宣传语的设计	能有效利用数据设计作品,更选宣传语形式	能灵活运用知识,有效利用数据设计作品,更选宣传语形式,内容丰富有创意			
反思评价	会简单利用评价量表评选出优秀作品或人物,但有偏差	会简单利用评价量表评选出优秀作品或人物	会利用评价量表合理评选出优秀作品或人物			

2. 终结性评价

表 2-1-7 "一克米有多少"项目终结性评价

评价维度	评价标准			自评	组评
	3分	2分	1分		
知识掌握	掌握克与千克的知识及其关系	较好地掌握克与千克的知识及其关系	对克与千克知识的理解有点模糊		
估测技能	灵活运用估测方法,接近准确值	较好地运用估测方法,结果较为接近准确值	对物品估测有较大偏差		
数学表达	会用数学的思维、语言去思考、表达	较好地运用数学的思维、语言去思考、表达	活动中数学思维稍欠缺,表达时语言组织能力有待提高		
参与程度	能积极主动地参与活动,乐于合作、互相帮助,学会分享	能积极地参与活动,乐于合作、互相帮助,学会分享	合作中主动性不够,积极性有待提高		
工程制作	能设计合理的天平图纸,选择合适的材料,完成制作,具有可行性	能设计合理的天平图纸,选择合适的材料,完成制作,天平可行性稍微欠缺	在设计与制作天平过程中有一定困难,天平可行性欠佳		

三、项目实施

任务一:我是最佳统计员

1. 学习目标

(1)通过团队角色卡进行团队活动,分组游戏破冰。

(2)能够借助 TPE 表梳理出驱动性问题以及解决路径。

(3)利用统计的方法和条形统计图,展开数据的收集和处理,提升数据整理分析能力。

2. 核心问题

在进行"光盘行动"宣传时,你需要哪些数据?如何得到?

3.项目进程

环节一：破冰行动

入项环节可以采用"自我介绍""你比画我来猜""抢凳子"等破冰游戏，让团队成员快速熟悉彼此。

环节二：问题大发现

餐桌上浪费的粮食数量巨大，"舌尖上的浪费"触目惊心，身边的浪费比比皆是。

利用视频和情境图，用共情的方式迅速将学生引入真实情境，引导学生结合 TPE 表，利用"思考—疑惑—探究"的方式分析，了解大背景下节约粮食的迫切性。

环节三：数据统计方法讨论会

小组讨论"光盘行动"宣传所需要的数据，并思考数据的来源与统计的路径，绘制问题解决的思维导图。

环节四：实地走访，调查统计

学生通过就餐调查、食堂管理人员访问、网络调查等途径进行数据的收集，并对数据进行整理和呈现。

环节五：知识储备，搭建支架

教师组织学生将统计结果进行分享、交流。对学生的统计结果进行适当处理，如：怎样去阅读和理解他人的统计结果？怎样让统计结果更准确、一目了然？如何了解统计表和条形统计图？如何让数据更有说服力？

环节六：自评与互评

小组完成项目任务一评价表。

4.阶段性成果

(1)学生根据情境完成 TPE 表。

(2)学生获取相应的数据并做出分析。

湖师附小教育集团二年级每班剩余饭菜情况调查（单位：kg）

日期	二(1)班	二(2)班	二(3)班	二(4)班	二(5)班	二(6)班	二(7)班	二(8)班	二(9)班	二(10)班
12.1	6.7	7.95	4.85	6.8	6.35	7.00	8.95	7.05	6.55	7.80
12.2	6.05	6.7	3.95	2.3	5.5	7.25	4.6	5.95	4.25	8.1
12.3	5.1	5.1	4.5	3.7	5.0	5.25	4.25	4.4	5.8	6.25
12.4	5.4	5.3	6.05	4.9	6.5	3.65	3.65	6.5	5.75	5.95
12.5	6.2	7.3	4.71	5.6	5.9	7.8	7.8	7.5	7.5	7
总和	29.45	31.75	24.03	23.3	26.95	30.95	29.25	31.4	29.85	35.1
每天平均	5.89	6.35	4.806	4.66	5.39	6.38	5.81	6.3	5.97	7.02

湖师附小教育集团剩余饭菜处理费用调查

班级	平均每天剩余米饭数量
二(1)班	5.89
二(2)班	6.35
二(3)班	4.80
二(4)班	4.66
二(5)班	5.39
二(6)班	6.38
二(7)班	5.81
二(8)班	6.3
二(9)班	5.79
二(10)班	7.02

走访调查结果：
和学校食堂工作人员交流，发现我校厨余垃圾处理费用是240元/吨。

时长	估计费用
1天	5.86×10×6×0.3≈105.48(元)
1周	105.48×5=527.4(元)
1个月	527.4×4=2109.6(元)
1学期	2109.6×4=8438.4(元)
一年	2109.6×9=18986.4(元)

我们的发现：
我们用二年级的"平均每班每餐剩饭量"估算出：每学年学校用于处理厨余垃圾的费用。

图 2-1-2　学生收集的部分数据

任务二:我是精准掌秤人

1.学习目标

(1)了解"克、千克",明确单位间的关系,通过对1克、10克、100克、1000克等质量的体感,加深直观认识。

(2)学会使用电子秤。

(3)从数据感受节约粮食的重要性。

2.核心问题

不直接称,用自己的方法"找出一克米大约有多少"。

3.项目进程

环节一:头脑风暴,初步构思

要知道我们能节约多少粮食,需要从哪些方面去了解。得出结论:每人一餐节约多少粮食? 每人一天吃几餐? 一共有多少人?

环节二:知识储备,搭建支架

播放"克与千克"的微课,帮助学生对克、千克及其进率有一定的了解,为后续活动的开展奠定基础。

环节三:设计方案,切身体会

组织学生进行"不直接称,用自己的方法找出一克米大约有多少"问题方案设计,集体讨论形成"找出一克米有多少"方案。

环节四:方案展示,迭代更新

组织学生以小组为单位上台展示方案设计,讨论方案的可行性,并用电子秤验证方案的正确性。过程中提醒学生吸纳好的建议,对方案设计进行再次修改调整。

环节五:问题解决,加深体会

"如果一人一餐节约一克粮食,全校一天节约的粮食有多少? 一个月呢?"学生通过计算得出数据。利用电子秤称出10克、100克、1000克的大米,引导学生通过掂、比、估、找、称的方式获得对其他质量单位的体感。

环节六:自评与互评

小组完成任务二评价表。

4.阶段性成果

掌握"克与千克"的知识,完成"找出一克米有多少"方案。

作品1： "不直接称，寻找一克米"	作品2： "不直接称，寻找一克米"	
我们的方案：	我们的方案：	
1. 先找出1枚2分硬币是1克。	1. 先找出1枚2分硬币是1克。	
2. 一只手放硬币，一只手放大米，用两只手掂一掂，直到感觉重量差不多。	2. 一只手放硬币掂一掂，把硬币放下，再在这只手里放大米，直到感觉重量差不多。	
3. 数出大米的数量。	3. 数出大米的数量。	

图 2-1-3 学生探究的方案及过程

任务三：我是出彩工程师

1. 学习目标

(1)了解天平的工作原理。

(2)会简单构图，动手制作简易天平。

(3)进一步直观感受 1 克、10 克、100 克、1000 克等质量单位。

2. 核心问题

你会动手制作一个简单的天平吗？

3. 项目进程

环节一：知识储备，搭建支架

学习微课"天平"，帮助学生对天平的工作原理和构造有所了解。

环节二：设计图纸，制作模型

小组内设计天平，画出图纸，去材料区选择材料，并完成模型制作。（教师巡视，适时指导，并利用学生行为观察量表对学生沟通合作、规范操作、问题解决等方面进行评价。）

环节三：循环问诊，迭代优化

出示循环问诊评价表，组织学生每组留下一人作为产品讲解员，其余成员顺时针绕圈，负责优化其他项目组的产品；并引导学生根据收集的循环问诊评价表再次迭代优化产品模型。

环节四：利用模型，增强感知

利用模型，对 1 克米进行验证，并称出 10 克、100 克等重量，获得对其他质量的体感。

环节五：自评与互评

小组完成任务三评价表。

4. 阶段性成果

(1)掌握"天平的原理"等知识。

(2)完成简易天平设计图纸与制作。

图纸	材料
杆 线盘 支架	支架、木条、棉线、 杆盘

图 2-1-4　学生部分设计图与作品

任务四:我是优秀宣讲员

1. 学习目标

(1)探究食物浪费根源,用数据倡导厉行节约,推进"光盘行动"工作。

(2)学习宣传标语、歌谣等的写作,了解视频拍摄及制作过程。

2. 核心问题

如何根据数据进行多种形式的节约粮食宣传?

3. 项目进程

环节一:探究问题根源

学生在前期活动中通过真实数据感悟到践行"光盘行动"的必要性。在此基础上,列举社会上的浪费现象,反思粮食浪费现象产生的原因。

环节二:宣传语撰写

在反思的基础上,以小组为单位,根据前期学习积累的数据,以"光盘歌谣""光盘标语""光盘行动"等多种形式,撰写宣传标语。

环节三:海报或多媒体设计、制作

对海报、多媒体设计给出参考(设计的内容可分:团队名称,宣传标语及内涵,所用数据含义),引导学生进行展板和多媒体制作。

环节四:成果、经验分享会

先在小组内试讲,再以小组为单位,向全班同学展示,评比出两组优秀宣讲员。这两个小组将宣传的过程录制成视频,在学校的"红领巾电视台"进行展播,并选出一组在升旗仪式上进行展示。

环节五：寻找"节粮好少年"

通过前期的宣传，学生可以针对在校就餐情况进行随机抽查，统计数据，形成结果，与此前的统计结果进行对比、分析，反观宣传的效果，并开展"节粮好少年""节粮最美班级"等评选。

环节六：自评与互评

小组完成任务四评价表。

4.阶段性成果

（1）"光盘行动"宣传海报、视频等。

（2）利用数据进行"光盘行动"宣传。

图 2-1-5 海报制作过程和宣传

四、项目反思

（一）着眼单元设计项目，评价保障项目实施

项目学习活动的设计应该结合学科特点，选择合适的角度和驱动性问题，引发学生持续思考和探索。为此，我们探索并形成了基于数学学科项目学习的基本框架：将项目背景与生活实际相结合，用驱动性问题引发学生思考，激发学生持续探究。在学习实践过程中，教师要适当提供学习支架来进行支持，将成果汇报与作业类型结合起来。同时还结合了多元、连续的评价方式，以评价激励学生学习，保障效果。

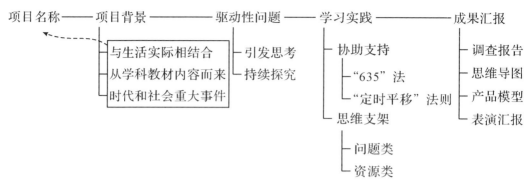

图 2-1-6　项目化学习过程

（二）注重过程个性表达，转变学教模式

项目化学习的实施过程，与传统教学中的"一问一答"有所区别。教师更多扮演"主持人"的角色，通过有意思、有意义、有意味的主题化情境，以驱动问题为导向，促使学生主动思考，持续探索，变被动学习为主动学习，让学生成为主动探索的主体，进而实现深度学习。项目化学习成果的呈现方式也是多样的，我们希望学生能用不同材料、不同形式表达自己的成果、作品。

（三）积累活动经验，发展学生核心素养

数学向来都是以严谨、枯燥的面孔出现在学生面前的，基于数学学科的项目化学习，有助于学生认识数学亲和、有趣、好玩的一面。一方面，新颖的学习方式和丰富的活动形式有别于传统，寓教于问题解决，可以帮助学生在项目探究过程中获得大量的感性认知，积累不同的活动经验；另一方面，通过大任务驱动和自主探索经历活动的过程，可以满足学生的好奇心和好胜心。项目化学习活动发展了学生的合作精神、沟通能力、批判性思维、创新能力等综合素养。

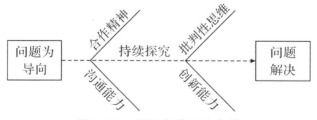

图 2-1-7　项目化学习的本质

在该项目学习活动中，值得一提的是，学生还主动将一粒米的生产过程与一块糕的生产过程相联系，联想到二年级时刚刚学习的课文《千人糕》，体会到"粒"行节约的重要性。通过这样的学习活动，学生不仅对"光盘行动"的意义感悟更深刻，而且能融汇贯通各学科的知识，实现主动迁移，这也是项目化学习的目标之一。

重走丝绸之路

湖州市吴兴区第一小学　方利利

一、项目简介

湖州市吴兴区第一小学依傍"世界丝绸之源"——湖州钱山漾遗址,地域文化资源丰富。结合习近平总书记提出的"文化自信"理念,教师引导学生创想、设计"重走丝绸之路"方案,涵盖"探·丝路源头""寻·丝路技艺""研·丝路作物""觅·丝路商贸""思·总结评价"5个任务。

面对"重走丝绸之路"的真实情境,在查找资料、实地考察、行程规划、种植实践、商贸体验中学会运用多学科知识寻找切入口,培养创新、创造、创意劳动能力。引导学生体会学科融合,助力问题解决,引领学生走向人文生态,走近丝绸文化,崇尚人类文明。

项目时长:20课时,40分钟/课时,共800分钟。

涉及学科:劳动、综合实践、科学、艺术。

涉及年级:三年级。

二、项目规划

(一)驱动性问题

如何实现多角度了解丝绸之路,并"重走丝绸之路",传承家乡丝绸文化?

（二）核心概念

表 2-2-1 "重走丝绸之路"项目核心概念

类型		核心概念
学科	劳动	传统工艺制作、农业生产劳动、烹饪与营养
	综合实践	策划和管理、探究和体验
	科学	人类活动与环境、工程设计与物化
	艺术	欣赏、表现、创造、联系
跨学科		结构与功能、稳定与变化、演变与平衡、信息收集与分析

（三）学习目标

本项目的实施融合了综合实践、劳动等学科，形成了以下学习目标：一方面，在项目学习中落实学生的各学科素养；另一方面，发展学生的综合素养。

表 2-2-2 "重走丝绸之路"项目学习目标

学科目标	素养目标
1.懂得"一分耕耘，一分收获"的道理，体会劳动光荣的道理[《义务教育劳动课程标准（2022 年版）》p.7] 2.初步体验简单的种植、手工制作等生产劳动，对劳动过程中遇到的问题具有好奇心和探究欲望[《义务教育劳动课程标准（2022 年版）p.8] 3.通过亲历、参与场馆活动等，获得有积极意义的价值体验（《中小学综合实践活动课程指导纲要》p.4） 4.通过动手操作实践，初步掌握手工设计与制作的基本技能；学会运用信息技术解决实际问题，服务学习和生活（《中小学综合实践活动课程指导纲要》p.5） 5.能准确讲述并反思自己的探究过程和结果，做出自我评价与调整；初步具有交流、反思以及评价探究过程和结果的意识[《义务教育科学课程标准（2022 年版）》p.12] 6.能利用不同的工具、材料和媒介，体验传统工艺，学习制作工艺品，增强民族自豪感[《义务教育艺术课程标准（2022 年版）》p.8]	【人文底蕴】培养学生在学习、理解、运用人文知识和技能等方面的基本能力、情感态度和价值取向 【科学精神】培养学生持之以恒、认真负责的态度 【学会学习】培养学生乐学善学、勤于思考的能力 【健康生活】培养学生移情能力，站在他人立场思考的能力 【责任担当】培养学生的社会责任感 【实践创新】培养学生在日常活动、问题解决、适应挑战等方面的实践创新意识

（四）学情分析

三年级的学生储备了一定的与丝绸相关的知识，也掌握了基本的学科知识，具备了初步的自主探究能力,懂得运用调查、实地走访、采访等方式开展研究性学习。但是,在知识与技能的输出与创新方面,他们可能还存在一定的障碍。比如针对"丝绸之路"主题,怎么研究,预期成果有哪些,以及项目化学习思维工具怎么使用等,需要进一步加以指导。

(五)学习地图

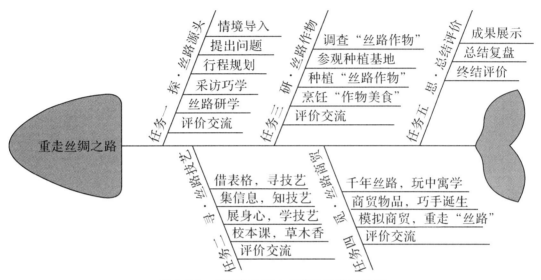

图 2-2-1 "重走丝绸之路"项目学习地图

(六)项目评价

1. 过程性评价

表 2-2-3 "重走丝绸之路"项目任务一评价

评价维度	评价标准			得☆数	
	☆	☆☆	☆☆☆	自评	组评
目标明确	目标和任务不完整	清楚目标和任务,但是不知道怎么做	知道目标和任务,也知道接下来大概要做什么		
行程清晰	不能清晰绘制行程路线图	能较清晰地绘制行程路线图	十分清晰地绘制行程路线图		
调研深入	不能进入丝绸场馆开展深入调研	能进入丝绸场馆开展初步调研,做好简单记录	能进入丝绸场馆深入调研,并做好采访和记录		

评价维度	评价标准			得☆数	
	☆	☆☆	☆☆☆	自评	组评
安全保障	外出没有一定的安全意识	有一定的安全意识，做好相应的安全措施	有较强的安全意识，同时能提醒同伴		

表 2-2-4　"重走丝绸之路"项目任务二评价

评价维度	评价标准			得☆数	
	☆	☆☆	☆☆☆	自评	组评
头脑风暴	只有一个人有想法，而且能提供一些简单信息	有两三个同学能提供一些信息，但是信息不完善	每个人都有想法，而且能提供一些必要信息		
技艺习得	只能学会 1 种与丝绸相关的传统技艺	学会 2—3 种与丝绸相关的传统技艺	能学会 3 种及以上与丝绸相关的传统技艺		
小组合作	小组分工不明确，只有一两个学生在指挥或者做事情，小组成员之间缺少沟通	小组分工明确，个别成员不知道自己的分工，缺少对他人建议的思考	小组分工明确，能认真对待成员的建议，有选择性地接受，改进设计		
优化改进	没有合适的方法进行作品的优化和改进	有尝试对作品进行改进，并按需优化	有明确的优化改进		

表 2-2-5　"重走丝绸之路"项目任务三评价

评价维度	评价标准			得☆数	
	☆	☆☆	☆☆☆	自评	组评
信息搜集	不能顺利收集到经丝绸之路带回内地的农作物	在同伴或大人的协助下，完成"丝路作物"大调查	能自主完成"丝路作物"大调查		
体验种植	掌握 1 种"丝路作物"的种植，不能持续观察作物生长变化情况	掌握 1—2 种"丝路作物"的种植，能持续观察，并做好记录	掌握 2—3 种"丝路作物"的种植方法，能持续观察，认真记录，并总结经验		

评价维度	评价标准			得☆数	
	☆	☆☆	☆☆☆	自评	组评
制作美食	不能对自己种植的"丝路作物"进行美食制作	能简单地进行"丝路作物"美食制作	能较熟练地进行"丝路作物"美食制作,体会劳有所获的快乐		
创意宣传	不能对自己调查的"丝路作物"进行宣传	能简单设计并宣传自己调查并种植的1种"丝路作物"	能创意设计并制作内容,让更多人了解"丝路作物"		

表 2-2-6　"重走丝绸之路"项目任务四评价

评价维度	评价标准			得☆数	
	☆	☆☆	☆☆☆	自评	组评
策划协调	不能参与"丝路商贸会"的策划	能参与"丝路商贸会"的策划,提出自己的建议	主动参与"丝路商贸会"的策划,提出创新建议		
筹备制作	不能筹备"丝路商贸会"的商品	能筹备"丝路商贸会"的商品,并会亲自制作	能积极主动筹备"丝路商贸会",会设计制作多种商品		
财商思维	不懂商品的交易	能用贸易币进行简单的商品贸易	能熟练运用贸易币进行商品贸易,有一定的财商思维		
阐述展示	不会阐述丝路故事,不会参与成果展示	能在同伴协助下阐述丝路故事,并能进行项目的成果展示	能独立、清晰阐述丝路故事,能精心准备成果展示		

2. 终结性评价

表 2-2-7　"重走丝绸之路"项目终结性评价

评价维度	评价标准			得☆数		
	☆	☆☆	☆☆☆	自评	组评	师评
真实有效寻源	无法真实地参与实地调研,对丝绸之路的了解不清晰	能较真实地参与实地调研,较有效地了解丝绸之路的前世今生	能真实地参与实地调研,有效了解丝绸之路的前世今生			

续 表

评价维度	评价标准			得☆数		
	☆	☆☆	☆☆☆	自评	组评	师评
专业合理学艺	不能专业地学习与丝绸相关的传统技艺,不能设计丝绸文创产品	能较专业地学习与丝绸相关的传统技艺,能设计并制作丝绸文创产品	能专业地学习与丝绸相关的传统技艺,同时能根据对象需求设计并制作具有地域特色的文创产品			
科学规范种植	不能科学规范地了解与丝绸之路相关的农作物,不能尝试种植	能较科学规范地了解与丝绸之路相关的农作物,能较主动地尝试种植	能科学规范地收集与丝绸之路相关的农作物,积极主动参与种植			
阐述清晰展示	不能认真参与微型"丝路商贸会",不能清晰阐述丝绸之路上的故事,不能进行展示	能较认真地参与微型"丝路商贸会",较清晰地阐述丝绸之路上的故事,并展示成果	认真筹备微型"丝路商贸会",清晰阐述丝绸之路上的故事,并精心展示成果			

三、项目实施

任务一:探·丝路源头

1. 学习目标

(1)通过活动激活学生已有认知,提出问题,明确任务。

(2)进行行程路线图的绘制,调查、采访关于丝绸之路的前世今生,了解丝路起源。

(3)通过对丝绸之路源头的研究,培养学生细心观察、善于思考的良好品质,体会传承家乡丝绸文化的重要性。

2. 核心问题

在"重走丝绸之路"前,你需要了解哪些关于丝绸之路的信息? 如何得到?

3. 项目进程

环节一:情境导入

给出情境:2015 年,"世界丝绸之源"花落湖州钱山漾遗址。自此,丝绸文化成了学校的特色品牌之一。经过多年的实践学习,大家对蚕桑文化和丝织文化已经非常了解。下阶段,你有信心挑战"丝路文化"吗?

环节二:提出问题

针对"我的丝路之旅"研学实践活动,鼓励学生利用5W1H分析法从6个方面提出问题,即目的、对象、地点、时间、人员、方法,从而深入思考。设计者可以从这些问题中进行选择并将其转化成核心问题。

环节三:行程规划

基于学情,让去过的同学介绍行程,提出出行建议及出行注意要点,借助事先准备的行程路线图,引发探讨,得出结论。

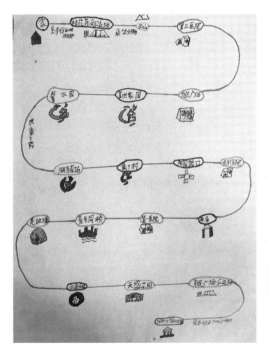

图 2-2-2　行程路线图

环节四:采访巧学

除了了解行程路线之外,还要学会参观和采访,才能深入了解丝绸之路。教师根据"采访前、采访中、采访后"3个阶段开展关于"采访"的指导,学生设计采访单。

表 2-2-8　采访单设计时的注意点

阶　段	要　点
采访前	事先联系;设计采访问题;准备录音笔、笔记本等
采访中	注意礼貌;表述清晰;及时记录
采访后	表示感谢;整理记录;撰写感受

环节五:丝路研学

结合行程路线、采访单,学生在教师及家长志愿者的带领下,前往湖州市博物馆开展"我的丝路之旅"研学活动。

图 2-2-3　研学活动现场

环节六:评价交流

小组以汇报形式展示本任务的实践过程及成果,进行自评、组评。

4.阶段性成果

(1)学生能利用5W1H分析法提出相关的问题,为丝路研学做好充分准备。

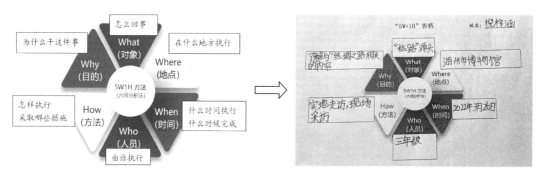

图 2-2-4　5W1H分析法

(2)学生设计采访记录单。

任务二:寻·丝路技艺

1.学习目标

(1)了解丝绸之路上的一些传统技艺,比如剪纸、扎染等,会动手尝试设计与制作。
(2)发展学生善学的品质,锻炼学生勇于探究和运用技术的能力。

2.核心问题

在"重走丝绸之路"行动中,你探寻到哪些传统技艺? 这些传统技艺如何传承?

3.项目进程

环节一：借表格，寻技艺

利用KWH表，梳理学生对"丝路技艺"的现有认知，引导学生思考解决这些问题需要哪些方面的知识，帮助学生完成知识重组和架构，收集、整理和呈现现有问题，转化为子问题。

环节二：集信息，知技艺

学生利用课余时间通过上网、询问大人、走访场馆等方式，了解丝绸之路上的传统技艺。

环节三：展身心，学技艺

根据所学方法，学生自主尝试剪纸技艺、丝路乐器制作技艺等。

环节四：校本课，草木香

结合"丝源绸韵"校本课程，学生开展了丝路技艺之"草木染"活动，了解了什么是"草木染"，还认识了植物染色剂，原来是古老的先民在劳动中发现了天然植物可以染色。

环节五：评价交流

小组以汇报形式展示本任务的实践过程及成果，进行自评、组评。

4.阶段性成果

(1)学生能利用KWH表回忆自己已有认知，并能够提出一些相关问题。

图 2-2-5　完成的 KWH 表展示

(2)学生学习并会制作关于"丝路技艺"的作品。

图 2-2-6　"丝路技艺"作品

（3）学生集中学习了校本课程，并会对丝绸进行"草木染"，形成作品。

图 2-2-7　"草木染"作品

任务三:研·丝路作物

1.学习目标

（1）知道丝绸之路上的一些农作物品种，了解这些交易的农作物种子的育苗、种植等。

（2）会对自己选择探究的农作物品种进行宣传，设计名片，培养学生热爱劳动的优良品质。

2.核心问题

丝绸之路上被交换的农作物种子有哪些？它们是如何育苗和种植的？

3.项目进程

环节一:调查"丝路作物"

通过查询网络、书本，询问大人，咨询老师，等等途径，寻找丝绸之路上被交换的农作物，并做好记录，制作作物名片，可参考模板。

图 2-2-8　"丝路作物"名片

环节二:参观种植基地

老师带领学生上一堂"行前课"，使学生明白在实地参观的时候不能走马观花，而应该利用STW记录表[观察(See)—思考(Think)—提问(Wonder)]做好有效记录。

学生走进育苗棚,仔细观察,认真记录,针对种植疑惑询问工作人员。

图 2-2-9 学生观察植物

环节三:种植"丝路作物"

首先选择所要种植的农作物,如蚕豆、玉米、黄瓜(胡瓜)等,并进行除草、翻土、播种、浇水、施肥、除虫等种植知识的学习,然后进行种植实践。

环节四:烹饪"作物美食"

收获了种植的乐趣后,学生将劳动成果做成美食,并在学校开展一次"舌尖上的丝路"美食品鉴会。

环节五:评价交流

小组以汇报形式展示本任务的实践过程及成果,进行自评、组评。

4. 阶段性成果

(1)制作"丝路农作物"名片。

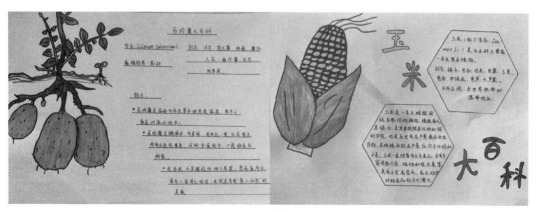

图 2-2-10 "丝路农作物"名片

(2)完成“农作物嫩苗”生长观察记录单。

植物生长变化观察记录表

植物名称:小番茄

播种时间:2022年3月25日

栽培方法:撒种

观察和记录员:[illegible]

观察和记录的内容:

日期	天气	我怎么做	植物生长变化	
2022年3月25日	阴	我松松土把种子撒进土里	种子在土里,还没冒出头	
2022年3月29日	阴	我浇了一点水	冒出几颗嫩嫩的小芽	
2022年3月30日	雨	我让它出去洗了一会儿洗了一会澡	多出了一颗小苗	
2022年3月31日	阴	我松了几下土,浇了一点水	小苗长大了,大约有1厘米了	
2022年4月1日	晴	因为泥土湿润我只观察了植物	能分清哪个是小番茄哪个是葱了。	
2022年4月2日	晴	浇了水,观察植物	有3—4厘米了	
2022年4月3日	晴	浇了一点水	多发了许多苗	
2022年4月4日	多云	浇了水,量了高度	有5—6厘米了	

植物生长变化记录表

植物名称 豆角、大蒜

播种时间 2022年3月24日

栽培方法 播种

观察和记录员 [illegible]

观察和记录的内容 播种和生长变化

日期	天气	我怎么做	植物生长变化	贴图
3月24日	晴	播种 浇水	已播种好	
3月25日	雨		无变化	
3月26日	晴	施肥 浇水	无变化	
3月27日	阴		无变化	
3月28日	阴	施肥 浇水	无变化	
3月29日	晴	让植物被太阳晒	无变化	
3月30日	阴	观察植物	豆角籽发芽了 大蒜苗长高了	
3月31日	雨	浇水 观察	豆角叶长出来了 大蒜苗又长高了	
4月1日	阴	观察植物	豆角的叶子长大了	

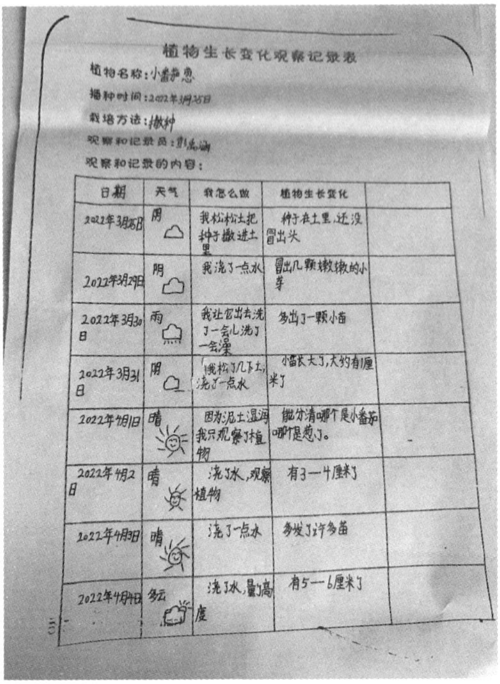

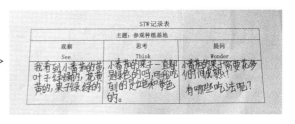

图 2-2-11 农作物生长记录单

(3)完成 STW 记录表。

STW 记录表

主题:参观种植基地		
观察 See	思考 Think	提问 Wonder

⇒

STW记录表

主题:参观种植基地		
观察 See	思考 Think	提问 Wonder
我看到小番茄的苗,叶子绿绿的,花黄黄的,果子绿绿的	小番茄的果子一直都是绿色的吗,可我吃到的是红色和黄色的。	小番茄的果子需要花多少时间成熟? 有哪些吃法呢?

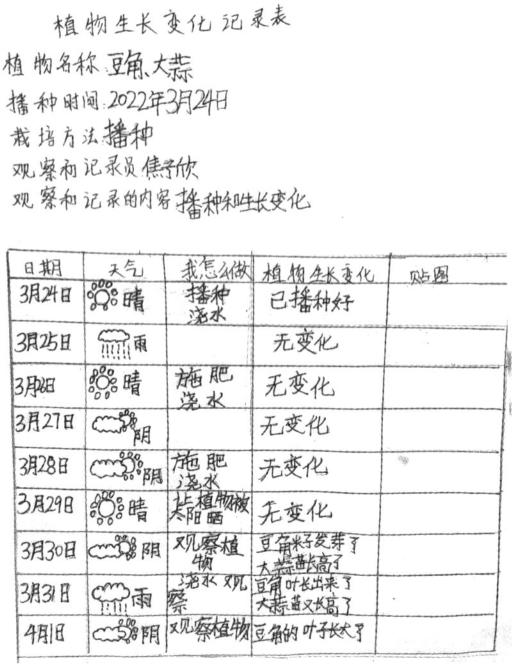

图 2-2-12 STW 记录表

任务四:觅·丝路商贸

1. 学习目标

(1)学会丝绸之路上的商品贸易流程,再现丝路商贸盛世。

(2)初步培养学生物品贸易以及等价交换等财商思维。

2. 核心问题

如何再现丝绸之路上的商品贸易盛世呢?

3.项目进程

探究丝绸之路上的商品贸易往来;开展微型"丝路商贸会",沉浸式体验商品贸易;绘制宣传海报;撰写宣传语;寻找"丝路"传承小达人。

环节一:千年丝路,玩中寓学

利用 AEIOU 观察记录表梳理"丝路商贸会"所包含的元素,为现场版"丝路商贸会"的筹备打好基础。

为了更了解丝路商贸的知识,借助"千年丝路"商贸桌游,模拟丝绸之路上的商队进行商品交易的历史场景。

图 2-2-13 "千年丝路"商贸桌游

环节二:商贸物品,巧手诞生

通过查找资料,完成记录单。了解丝绸之路上的商品流通,并进行商品收集或制作,比如陶器、乐器等。

表 2-2-9 丝绸之路上的物品往来记录

丝绸之路上流通的物品	
交流而来的物品	
交流而去的物品	

图 2-2-14 学生填写的丝绸之路上的物品往来记录单

环节三：模拟商贸，重走"丝路"

出示古代丝绸之路上商品贸易的繁荣场景图，利用 AEIOU 观察记录表（包含活动、环境、互动、物品、用户）引导学生观察、记录、了解"丝路商贸会"所涉及的元素，深入分析。

孩子们召开商贸筹备会议，根据前期表单内容，布置场地，将商品分门别类摆放整齐，形成集市，同时用商贸币进行商品交易，或者以物换物。

图 2-2-15　"丝路商贸会"现场

环节四：评价交流

以小组汇报形式展示本任务的实践过程及成果，进行自评、组评。

4.阶段性成果

（1）完成 AEIOU 观察记录表。

图 2-2-16　制作完成的 AEIOU 观察记录表

（2）丝绸之路上贸易商品的设计与制作，展示成品。

任务五：思·总结评价

1.学习目标

（1）梳理整个项目的实施过程，了解完成一个项目的基本环节。

（2）学会提出疑问，实现"以终为始"。

2. 核心问题

重走丝绸之路的旅途即将告一段落。如何将我们的成果更好地展示给更多的人呢?

3. 项目进程

环节一:成果展示

学生在完成 4 个任务后,个人、团队都有一定的成果积累。利用项目墙,引导学生整理成果,并进行成果展示。

个人:在"丝路源头、丝路作物、丝路技艺、丝路商贸"4 个方面均有作品成果,拥有一定的表达能力。

团队:共同设计"重走丝绸之路"项目总方案,在学校师生中推广"重走丝绸之路"活动,争做"世界丝绸之源"丝绸文化的优秀传承人。

环节二:总结复盘

各组代表进行成果汇报,总结项目实施情况,撰写报告,利用 KISS 复盘法进行反思,为下一个活动打好基础。

环节三:终结评价

在小组成果汇报的基础上,各组开展自评、组评、师评。

4. 终结性成果

(1)制作 KISS 复盘法表单。

KISS 复盘法表单			
Keep 可以保持的	Improv 需要改进的	Start 需要开始的	Stop 需要停止的
四任务的探究,即"探·丝路源头""寻·丝路技艺""研·丝路作物""觅·丝路商贸"	每归于项目具体的开展情况,借助的支持性表单	对思维工具的深入学习,思维碰撞的机会	"我问你答"式的教学

图 2-2-17 学生填写 KISS 复盘法表单

(2)举办成果展示会。

图 2-2-18 项目成果展示会

（3）撰写项目实施报告。

四、项目反思

（一）学生学而有思

回顾整个项目活动过程，学生的所思所为始终紧紧围绕着"重走丝绸之路"展开，学生能积极参与活动，充分彰显活动的主体性。在活动开展过程中，我们很欣喜地看到学生在探究过程中的精彩表现，他们的自主规划能力得到提高，优秀传统技艺得到传承，他们有了劳动实践的亲身体验，财商思维能力得到训练。

（二）教师教有所思

在"重走丝绸之路"这一项目活动开展的过程中，教师成为问题驱动下的"项目推动者"，成了试错情境下的"问题解决者"。教师在问题解决的过程中还给予学生许多试错的机会。在学生解决问题的过程中，教师实现了多看、多听、少说、少做，让学生走在解决问题的最前面，真正成为试错情境下的"问题解决者"。

（三）项目成效与困惑

"重走丝绸之路"项目的开展融合了各学科知识，提供了各种学习支架，引导学生深度实践，使其充分发挥了想象力和动手操作能力。学生通过知识的迁移，用灵巧的双手合力做出的可视化作品，既充满了童趣又饱含了各种创意。

在项目的推进实施过程中，如何根据真实情境以及学生真实需求设计贴合项目进程的思维支架，成了指导教师的最大困惑。指导教师需要深入学习，对项目实施有整体规划和预判意识，这样才能引发学生的思维迭代，达成培养适应未来发展的人才的目标。

打造校园里的时光绿巷

湖州市月河小学教育集团　王元玲

一、项目简介

学校即将举办110周年校庆,为了让校园在举办校庆时能呈现"环境美、文化美"的新样貌,学校提出打造校园时光绿巷计划。项目共分绿巷需求我知道、绿巷方案我制订、绿巷方案我论证、时光绿巷我展示4个子任务,通过系列活动充分发挥学生校园主人翁的意识,引导学生深入理解和认同校园文化,在参与校园建设的活动中树立生态环保、崇尚文明的意识。

项目时长:10课时,40分钟/课时,共400分钟。

涉及学科:科学、技术。

涉及年级:三年级。

二、项目规划

(一)驱动性问题

在庆祝学校成立110周年之际,筹备组向全校同学征集方案。如何美化校园能让校园留下时光的印记,让校友们在校庆活动中有美好体验呢?

(二)核心概念

表 2-3-1 "打造校园里的时光绿巷"项目核心概念

类型		核心概念
学科	科学	生物与环境的相互关系
	技术	技术、工程与社会
跨学科		模式、因果关系、系统和模型

(三)学习目标

表 2-3-2 "打造校园里的时光绿巷"项目学习目标

学科目标	核心素养目标
1.能在教师的引导下,结合学校、家庭生活中的现象,发现并提出自己感兴趣的问题。能将问题转化为研究小课题,体验课题研究的过程与方法,提出自己的想法,形成对问题的初步解释(《中小学综合实践活动课程纲要》p.4) 2.知道技术产品包含科学概念、原理;知道简单的设计问题存在限制条件,并有多种设计方案[《义务教育科学课程标准(2022年版)》p.8] 3.通过动手操作实践,初步掌握手工设计与制作的基本技能;学会运用信息技术,设计并制作有一定创意的数字作品。运用常见、简单的信息技术解决实际问题,服务于学习和生活(《中小学综合实践活动课程纲要》p.4) 4.围绕日常生活开展服务活动,能处理生活中的基本事务,初步养成自理能力、自立精神、热爱生活的态度,具有积极参与学校和社区生活的意愿。(《中小学综合实践活动课程纲要》p.4)	【人文底蕴】培养学生在学习、理解、运用人文知识和技能等方面的基本能力、情感态度和价值取向 【科学精神】培养学生持之以恒、认真负责的态度 【学会学习】培养学生乐学善学、勤于思考的能力 【健康生活】培养学生的移情能力、站在他人立场思考的能力 【责任担当】培养学生的社会责任感 【实践创新】培养学生在日常活动、问题解决、适应挑战等方面的实践创新意识

(四)学情分析

(1)三年级的学生对校园的文化、理念、环境和活动等都有一定的了解,对校园比较熟悉。

(2)三年级的学生具备了较强的语言表达能力,有极深的探究欲,爱思考,对新鲜事物充满热情;初步具有用数据表达和实践论证的意识,能综合调动各学科知识。

(3)三年级的学生文字表达和图文结合的能力较弱,能进行实验探究,但设计实验方法的能力较弱。

(五)学习地图

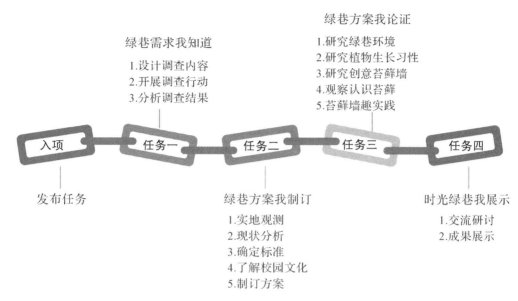

图 2-3-1 "打造校园里的时光绿巷"项目学习地图

(六)项目评价

1.过程性评价

表 2-3-3 "打造校园里的时光绿巷"项目过程性评价

评价维度	评价标准			自评	他评	师评
	☆	☆☆	☆☆☆			
明确任务	任务不清晰,或不完整	任务清晰,但不知道怎么做	任务清晰也知道怎么做			
头脑风暴	只有一个人有想法,而且能提供简单的信息	有两三个同学有想法,但是提供的信息不完整	每个人都有想法,而且能提供必要的信息			
合作共享	小组分工不明确,只有一个人做事,组员间缺少沟通	小组有分工,但对自己负责的工作不清晰,缺少沟通	小组分工明确,各司其职,组员间有商有量,能认真听取他人建议			
优化改进	没有合适的方法对方案进行改进	能提出新的方法并尝试对方案进行改进	能提出科学的方法和依据,对方案进行合理改进			

2.终结性评价

表 2-3-4 "打造校园里的时光绿巷"项目终结性评价

评价维度	评价标准	成果等级	自评	他评
可行性	改造方案具有可行性,便于操作	☆☆☆☆☆		
环保性	改造过程安全环保,不会影响环境	☆☆☆☆☆		
经费合理	改造经费合理,总造价不超过 5000 元	☆☆☆☆☆		
融合校园历史文化	绿巷设计中融合了校园文化,有创意	☆☆☆☆☆		

三、项目实施

入项(发布任务):为了让校庆时校园能呈现更美的样貌,学校以征集令的方式向全体学生征集打造校园时光绿巷的方案。

任务一:绿巷需求我知道

1.学习目标

通过调查访谈,了解师生对校园环境改造的想法和建议。

2.核心问题

我们现在的校园环境存在哪些问题? 如何准确知道师生对校园绿巷的需求?

3.项目进程

环节一:设计调查内容

校园里哪些区域是学生们、教师们心中最需要改造的地方呢? 大家对校园改造有哪些意见和建议呢? 我们可以用多种方法在全校范围内开展采访调查,听一听学生们、教师们的心声。

调查的第一步就是确定调查内容和方法。小组讨论后确定以采访和发放问卷作为主要调查方法,设计调查内容调查了解学校师生对打造区域和需求的建议。

环节二:开展调查活动

根据小组设计好的内容用采访、发放纸质或电子调查问卷的方法开展调查。

环节三:分析调查结果

分析采访、调查获得的信息,学生发现几乎所有的师生都认为我们的校园环境急需改造,还有大部分学生提出了需要增加新的设施设备,大家提出的改造方向中校园绿化占了 100%,最想增加的区域有文化墙、操场和专用教室。这些信息和我们之前讨论的结果基本一致。可见在绿巷的研究上,学校学生和老师的意愿达成了一致。

4. 阶段性成果

完成采访提纲、调查表、数据分析表,提出需求建议。

任务二:绿巷方案我制订

1. 学习目标

能通过实地观测、分析确定需求,制订校园时光绿巷的打造方案,提升学生发现问题、解决问题的能力。

2. 核心问题

如何制订清晰的打造方案,设计符合需求的时光绿巷呢?

3. 项目进程

根据前期调查结果,小组分别制订方案。制订方案前还要实地考察测量获得真实的数据。

环节一:实地观测

制订方案前实地考察是必不可少的,学生来到想要改造的区域,实地观测具体的情况,测量墙面的长度,为后续制订详细的方案提供准确的数据。

环节二:现状分析

经过实地考察和测量,对选择的两块区域情况进行分析。原有的校园围墙就在教室的窗边,是离我们最近的地方,也是目前校园里最长的巷子,现种有红叶石楠、蔷薇、凌霄等植物,墙面老旧斑驳,阳光较好、不强烈,比较潮湿。楼顶的天台阳光强烈,比较干燥,面积大,离我们最远。经过对比分析,学生发现围墙更适合作为绿巷。

环节三:确定标准

了解了改造的区域后,学生分组研讨改造的方案。在讨论中引导学生思考制订方案需要考虑哪些因素,确定优质方案需要符合的标准。

环节四:了解校园文化

为了更好地设计,教师带领学生来到学校的校史文化馆,了解学校的发展历史,在了解历史文化的基础上再融合设计。

环节五:制订方案

有了一系列活动的奠基,教师指导学生制订详细的方案,在方案中详细规划改造的步骤,并设计改造草图。

4.阶段性成果

绘制时光绿巷改造方案草图。

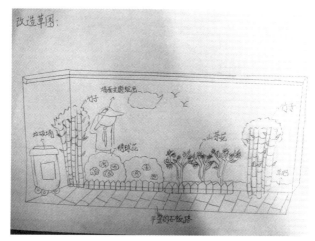

图 2-3-2　时光绿巷改造方案草图

任务三:绿巷方案我论证

1.学习目标

(1)通过调查分析、实地观察、实验验证等方法论证方案的可行性,知道工程设计需要经历复杂的科学论证过程。

(2)学会用数据图、实验报告、资料卡等方式进行可视化表达,提升可视化表达的能力。

2.核心问题

怎样说明设计的方案是可行的呢?

3.项目进程

环节一:研究绿巷环境

在改造的方案中我们看到多种需要种植的植物,这些植物都适合生长在绿巷中吗? 可以用哪些方法知道选择的绿植是否合适呢?

根据植物生长需要的一般条件引导学生调查巷子的环境,观测巷子的气温、光照、湿度、土壤情况等因素,制作天气日历表,绘制气温变化图,记录光照时间,对种植植物是否可行进行分析。

经过分析发现巷子的光照时间长,没有强烈的阳光照射,温度适宜,比较凉爽,通风好，土壤松软、潮湿，适合植物生长。观察巷子现有的植物，发现植物生长较好，但是有很多枯枝需要清理，原有的蔷薇数量较少，遮盖的面积不大。

环节二：研究植物生长习性

学生在观察中有了新的发现，为方案提供了新的思路。墙角处生长了一些苔藓，绿绿的、毛茸茸的，分外可爱。苔藓是不是也可以作为改造的材料呢？顺势引导学生开展下一步的研究——调查植物的生长习性。

在调查中发现爬山虎、蔷薇、凌霄、苔藓等植物比较适合在巷子里种植，而吊兰、竹子不适合采用。苔藓之所以适合，是因为它不仅可以遮盖旧墙，还可以修剪造型，涂鸦出想要的图案。

环节三：研究创意苔藓墙

在学生陷入设计困难时提供资料，利用苔藓涂鸦或苔藓景观创意制作的墙面美观有型，能解决设计中出现的问题。

在前面的调查中学生已经知道绿巷适合苔藓生长，接下来就是研究怎样让苔藓按照设计的图形生长在墙面上。学生先是上网调查了苔藓墙的制作办法，然后设计验证可行性。

环节四：观察认识苔藓

苔藓与一般的植物不同，它不是用种子繁殖的。孢子是什么呢？诗里所说的"苔花如米小"，苔花是不是它的花呢？按照网上搜索的方法是不是真能生长呢？……带着这样的疑问，学生去户外找苔藓，探寻苔花的秘密。

在观察中发现苔藓长出了一把把"小雨伞"，这些"小雨伞"就像苔藓的花一样，但是它并不是苔藓的花，而是孢蒴，就是孕育孢子的地方。等到孢蒴里的孢子成熟后就会弹出，生长成新的孢子。

苔藓看似毫不起眼，却蕴藏着很多奥秘。为了更清楚地观察到苔藓的样子，可以给学生提供观察工具——便携式显微镜和放大镜，用放大镜和显微镜观察。

环节五：苔藓墙趣实践

苔藓可以用涂鸦或粘贴的方式上墙，可以引导学生先根据网上所学的方法准备材料。除了苔藓以外，还需要由啤酒、酸奶配置成的营养液。因为处在实验阶段，所以我们找来了废弃的瓦楞纸板来改造。

苔藓植物是一种小型的绿色植物，结构简单，仅包含茎和叶两部分。苔藓植物喜欢阴暗潮湿的环境，一般生长在裸露的石壁上，或潮湿的森林和沼泽地。但与我们一开始的预测不同的是，苔藓不适宜在阴暗处生长，它需要一定的散射光线或半阴环境，最主要的是苔藓喜欢潮湿环境，特别不耐干旱及干燥。因此在养护期间，应给予它一定的光照，每天喷水多次，保持空气湿润。

采用涂鸦的方法，等待时间较长。在这一阶段学生还尝试了用粘贴的方式，先将大片苔藓裁剪出自己需要的形状，用植物胶粘贴在墙面上。

4. 阶段性成果

完成了校园待选定绿巷区域的环境报告、待选定植物的生长习性表，以及苔藓墙的设计初稿。

图 2-3-3　环境报告

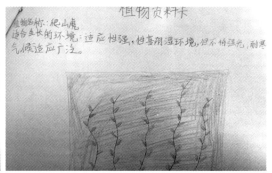

图 2-3-4　植物生长习性报告

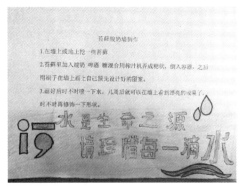

图 2-3-5　苔藓墙设计初稿

任务四：时光绿巷我展示

1. 学习目标

能够用多种方式展示实践成果,提升创意物化的能力。

2. 核心问题

如何生动、有效地向大家展示时光绿巷的打造方案呢?

3. 项目进程

环节一:交流研讨

"打造校园里的时光绿巷"项目即将落幕,运用哪些方式可以生动、有效地向大家展示制订的方案呢?

环节二:成果展示

小组组织策划,完成时光绿巷成果展示计划。

表 2-3-5　时光绿巷成果展示计划

成果形式	展示方式	可能需要的材料或设备

环节三:完成成果展

根据小组展示计划完成成果展。

4. 阶段性成果

完成了展示计划、时光绿巷设计图展板。

五、项目反思

(一)立足生活,在现实需求中发现主题

《中小学综合实践活动课程指导纲要》就小学阶段的"责任担当"目标提出要求:"能围绕日常生活开展服务活动,能处理生活中的基本事务,初步养成自理能力、自立精神、热爱生活的态度,具有积极参与学校和社区生活的意愿。"由此可见,综合实践活动项目的实施是离不开儿童生活并指向提升儿童生活能力的。本项目即是从学生

的校园生活出发,引导学生从现实需求中发现实践活动主题。

(二)步步进阶,在项目实践中孕育创新思维

以项目实践的方式开展综合实践活动,学生开展的项目不应该是单线的,活动也不是并行的,同等梯度的实践活动难以促进学生的思维进阶。因此活动的设计与实施要有梯度,让学生拾级而上攀登思维的更高峰。项目实施方案论证环节对学生的能力要求较高,最终模型的成果与方案的设计有一定差距,由此教师在项目指导时应结合学生的学情提供合适的支架。对于学生来说,这一环节的支架需要有一定的支持度,能帮助其建立更完整的模型。

(三)亲历实践,在真实体验中感悟体认

项目化学习之所以能够培养学生的综合能力,关键就在于项目的开展绝不能纸上谈兵,一定要亲身躬行,才能发现问题,发现问题是走向深度学习的第一步。在开展实践活动项目时要为学生搭建真实实践的平台,给予学生充分体验的机会。

学生从调查采访、实地考察中发现校庆改造方案的需求,有经历设计、制作、建模论证等实践。在不断的实践中感受校园建设的不易,也在活动中增强了校园主人翁的意识。

第三篇 体验技术·科技创新

精准分类垃圾分拣机

湖州市织里实验小学教育集团　徐莉莎

湖州市月河小学教育集团　何　蓓

一、项目简介

本项目开发源于响应政府规定的"生活垃圾精准分类",实现可持续发展的要求,在了解垃圾分类标准和掌握物质科学分类方法的基础上,融合多学科知识,运用实验操作技术、工程设计技术等手段,辅以数学数据分析、全局意识等,培养学生形成独立分析和解决问题的能力,设计并制作能将校园垃圾进行精准分类的分拣机,从而减轻垃圾日益增多这一现象给社会与环境带来的巨大压力。

项目时长:6课时,40分钟/课时,共240分钟。

涉及学科:科学、技术、人文、数学。

涉及年级:五年级、六年级。

二、项目规划

(一)驱动性问题

如何在已有知识经验和现有资源配置的前提下,采用高效的方式对校园垃圾进行精准分类,从而提高垃圾的再利用价值,减少资源的浪费和环境的污染?

(二)核心概念

表 3-1-1 "精准分类垃圾分拣机"项目核心概念

类型		核心概念
学科	科学	物质的结构与性质、人类活动与环境
	技术	工程设计与物化、设想的表达、材料与工具、加工与组装
	人文	描述与分析、设计与制作、创作与展示
	数学	图形与几何、数与代数
跨学科		物质与能量、结构与功能、系统与模型

(三)学习目标

表 3-1-2 "精准分类垃圾分拣机"项目学习目标

学科目标	素养目标
1.了解垃圾回收的意义,明确垃圾分类标准[《义务教育科学课程标准(2022年版)》p.89] 2.能观察、描述常见材料的某些性能,能探究不同材料在水中的沉浮现象等[《义务教育科学课程标准(2022年版)》p.24] 3.能用电池、铁棒、导线等制作一个电磁铁,观察电磁铁产生磁力的现象,体会电能转化成磁能[《义务教育科学课程标准(2022年版)》p.48] 4.能根据劳动任务选择合适的材料和工具、技术与方法,安全、规范、有效地开展劳动[《义务教育劳动课程标准(2022年版)》p.8] 5.识读简单的产品技术图样,根据图样制作产品的模型或原型,完成产品模型或原型的组装、测试[《义务教育劳动课程标准(2022年版)》p.24] 6.了解"实用与美观相结合"的设计原则;能将美术与自然、社会及科技相融合,探究各种问题[《义务教育艺术课程标准(2022年版)》p.9] 7.尝试在真实的情境中发现和提出问题,探索运用基本的数量关系、几何直观、逻辑推理和其他学科的知识、方法分析与解决问题,形成模型意识和初步的应用意识、创新意识[《义务教育数学课程标准(2022年版)》p.14]	【人文底蕴】明白垃圾分类是社会文明进步的标志,了解"人尽其才、物尽其用"所蕴含的智慧底蕴 【科学精神】学会通过分析、比较、综合等方法抓住简单事物的本质特征;能基于所学的知识提出具有新颖性及合理性的观点 【学会学习】培养学生乐于学习、勤于思考、合作共享的能力 【健康生活】学会对生活垃圾进行精准分类,养成节约资源、变废为宝的生活习惯 【责任担当】培养学生保护环境实现可持续发展的社会责任感 【实践创新】培养学生初步的构思、设计、实施和检验能力

(四)学情分析

(1)五、六年级的学生在日常生活中已具备一定的垃圾分类知识,同时也具备了一定的垃圾分类意识。在物质特性方面,学生了解磁铁有磁性等常识,沉与浮、轻与重也是学生日常生活中经常接触到的物质特性。

(2)五、六年级的学生在动手绘制设计图和制作模型方面具备能动性和创新性,在教师引导下能顺利完成作品。

(五)学习地图

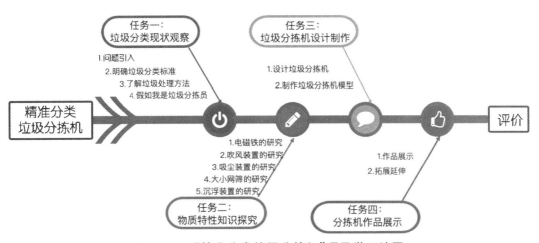

图 3-1-1 "精准分类垃圾分拣机"项目学习地图

(六)项目评价

1.过程性评价

表 3-1-3 "精准分类垃圾分拣机"项目过程性评价

评价维度	评价标准			自评	组评	师评	总评
	☆	☆☆	☆☆☆				
知识技能	基础知识不扎实;经常不能完成作业和项目	基础知识较扎实;能较好地掌握中等难度的知识和技能	基础知识扎实并能融会贯通;能熟练掌握学习方法进行分析、推理和运算				

续　表

评价维度	评价标准			自评	组评	师评	总评
	☆	☆☆	☆☆☆				
表现能力	讲话不清晰；缺乏肢体语言；没有创意；与倾听者无互动与交流	讲话有时不清晰；肢体语言使用有限；缺乏创意；偶尔与倾听者有目光交流	讲话有力，吐字清晰；肢体语言富有活力；富有创意；与倾听者有很好的目光交流				
合作共享	团队无分工；成员间缺乏沟通；没有问题解决渠道与机制	分工细致；个别成员融入团队不自然；有交流和沟通；对问题能提出一些解决方案	分工明确，彼此协作自然流畅；成员间彼此尊重、耐心倾听、互助共享；能对问题提出有效解决方案				
自主意识	目标不明确；学习观念淡薄；学习缺乏自觉性	有明确的目标；能较为自主地获取相应知识；缺乏独立思考的能力和方法	有明确的学习动机和目标定位；能做时间的主人；具有强烈的自我能效感				
创新表现	无独立思考的习惯；思维方式传统；解决问题方法单一	有独立思考的习惯；思维积极活跃；勇于尝试新方法	能创造新理念和方法；能将创意和方案转化为有形物品或对已有物品进行改进与优化				
人文情怀	对人类可持续发展的认识较弱；对他人的意见态度傲慢	注重生态与人类可持续发展的关联；尊重人的主体地位和个性差异	对生态环境和人类可持续发展十分重视；关心丰富多样的个体需求；对个体尊重与爱护				

注：适用于任务一、任务二、任务三、任务四。

2. 终结性评价

表 3-1-4　"精准分类垃圾分拣机"项目终结性评价

评价要素	评价标准			自评	组评	师评	总评
	☆	☆☆	☆☆☆				
可行性	作品设计思路与客观科学原理不符,没有进一步完成作品的方案和思路	作品设计思路大多符合科学原理,存在个别考虑欠佳无法达到预期目标的地方	作品完全符合科学原理,具有切实可行的特点				
功能性	作品无法将各类垃圾精准分开,大部分垃圾仍然混在一起	作品可以将大多数垃圾精准分拣出来,但还存在一两种垃圾分类困难	作品可以将涉及的所有垃圾进行精准分拣				
相似性	作品与设计图存在较大差异,无法直观地将设计图与作品关联起来	作品与设计图存在一些差异,看得出来作品是在设计图的基础上进行了少部分的修改	作品与设计图高度相似,几乎没有差异,只存在极少部分的改动				

三、项目实施

任务一:垃圾分类现状观察

1. 学习目标

(1)通过视频或图像对城市垃圾分类现状进行初步认识,了解垃圾分类标准。

(2)结合已有知识和教师提供的资料,初步了解垃圾分类的原因及不同垃圾的处理方法。

2. 核心问题

我们的垃圾分类处理现状如何?

3. 项目进程

环节一:问题引入

提问:同学们,你们所居住的社区以及我们的校园内是怎样进行垃圾分类的?社区、校园内分别设置了哪些种类的垃圾桶?它们的具体位置在哪?

引导学生观察社区及校园内的垃圾分类现状，了解垃圾桶的种类设置及位置设置等。

环节二：明确垃圾分类标准

（1）了解垃圾分类现状。

教师提示学生自主阅读相关资料，并进行网络查询，完成阅读资料上的相关问题，交流了解我国垃圾分类的现状。

（2）明确垃圾分类方式。

通过播放视频资料，引出垃圾分类主题，各小组就收集到的资料进行汇报与分享，掌握科学的垃圾分类方式。组织学生开展垃圾分类投放比赛，将结果记录在任务单中，加深对垃圾分类的认识。

环节三：了解垃圾处理方法

让学生先独立思考“垃圾为什么要进行分类”，然后，小组讨论大胆猜测垃圾分类的原因，最后进行全班交流。教师通过视频或图片的方式，向学生简单解说垃圾分类的原因和处理方法。

环节四：假如我是垃圾分拣员

让学生站在垃圾分拣工作人员的角度，思考并完成用户移情图及 POV 表。

4. 阶段性成果

学生对垃圾分类的现状有了较全面的了解，同时通过用户移情图及 POV 表发现了问题，针对发现的问题进行初步思考。学生掌握垃圾分类的方式，了解垃圾分类处理的方法。

图 3-1-2　用户移情图

我观察了	垃圾分拣员的工作
我发现了	
我猜想这可能是因为	
因此我觉得要解决的问题是	

⇨

我观察了	垃圾分拣员的工作
我发现了	很多人倒垃圾时都不分类，垃圾分拣员需要用夹子夹出来自行分类
我猜想这可能是因为	居民垃圾分类意识不强，不知道垃圾分类依据；怕麻烦
因此我觉得要解决的问题是	怎样能够减轻分拣员的负担，有效率地把垃圾分开分类后方便处理？

图 3-1-3　POV 表

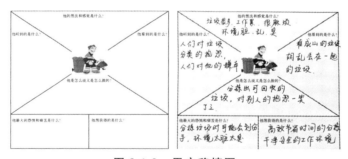

任务二:物质特性知识探究

1.学习目标

(1)探究电磁铁的性质,掌握电磁铁的制作方法。

(2)探究物体在水中的沉浮规律,学会利用物体的特性区分物体。

(3)初步了解吹风机、吸尘器的工作原理,掌握制作简单吹风装置及吸尘装置的方法。

(4)能根据物体的特性,设计制作满足特殊需求的分拣装置。

2.核心问题

校园垃圾分拣机分拣的垃圾都有什么特性?可以利用什么方法来分拣?

3.项目进程

环节一:电磁铁的研究

(1)电磁铁的特点。

教师组织学生通过制订对比实验研究方案,分别开展关于电池数量、线圈圈数、铁钉粗细对电磁铁磁性大小影响的实验,记录在系列任务单中。

表 3-1-5 电磁铁磁力与电流大小关系实验记录

电池数量	吸大头针数量/个				磁力大小排序
	第 1 次	第 2 次	第 3 次	平均数	
1 节					
2 节					
3 节					
我们的发现					
我们的表现	☆　☆　☆　☆　☆				

表 3-1-6 电磁铁磁力与线圈圈数关系实验记录

线圈圈数	吸大头针数量/个				磁力大小排序
	第 1 次	第 2 次	第 3 次	平均数	
10 圈					
30 圈					
50 圈					
我们的发现					
我们的表现	☆　☆　☆　☆　☆				

表 3-1-7　电磁铁磁力与铁钉粗细关系实验记录

铁钉粗细	吸大头针数量/个				磁力大小排序
	第 1 次	第 2 次	第 3 次	平均数	
直径 2cm					
直径 4cm					
直径 8cm					
我们的发现					
我们的表现		☆　☆　☆　☆　☆			

（2）电磁铁的制作。

在探究电磁铁性质的基础上，制作一款能吸引规定重物（不同重物）的铁制品筛选机，并在全班进行现场检验。

环节二：吹风装置的研究

（1）风力的研究。

学生独立思考如何在不用手直接接触物体的前提下，将任务单中的物体精准地分开；同时思考如何控制风力大小，从而将物体分开，将方法记录在表中。

表 3-1-8　物体精准分开方法记录

方法	小纸片	塑料片	小石子
风力大小	（　　）风	（　　）风	（　　）风
先后分开的顺序			
物体的特点			
我们的发现			
我们的表现	☆　☆　☆　☆　☆		

（2）吹风装置的制作。

师生探究便携式小风扇的工作原理，并让学生思考如何改进设计"可调节风力大小的吹风装置"，并进行记录、讨论、制作、检验。

表 3-1-9　吹风装置的设计

需要的材料	设计图
小马达（　　）个 导　线（　　）根 电　池（　　）节 开　关（　　）个 小叶片（　　）个	

续　表

我们的发现	
我们的表现	☆　☆　☆　☆　☆

环节三：吸尘装置的研究

（1）吸尘器的研究。

引导学生简单了解吸尘器的工作原理。

（2）吸尘装置的制作。

在设计和制作吹风装置的基础上，动手进行吸尘装置的设计与制作，测试其能否完成吸进小纸片的任务，并进行全班交流。

环节四：大小网筛的研究

（1）大小网筛的特点。

引导学生使用筛子达到分离不同大小物体的目的。引发学生对网筛孔径大小进行深入思考，并记录在表中。

表 3-1-10　物体精准分开方法记录

方法	黄豆	小米	沙子
网筛大小	（　　）孔径	（　　）孔径	（　　）孔径
先后分开的顺序			
物体的特点			
我们的发现			
我们的表现	☆　☆　☆　☆　☆		

（2）网筛的制作。

引导学生尝试编织能分离小米和黄豆的网筛装置，运用测量工具测量出小米和黄豆的直径大小，来设计和制作适当孔径的网筛，并进行效果测试。

环节五：沉浮装置的研究

（1）物体沉浮的研究。

教师出示表 3-1-11 中的物体，学生猜测、验证、记录沉浮情况，从而学会运用沉浮的方法在水中分离物体。

表 3-1-11　物体在水中的沉浮记录

名称	小石子	泡沫块	塑料块	回形针	蜡烛	空塑料瓶	萝卜	玻璃片
猜测								

名称	小石子	泡沫块	塑料块	回形针	蜡烛	空塑料瓶	萝卜	玻璃片
验证								
我们的发现								
我们的表现			☆　☆　☆　☆　☆					

（2）沉浮装置的制作。

本环节的任务是设计制作一款既能注水又能排水，还能将上浮和下沉物体分离的装置。将设计方案记录在表中，并制作出成品。

表 8-12　沉浮分离装置记录

需要的材料	设计图
水　　槽（　　）个 阀　　门（　　）个 水　　管（　　）个 旋 转 阀（　　）个 大 平 板（　　）个 ……	
我们的发现	
我们的表现	☆　☆　☆　☆　☆

4. 阶段性成果

学生在任务环节中完成了各类任务记录单，对物质特性有了更多的了解。

图 3-1-4　学生完成的各类任务单节选

任务三：垃圾分拣机设计制作

1. 学习目标

（1）根据已有知识初步制订垃圾分拣机设计方案。

（2）根据垃圾分拣机设计方案，利用工具和材料制作装置模型。

2. 核心问题

如何利用不同垃圾的特性设计并制作能精准分类的垃圾分拣机?

3. 项目进程

环节一:设计垃圾分拣机

教师出示表 3-1-13,让学生思考能精准分类 7 种垃圾的方法并记录。在各小组汇报交流后将设计图记录在表 3-1-14 中。

表 3-1-13 精准垃圾分类方法

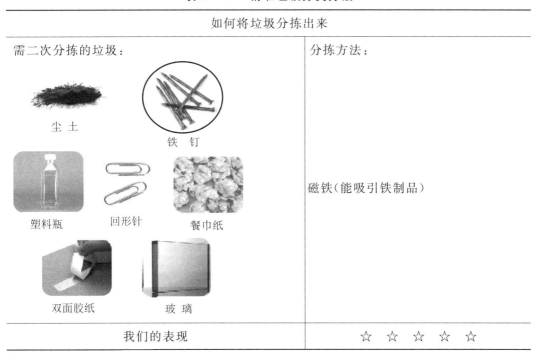

如何将垃圾分拣出来	
需二次分拣的垃圾: 尘 土 铁 钉 塑料瓶 回形针 餐巾纸 双面胶纸 玻璃	分拣方法: 磁铁(能吸引铁制品)
我们的表现	☆　☆　☆　☆　☆

表 3-1-14 设计垃圾分拣装置

设计垃圾分拣装置
评价标准: ①可行性/方法科学合理　　　　　(　　　) ②功能性/精准分拣多种垃圾　　　(　　　) ③相似性/模型与设计一致　　　　(　　　) (注:达成标准的在对应的括号中打上"☆"。)

装置名称:＿＿＿＿＿＿＿＿＿＿＿＿＿＿＿

装置功能:能精准分拣出＿＿＿＿种垃圾。

我们的表现	☆　☆　☆　☆　☆

环节二：制作垃圾分拣机模型

教师提供如保鲜袋芯、珍珠海绵、瓦楞纸、双面胶、剪刀、小刀、吸管、纸板、卡纸、超轻黏土、胶带等材料，在传送带模型上，根据垃圾分拣机的设计图来制作模型，并汇报交流。

4. 阶段性成果

学生在项目进行过程中，通过小组合作，讨论并绘制出垃圾分拣装置的设计图；根据设计图，利用教师提供的手工材料制作出垃圾分拣装置的模型。

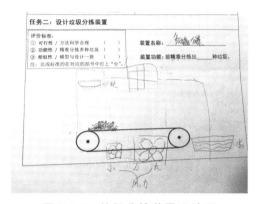

图 3-1-5　垃圾分拣装置设计图

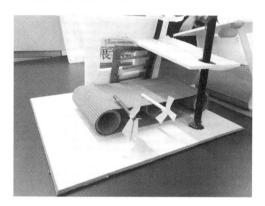

图 3-1-6　垃圾分拣装置模型

任务四：分拣机作品展示评价

1. 学习目标

(1)培养学生语言表达、学会倾听和质疑解惑的能力。

(2)评价学生对此项目的掌握和运用的程度。

(3)了解新型垃圾分拣智能化，知道垃圾分拣出来后回收的目的。

2. 核心问题

哪个小组的垃圾分拣机模型能最有效地进行垃圾精准分类？为什么？

3. 项目进程

环节一：作品展示

各团队围绕可行性、功能性、相似性就作品进行介绍和展示，其他小组和教师作为评委进行评价，并完成团队倾听记录表。

表 3-1-15　分拣机作品评价表

评价要素	第一名	第二名	第三名	第四名	第五名	第六名
可行性	第＿＿＿组					
功能性	第＿＿＿组					
相似性	第＿＿＿组					
介绍优劣	第＿＿＿组					
我们的成绩	根据各小组的汇报展示和打分排名： 我们小组"可行性"第＿＿＿名；"功能性"第＿＿＿名； 我们小组"相似性"第＿＿＿名；"介绍优劣"第＿＿＿名					
我们的表现	☆　☆　☆　☆　☆					

环节二：拓展延伸

（1）评价与改进。

教师引导学生进一步找出和分析作品的不足之处，尝试为实现更理想的效果改进方案。各小组总结过程中的收获，反思存在的不足，找出解决的方法，完成展示成果改进表，进一步优化和改进模型。

（2）了解新型垃圾分拣装置。

让学生通过网络查找有关垃圾分类的最新智能科技与新闻资讯，从新型垃圾分拣机中找到它们的优势，提出自己的困惑。组织小组交流，共同学习先进理念，改进不足。

4.阶段性成果

学生通过展示汇报了解了各组模型装置的优势和需要改进的地方，并根据评价标准进行了作品评价，形成团队倾听记录表。通过精准分拣测试，了解各自装置存在的问题，交流讨论后明确了改进办法，形成了展示成果改进表。

图 3-1-7　团队倾听记录表

序号	成果展存在的问题	可以改进的具体建议	可以寻求的资源
1			
2			
3			
4			
……			

序号	成果展存在的问题	可以改进的具体建议	可以寻求的资源
1	人工智能如何实现	利用信息技术和电子元件	信息技术老师、网络
2	机械臂自动抓取问题	利用齿轮和杠杆	科学老师、图书、网络
3	设计图绘制不清	使用尺规、文字标注	设计相关的网络、图书
4			
……			

图 3-1-8　展示成果改进表

经过方案的评价,结合同学提出的改进意见,各组就自己的作品进行进一步改进,形成改进后的设计图,并根据设计图再次制作改进后的垃圾分拣机模型。

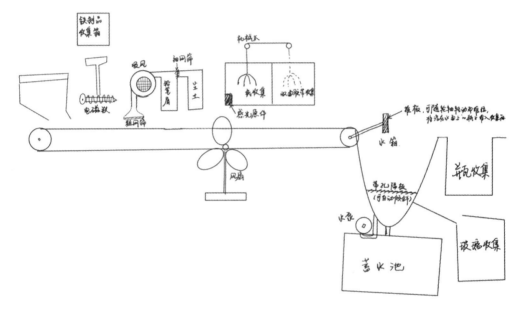

图 3-1-9　改进后的垃圾分拣机设计图

图 3-1-10　改进后的垃圾分拣机模型

三、项目反思

(一)学生学有所思

入项之初学生面对杂乱的垃圾无从下手,在教师的引导下学生从了解垃圾分类到学会利用学过的知识把垃圾一一精准分拣出来,整个过程中我们看到了学生的努力和坚持,看到了学生的聪明与创造,每个学生都有自己的想法与感悟。一路上困难重重,尤其是各种分类装置的设计与测试,十分考验学生的综合能力。但是大家在困难面前不退缩,在挫折面前不低头,小组成员团结一致,全班同学互相交流,最终一次次地解决了遇到的问题。相信学生们会将这种勇于探索的精神带到学习与生活中去,勇于行动,敢于实践,创造的天地定比想象的要大得多!

(二)教师教有所思

整个项目活动融合各学科知识,垃圾分类涉及的各类物质特性,分拣装置设计制作时涉及的技术、数学知识等都需要教师提前有全方位的把控。项目活动不仅能全面提升学生跨学科学习的综合素养,对教师也提出了更高的要求与挑战,除了需要具备较强的课程设计能力、多学科整合能力、信息技术运用能力以外,还要求教师从多学科的视角进行高位设计,这对教师今后的专业成长具有推动作用。我们可以看到学生的潜能在项目化学习中被充分激发,学生完成的垃圾分拣机设计图和实物模型中有很多设想都是切实可行的,优化后的实物模型传送装置甚至可以真的动起来。机械化甚至智能化的精准垃圾分类是时代发展的趋势,学生们的设计与创想已与时代同步。"创新"这一育人关键词再一次深刻地叩响了教师的心门。

(三)项目成效与困惑

在设计和制作精准分类垃圾分拣机的过程中,学生要进行一系列的讨论和实践,经常会出现意见的分歧和激烈的讨论,甚至陷入僵局。如何引导学生站在他人的角度,运用同理心去思考问题,让学生学会合作和互相学习是项目推进过程中的一个难点。同时,在设计与制作中为让各小组的作品更加完善,需要经历不断迭代更新的过程,模型制作的过程也比较耗时耗力。

地铁站零碳采光系统的设计与模型制作

湖州市第四中学教育集团　吕灿琳

一、项目简介

为促进学生关注绿色生态,关心能源浪费现象,本项目围绕如何帮助湖州政府为在建的德清地铁站设计零碳采光系统这一问题展开。首先,梳理信息,总结核心要素;其次,拆解任务,设计采光方案;再次,初步测试后,优化导光材料和导光理念,增设智能照明装置,完善零碳采光系统;最后,制作低碳海报,走进社区推广新兴科技和低碳理念。本项目结合低碳环保理念,引入"碳中和"等热点词汇,综合运用光学、电磁学等知识解决问题,最终提升学生的服务意识和社会责任感。

项目时长:7课时,40分钟/课时,共280分钟。

涉及学科:科学、艺术、技术。

涉及年级:七年级、八年级、九年级。

二、项目规划

(一)驱动性问题

作为一名节能优化师,如何为在建的德清地铁站设计并制作一套"白天零碳采光、夜晚智能照明"的零碳照明系统模型?

（二）核心概念

表 3-2-1　"地铁站零碳采光系统的设计与模型制作"项目核心概念

类型		核心概念
学科	科学	物质的运动与相互作用、能量转化与能量守恒
	艺术	创造美和鉴赏美
	技术	技术及其性质、系统与设计
跨学科		结构与功能、物质与能量

（三）学习目标

表 3-2-2　"地铁站零碳采光系统的设计与模型制作"项目学习目标

学科目标	素养目标
1.了解波在信息传播中的作用,了解光的直线传播、反射定律、折射现象及其特点,能运用光学知识解决实际问题[《义务教育科学课程标准(2022 年版)》p.38] 2.知道电路的基本组成,会画电路图。会连接简单的串联和并联电路,认识通电导线周围存在磁场[《义务教育科学课程标准(2022 年版)》p.37] 3.学生知道并应用能量守恒定律。了解太阳能的意义,认识新能源的开发和利用的重要意义,树立节能和提高能源效率的意识[《义务教育科学课程标准(2022 年版)》p.44-45] 4.熟悉技术设计的一般过程,经历发现与明确问题、制订设计方案、制作模型或原型、优化设计方案、编写技术作品说明书等技术设计环节的实践。[《义务教育通用技术课程标准(2022 年版)》p.12] 5.引导学生创造性地表达对自然的感受,学生能自主为社会需求设计作品,形成设计意识,增强社会责任感[《义务教育艺术课程标准(2022 年版)》p.12]	【文化理解与传承素养】通过了解我国复合材料发展史,体会自主创新达到世界先进水平的不易,激发民族自豪感 【审辩思维素养】在方案设计过程中能从不同角度不断提出新问题,能借助证据、合理的推理形式进行有效论证,形成问题解决方案 【创新素养】能大胆质疑,从不同视角提出解决方案,采用新方法、新材料完成实验设计与模型制作,培养创新精神 【沟通素养】能接受别人的批评意见,反思、调整自己的设计方案;愿意表达和分享自己的想法 【合作素养】能综合考虑小组成员意见,形成集体观点;能主动积极承担分内责任,有效推动团队目标的最终实现

（四）学情分析

（1）在知识方面,初中学生具有一定的光学、电磁学、能量转换等科学基础知识储备,了解了技术与工程等领域的一些常见基础知识。

（2）在技能方面，初中学生具备了一定的科学思维能力，有一定的动手能力，能进行简单的科学探究以及技术与工程实践。

（3）初中生要对社会现实问题关注少，学科上缺少大概念的统合，他们往往将实际与学习割裂开来，开展和实施本项目能帮助学生解决以上困难和问题。

（五）学习地图

图 3-2-1 "地铁站零碳采光系统的设计与模型制作"项目学习地图

（六）项目评价

1. 过程性评价

表 3-2-3 "地铁站零碳采光系统的设计与模型制作"项目过程性评价（一）

主要指标	评价标准			自评	互评
	☆	☆☆	☆☆☆		
分工合作	小组有分工，但对自己的职责不清，与同组伙伴没有合作	小组有分工，清楚职责，但不能履行到位，与同组伙伴合作偶有不畅	小组分工明确，能准确、清晰地完成自己的任务，一直有合作，合作效果良好		
实验方案设计	无设计图，凭空设计，缺少详细的实验方案	有设计图，有粗略的实验方案，但缺乏相应的文字和标注	有设计图，有详细的实验方案和步骤，并能做出相应的标注		
创新思维	缺乏创造力和想象力，没有突破	有一定的独特想法，但没有突破	有创造力和想象力，且有所突破		

续　表

主要指标	评价标准			自评	互评
	☆	☆☆	☆☆☆		
模型制作	能基本完成模型制作，但完全脱离原本的设计方案	完全能按照设计方案完成模型制作	在修改测试过程中能完善模型，并能相对应地修改完善设计方案		

表 3-2-4　"地铁站零碳采光系统的设计与模型制作"项目过程性评价（二）

主要指标	评价标准			自评	互评
	☆	☆☆	☆☆☆		
功能设计	没有考虑到智能感光的要求	考虑了智能感光，但设计的光敏电路有一定的问题	搭建的光敏开关能起到智能感光的作用，电路自动断开和闭合		
电路搭建	无法完成基本的电路连接	能基本完成电路连接，但连接顺序有误	电路连接的顺序、元件均无误，电路能按要求工作		
小组互评	学习过程中对其他小组的方案几乎没有想法	学习过程中对其他小组的方案有想法，有部分记录	学习过程中善于比较所有方案，能找出各种方案的不足与优势		
展示表达	能基本展示本组实验设计方案稿	能展示并解说本组实验设计方案稿	能展示并能具体、准确地解说本组实验设计思路和方案稿		

2. 终结性评价

表 3-2-5　"地铁站零碳采光系统的设计与模型制作"项目终结性评价

维度	评价标准			评分
	☆	☆☆	☆☆☆	
方案图纸	绘图不清晰，无尺寸标注，比例不合理	绘图清晰，有改进方案，在设计图上标注材料及其区域的功能，比例合理	绘图清晰，有改进方案，标记材料、各区域尺寸、功能区简介，比例合理	
光照度	光照强度太弱，几乎无法照亮模型	光照强度比较强，能照亮模型，但亮度仍旧没有达到标准	引入足够的光照照亮模型内部的空间，完全符合国家标准	

续　表

维度	评价标准			评分
	☆	☆☆	☆☆☆	
光照区域	能照亮的区域面积太小	能照亮一定的区域,但不能照亮整个模型	能照亮模型内部的全部区域,符合设计要求	
光照时间	光照时间太短,角度设置不合理	光照时间足够,但不能维持一整天	光照时间足够,可稳定维持一整天	
角度调节	无法调节光照角度	能调节光照角度,但不能实现任意角度调整	能随意调节光照角度,实现全方位照明	
成本控制	材料成本较高	使用了一些循环利用或者生活中容易取到的材料,减少成本	合理控制成本,能够做到取材方便、循环利用	
美观	几乎没有对装置进行美观设计	对装置进行一定的美观设计,比如色彩搭配等	装置设计感较强,考虑了造型、色彩等	
展示交流	单人展示,且表达不够清晰	大部分成员展示,讲解内容较完整且原理清晰	全员展示,讲解清晰,能够对成本、材料、原理、效果等进行详细阐述	

三、项目实施

任务一:调查梳理信息,总结核心要素(入项)

1.学习目标

(1)学会利用网络工具检索地铁站能耗的相关资料。

(2)能够借助 5W2H 分析法、问题树等思维工具梳理调查获得的信息。

2.核心问题

如何利用调查获得的信息对项目细化拆解,从而确定采光系统的核心要素?

3.项目进程

环节一:网络检索

课前通过网络搜索、检索论文等形式了解地铁站的能耗情况。如:地铁站在哪些方面能耗巨大?地铁站与普通建筑在能耗上相比有什么异同?等等。

环节二:鱼缸学习

梳理调查获得的信息,利用鱼缸学习的方式在组内交流。

环节三：梳理信息，拆解任务

利用5W2H分析法、问题树分析法分解项目，并记录。汇总学生的记录结果后发现，本次项目的主任务可以分为两部分：①白天如何利用太阳光实现零碳采光；②夜晚如何利用智能电子照明辅助，从而使白天和夜晚都尽量节能减排，实现碳中和。这两部分的任务又可以进一步拆解。

环节四：绘制思维导图，获得评价维度

学生根据拆解后的任务绘制思维导图，交流分享后一起总结采光系统的核心要素，将核心要素作为本项目评价的维度。

4.阶段性成果

(1)学生能利用5W2H分析法、问题树分析法对项目任务进行细化拆解。

(2)学生自行绘制思维导图，从而总结评价采光照明系统的核心标准。

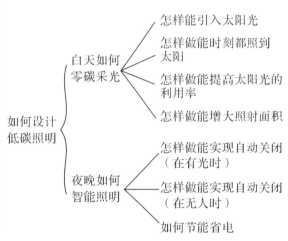

图 3-2-2　5W2H 分析法记录表　　　图 3-2-3　问题树分析法分析设计

图 3-2-4　照明系统的核心要素

任务二：设计零碳方案，捕获自然光线

1.学习目标

(1)学会综合应用光的直线传播和光的反射原理来解决实际问题。

(2)通过绘制方案设计稿提升学生的设计、绘图等能力。

2. 核心问题

如何将地面上的太阳光引入地下,供给地铁站照明?

3. 项目进程

环节一:头脑风暴,设计采光方案

引导学生从原理、结构示意图、模型制作、方案优势、待解决的困难等方面入手,思考如何将地面上的太阳光引入地下。实际教学中,各小组提交了不同的设计方案,但从原理上来说主要分为两种。

表 3-2-6　项目方案设计

设计	方案一(光的直线传播原理:"凿壁偷光")	方案二(光的反射原理:"潜望镜引光")
设计原理	光在同种均匀物质中是沿直线传播的	利用平面镜进行光的反射改变光传播的方向
设计主体	地面上凿一个洞,利用一根通光管连接到地下,使光沿着通光管进入地下层,在管子的上方覆盖透明玻璃	在地面和地下之间放置一个大型的潜望镜,通过平面镜的多次反射,将地面上的光引入地下层,在镜筒的上方也覆盖透明玻璃

环节二:光照效果的体验与初测

各组按照自己的方案制作模型,并将模型安装在纸盒上,将整套模型放在手电筒(模拟太阳光)下进行测试,初步验收采光效果。

环节三:分享交流

(1)各组展示并介绍自己的方案和模型,分享设计过程。

(2)思考如何定量测试采光效果。教师提供帮助:播放光度计使用介绍视频。

(3)各组测试员再次上台利用光度计对其他小组的模型采光效果进行测试,记录在问题清单上,同时提出改进建议。

环节四:提出初步迭代建议

建议一:对镜筒上方的透明玻璃进行防污防水处理。

建议二:潜望镜可以改变光的方向,除了能引入垂直照入的光以外,还能引入其他方向的光,照明性能上优于单纯的通光管。

建议三:可以在潜望镜中多加几块平面镜,使镜筒多弯折几次,使各个方向上的光都能引进来。

建议四:在镜筒内壁贴上不锈钢内胆,效果上等同于贴了 n 块平面镜,直接进行多次反射,增加光照强度。

4.阶段性成果

(1)绘制零碳采光系统方案设计稿。

(2)利用方案分享交流表进行交流与评价。

(3)梳理填写问题清单。

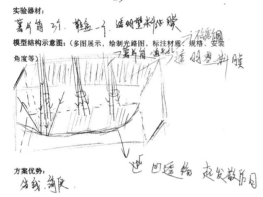

项目设计理念	光的反射。利用平面镜反射光进入地下室。平面镜可以改变光传播的方向。
小组设计过程中遇到的困难	太阳高度角会发生改变，无法做到时时刻刻都能正好将太阳光反射进入地下室，需要调节平面镜。
其他小组认为方案有哪些问题	1.缺少防污处理装置。2.没考虑地面垂直。3.时刻手动调平面镜角度进行理想化。
如何解决问题	1.在管中贴满平面镜，实现多次反射，反射各个方向进来的光。2.寻找表面光滑度软的材料替代平面镜。

图 3-2-5　零碳采光系统方案设计稿　　　　图 3-2-6　方案分享交流表展示

已知问题	需知问题	优化问题	下一步计划

图 3-2-7　问题清单展示

任务三:优化导光材料,延长采光时间

1.学习目标

(1)通过评价比较再修改的方式突破对各种光学原理的辨析这一难点。

(2)通过不断反思迭代的方式提升学生的审辩思维素养。

2.核心问题

如何从核心要素出发,迭代优化 1.0 版采光系统,从而延长采光时间?

3.项目进程

环节一:完善方案稿,优化导光材料

各组对装置所用的材料、选择该材料的理由、装置部件的功能等进行标注。

环节二:模拟制作光导管,测试效果

提供镜面贴纸模拟镜筒内壁的不锈钢材质内胆,再次测试盒子中的光照强度,同时介绍光导管的组成,视频展示湖州新建的中心医院地下车库使用的光导管。

环节三:展示与交流

学生列举在实际使用中2.0版的不足之处。总结发现主要有以下几个问题:①光导管无法弯曲调节,不能随意调节角度,无法实现室内各个方向各个角落的照明,照明区域有局限性;②由于太阳东升西落,无法确保获取稳定的光照;③通光量还不够,光照强度有待加强;④部分小组光导管过细,照明面积过小。

4.阶段性成果

(1)完成零碳采光系统2.0版方案设计稿。
(2)绘制雷达图,汇总2.0版模型的优势与不足。
(3)完成产品测试优化记录表。

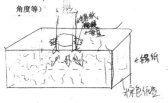

图 3-2-8 零碳采光系统 2.0 版方案设计稿　　图 3-2-9 雷达图

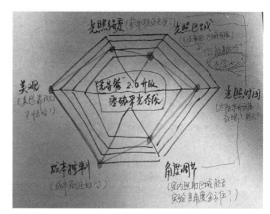

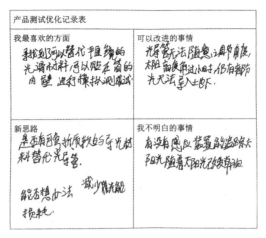

产品测试优化记录表

我最喜欢的方面	可以改进的事情
手找到了可以替代平缠绕的光谱材料，尽以贴在筒的内壁，进行模拟测试。	光导管无法随意调节角度，当阳角度过小时，所有的光无法射入地下。
新思路 是否有弯折质软的S导光材料替代光导管。 能否想办法 减少光能 损耗.	**我不明白的事情** 有没有感应装置能跟踪太阳光，随着太阳光改变角。

图 3-2-10　产品测试优化记录表展示

任务四：迭代导光理念，减少光能损耗

1. 学习目标

学生通过了解仿生学，体会反思迁移对于研发产品的重要性。

2. 核心问题

如何利用光导纤维的工作原理迭代优化 2.0 版？

3. 项目进程

环节一：阅读拓展——了解全反射和光导纤维通信技术

通过微课学习全反射的原理，了解光纤通信技术。

环节二：创新坐标——反思与优化迭代

小组讨论思考利用高科技光导纤维代替光导管的优势和需要解决的问题。

总结发现优势：①利用全反射，使得引入的光足够多，增加利用率；②纤维柔软，可以随意切换方向，使房间内任何角落都能照到光；③对使用高度没有限制。

待解决的问题：①光导纤维管径太细，接收的阳光不够多；②管径太细也会导致照亮的区域面积比较小，发光点过于集中；③太阳东升西落，无法获取稳定光照。

讨论解决方案，并记录在创新坐标中。

环节三：制作模型 3.0 版本

总结学生的图纸和模型，主要对 3 个方面进行优化：①在光导纤维的上端安装凸透镜，利用凸透镜折射会聚光线的特点，增加光照强度；②在光导纤维的下端，即在房间的端口上安装凹透镜，利用凹透镜折射发散光线的特点，扩大光照射的面积，降低成本；③在光导纤维最上端安装阳光追踪器，模仿向日葵，因为光导纤维柔软，所以也能较好地追踪阳光，绕着太阳旋转。

环节四："奔驰法"交流评价

小组汇报时利用奔驰法展示，小组互评。

4. 阶段性成果

(1)完成 3.0 版方案设计稿。

(2)绘制创新坐标，再次完善方案。

(3)完成奔驰法分析表，小组汇报。

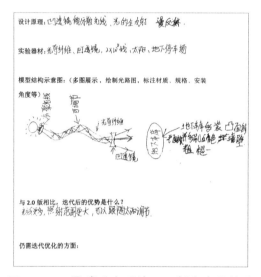

图 3-2-11　零碳采光系统 3.0 版方案设计稿

图 3-2-12　创新坐标

思考维度	维度分析及改进
替代	用光导管替代平面镜后，光能在内部发生多次反射，增加导光的强度。但光导管无法弯折，调节不方便，所以用光导纤维进行替代，替代后能随意调节方向。
合并	地面上需要加设透明玻璃同时进行防污处理，而光导纤维太细，太阳光进入的太少，需要加设一个聚光装置，两者正好可以合二为一，在光导纤维前增加一个凸透镜既起到了聚光的作用，又能作为防污玻璃。
改造	光导纤维较细，所以照亮的范围不够大，可以通过增加一块凹透镜，发散光，既扩大了照明范围，又能使光不那么刺眼。
修改	为了延长光照的时长，需要一个阳光追踪器，像向日葵一样时刻追踪到阳光并跟随其转动。
改变用途	光导纤维在日常生活中经常用来进行通信，原因是光导纤维中能量损耗非常小，使得很多所传的信号都能够传过来。利用这个特点，本项目将光导纤维用来传播光，进行照明。
去除	太阳光是复色光，其中有一些光对人体并没有好处，可以在人为处理后，将这些光过滤除掉。
逆向或重组	如果晚上照明强度不够，可以利用电灯来补光，而电的来源可以来自于太阳能电板白天经过光电转换，再转换后储存的化学能

图 3-2-13　奔驰法分析表展示

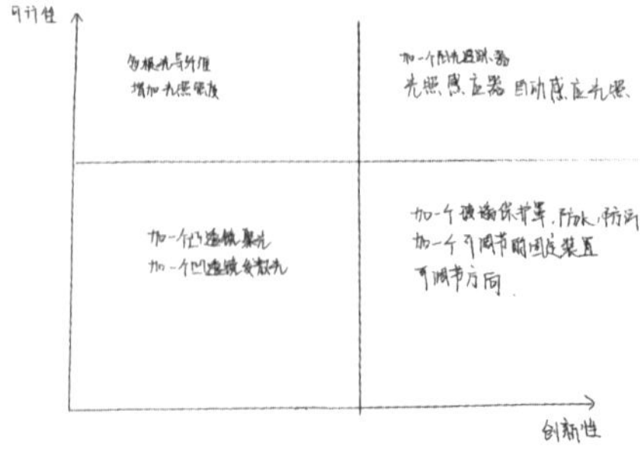

任务五:增设智能系统,实现夜间补光

1. 学习目标

通过利用光敏电阻组装电磁继电器的过程,培养学生的探究实践素养。

2. 核心问题

如何设计并绘制光敏智能电路图,使电子照明在阳光不足时辅助工作?

3. 项目进程

环节一:绘制智能电路图

小组讨论方案后提出:利用光敏电阻结合电磁继电器的原理,设计一个光控感应开关加到原本的电路中,使照明系统更加自动节能。

环节二:迭代优化

为了符合零碳的标准,如何让智能电路使用的电能最终也来自太阳能呢?学生提出了加装太阳能电池板的方案。小组利用问题树分析法分析加装太阳能电池板需要考虑的问题,并讨论解决这些问题。

环节三:实验探究,电路测试

利用电学实验箱以及光敏电阻、电磁继电器连接电路模拟地铁站的智能电子照明系统,并进行感应测试。

环节四:成果展示与评价

各组演示电路能否智能感应切换工作状态,并评价打分。

4. 阶段性成果

(1)完成点子沟通表,在组内交流方案。

(2)利用问题树分析法分析如何加装太阳能电池板。

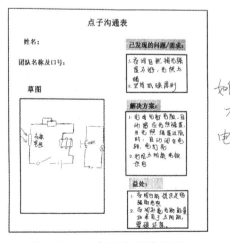

图 3-2-14　点子沟通表展示

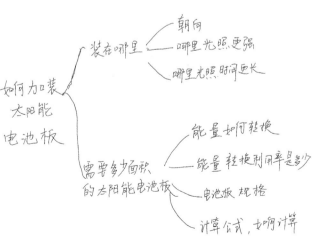

图 3-2-15　问题树分析法

任务六:展现项目成果,推广低碳理念(出项)

1.学习目标

(1)通过撰写团队小结,培养学生的合作沟通素养。

(2)通过走进社区推广低碳理念,培养学生的科学态度和社会责任意识。

2.核心问题

如何更有条理地总结项目,呈现项目成果,推广低碳理念?

3.项目进程

环节一:总结反思

组内梳理总结,填写团队小结。回顾整个项目的经历,分享收获和遇到的困难,填写反思清单,总结内化学习,再以回转讨论站的形式进行复盘反思。

环节二:产品展示

发布竞标书、评分细则后,展示和演绎小组的产品设计理念和产品工作过程。由专家、教师、同学进行评价打分,获胜的小组竞标成功。

环节三:宣传低碳理念

结合碳中和的相关知识,制作低碳宣传海报,走进社区推广宣传低碳环保理念。

4.阶段性成果

总结后填写团队小结和反思清单。

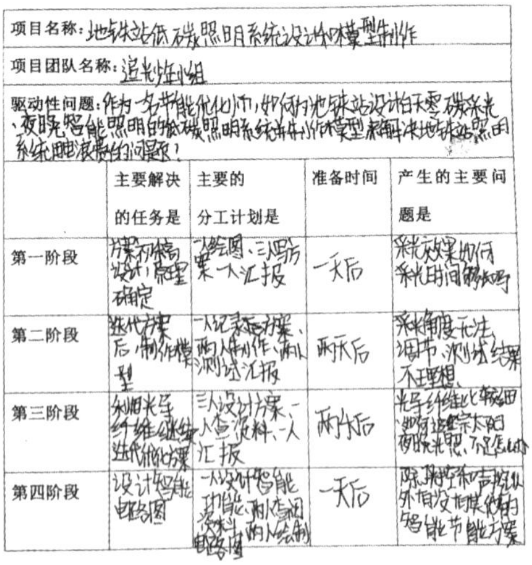

图 3-2-16 团队小结

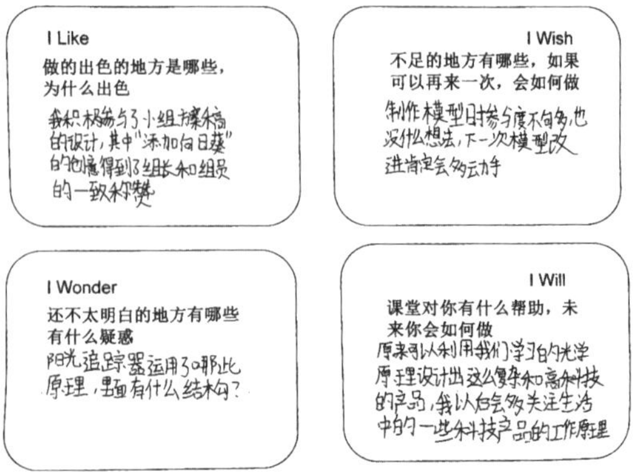

图 3-2-17 反思清单

四、项目反思

(一)学生学有所思

在项目过程中,学生通过充分自由表达、质疑、探究和讨论等多种解难释疑尝试性活动,通过一次又一次迭代,积极寻求解决问题的方法,形成"起疑→质疑→解疑→创新"的迭代优化活动链。在迭代过程中,学生需要结合每次任务的深度评价综合考虑后保留个性化的设计,再对自己的方案进行修改迭代。这一过程思维含量高,学生往往难以取舍。在优化方案解决问题时,学生需要不断创新和动手实践;而部分学生的想法过于单一,仍需不断提高发散思维能力。

(二)教师教有所思

本项目层层递进,引导学生不断地迭代修改,最终版本的方案接近于上海虹桥地铁站真实使用的采光照明系统。项目开展过程中会介绍到光导管、光导纤维等新兴科技材料,所以教师需要有足够的科技知识储备,在课堂上要有灵活变通的能力,要善于抓住课堂生成的内容,直指学生的痛点,促进学生的深度学习。因此,本项目对教师提出了更高的要求与挑战,需要教师站在更高的角度进行顶层设计,统揽整个项目。正是通过这样综合性强的跨学科项目的开展,教师重新认识了课程标准,在日常教学中也有了新的尝试,这也是开展项目化学习的意义所在。

(三)项目成效与困惑

在"光感辅助照明系统的设计与制作"这一任务中,学生不但要识别并画出简单的电路图,还需要根据真实的情境和特殊的需求设计电路图,同时要用到太阳能电池板并进行一定的计算,最后利用现有的电器元件组装、搭建电路。这几项任务难度较大,所以这项任务的完成效果不够理想。但如果缺少了这些环节,对于零碳照明系统的设计又显得非常不完整,过于理想化。所以如何更好地引导学生开展这一任务,也是教师需要继续思考探索的问题。

未来社区多功能雨水回收浇灌装置

湖州市第三幼儿园　曹　懿

一、项目简介

本项目基于课程主题活动"我的家乡"而产生,学生们在社区发现泥土干裂、花草枯萎、滑梯脏、观赏池里的水有点少等生态问题。针对水资源的循环利用、节能环保理念,通过对社区水需求的整体情况调查,了解雨水回收浇灌装置的基本结构、原理,设计、制作、优化改进雨水回收浇灌装置。通过本项目的学习,学生们对自己改进的社区环境有舒适感、成就感、归属感,从而形成生态保护的意识。

项目时长:6 课时,35 分钟/课时,共 210 分钟。

涉及学科:科学、社会、艺术。

涉及年级:幼儿园中班、大班。

二、项目规划

(一)驱动性问题

针对社区生态环境问题,如何设计一款具有节能环保、雨水收集、浇溉功能的装置?

(二)核心概念

表 3-3-1 "未来社区多功能雨水回收浇灌装置"项目核心概念

类型		核心概念
学科	科学	科学探究、数学认知
	社会	社会适应
	艺术	感受与欣赏、表现与创造
跨学科		结构和功能、系统与模型

(三)学习目标

表 3-3-2 "未来社区多功能雨水回收浇灌装置"项目学习目标

涉及学科	学科目标	素养目标
科学	1.能对自己发现的问题刨根问底;乐意动手动脑寻找问题的答案;探索中有所发现时感到兴奋和满足 2.能根据自己的项目需求进行调查,搜索资源;并能用数字、图画、图表或其他符号记录;探究中能与他人合作与交流 3.能发现装置的结构与功能之间的关系;初步了解人们的生活与自然环境的密切关系,知道保护环境	【科学精神】亲近自然,喜欢探究;具有初步的探究能力,在探究中认识周围的事物和现象 【实践创新】在自然和实际生活中,通过观察、比较、操作、实验等方法,培养发现问题、分析问题和解决问题的实践创新能力
社会	1.有问题愿意向别人请教;活动时能与同伴一起思考、交流,遇到困难能一起克服 2.知道别人的想法有时和自己不一样,能倾听和接受别人的意见,不能接受时会说明理由,与别人看法不同时敢于坚持自己的意见并说出理由 3.爱护身边的环境,注意节约资源 4.能说出自己家所在地的省、市、县(区)名称,知道当地有代表性的物产或景观;能感受到家乡的发展变化并为此感到高兴	【健康生活】愿意与人交往,能与同伴友好相处;具有自尊、自信、自主的表现;能遵守基本的行为规范;具有初步的归属感
艺术	1.乐意设计、装饰装置,有自己的想法 2.愿意和别人分享、交流自己的作品和体验,感受美的事物	

(四)学情分析

(1)中、大班年龄段的孩子对物体的结构与功能的关系有一定了解,在项目实施过程中,孩子们能进行学习迁移,解决问题和增长知识。

(2)中、大班年龄段的孩子动手能力、合作意识明显增强,能通过与同伴的探讨、协作,初步将自己的思维、想法物化,实现雨水回收灌溉装置及模型的建构。

(3)中、大班年龄段的孩子,需补充生态环境与人类生活关系的知识,补充装置集水、过滤和存储等功能方面的知识和装置结构稳定、拼接方面的知识。

(五)学习地图

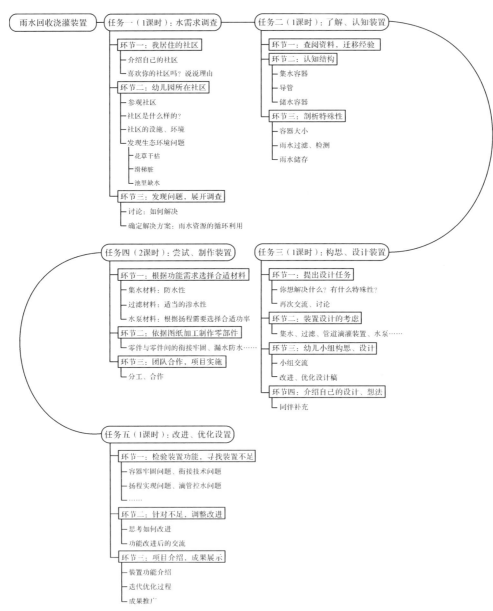

图 3-3-1 "未来社区多功能雨水回收浇灌装置"项目学习地图

（六）项目评价

1.过程性评价

表 3-3-3　"未来社区多功能雨水回收浇灌装置"项目过程性评价

评价维度	评价标准			得☆数
	☆	☆☆	☆☆☆	
知识储备	不乐意围绕装置与原理进行查阅资料等	乐意围绕装置与原理查阅资料或者进行现场了解	会主动查阅资料、现场查看了解相关知识，并进行经验迁移	
方案设计	无设计方案的意愿；设计方案无指向性	提出的项目方案可对问题进行少部分的解决，对问题的解决有所偏离；有设计草图，但设计草图缺乏科学性、严谨性	提出的项目方案能较好地对问题进行解决；有设计草图并且具有科学性、指向性，方案创新性、落地性强	
技术使用	自己无法操作制作完成；无运用相关技术解决问题的能力	能够利用材料制作，有一定的成效；尝试利用技术经验，即有经验的迁移或转换能力	能成功利用材料完成作品；有灵活运用迁移的技术	
材料选择	没有根据装置特点、需求合理选择材料（防水、容量）	能根据要制作的作品合理选择材料；有使用材料的个性化表现	材料选择合理，能解决储水、浇灌问题；材料选择有创新，且美观、实用、牢固	
发现问题	在操作中，缺乏发现问题的能力	在操作中，发现的问题价值不大，或者缺少真实性，发现问题意识不强	能解决实际问题，在操作中发现问题，并想办法针对性解决问题，体现创造性和新颖性	
批判性思维	无自己的想法、思维体现	在项目实施中，有自己的思维、想法，能初步根据自己的思维进行尝试、改进、优化	积极思考，有想法，有实现和尝试的过程体现，能主动质疑并尝试解决	

评价维度	评价标准			得☆数
	☆	☆☆	☆☆☆	
创造性思维	缺乏创造力和想象力,没有新的思路、想法,没有突破	问题解决、材料使用、设计思路有自己的想法和创新性	材料的使用、装置的设计等极富有创造性,并且合理	
协作与沟通能力	小组分工不明确;独自工作,小组成员之间缺少沟通	小组分工明确,但不知道自己的分工;小组成员之间有一定的沟通交流,但缺少对他人建议的思考	小组分工明确,每个成员都能完成自己的任务;能认真对待每个成员的建议,有选择地接受,改进设计	
优化改进	没有合适的方法进行作品的优化和改进	有调整、测试、改进的方法;能在教师指导下进行适当优化	有明确的科学原理或数据依据;能够独立进行调整、测试和改进	

2. 终结性评价

表 3-3-4　"未来社区多功能雨水回收浇灌装置"项目终结性评价

评价维度		评价标准			得☆数
		☆	☆☆	☆☆☆	
作品	外观	操作后难形成自己的作品,粗糙、不美观	考虑了作品美观,但还有一定差距	作品工艺良好,外观设计精致	
	功能实现	不能实现储水、浇灌功能	基本实现储水、浇灌功能,但是出现储水量少、浇灌无法精准实现等问题	能有效解决储水问题,具备浇灌等所需功能	
作品	结构稳定	作品结构不稳定,易散架	作品结构较稳定,部分接触点不牢固,有倾斜等现象	作品结构牢固,稳定性高	
小组展示		在交流展示中,小组能表达但过于简洁	小组进行展示,但是不具体,部分显得混乱、无意义	声音洪亮,成果展示突出本次项目化学习的收获,整体逻辑清晰	

三、项目实施

任务一:水需求调查

1. 学习目标

(1)参观社区,感受社区环境的美丽、整洁与生态环境之间的关系。

(2)尝试对社区水需求的情况做调查统计,能用简单的记录表、统计图、符号表示。

(3)萌生热爱社区一草一木的情感。社区是我家,有共同维护社区环境的意识。

2. 核心问题

社区出现泥土干裂、花草干枯、滑梯脏、景观池缺水等生态环境现象,怎么解决水需求问题?

3. 项目进程

环节一:我居住的社区

交流讨论:谁愿意来介绍自己居住的社区?(交流时利用照片或者视频)你喜欢你的社区吗?说说喜欢的理由。

环节二:幼儿园所在社区

(1)实地参观。

①看看社区是什么样的。

②社区里有什么设施?(房子、道路、绿化……)

③社区的环境怎么样?

(2)交流存在的问题。

①"泥土干裂,小花小草没有水喝了,会不会死?""小区里会有人浇水的。""可是这里没有看到人啊?""过几天下雨了,它们就不会死了。""那不下雨怎么办呢?"

②"我们小区也有滑滑梯,但有时候会很脏,妈妈就会不让我玩,我有点不开心。"

③"这里有很多金鱼(小型观赏鱼),可是水有点少,金鱼会不会死?"

环节三:发现问题,展开调查

(1)提出问题。

泥土干裂、花草枯萎、滑梯脏、观赏池小鱼难存活等问题是什么原因造成的?都需要什么?——水。

(2)集体讨论、提出解决方案。

①让小区里的人(管理员)每天给小花小草浇水。

②装一个水龙头在边上,滑梯脏了,我们自己清洗;鱼池里水少了,我们自己注水……

③在草地上放一个罐子,下雨的时候雨水就会落到罐子里去,这个水就可以用来浇花草了,可以节约用水。

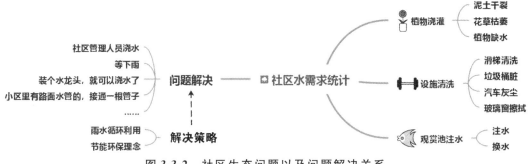

图 3-3-2　社区生态问题以及问题解决关系

(3)深入问题:讨论最合适的问题解决方式。

①雨水回收——资源节约。

②雨水浇灌——水循环利用。

③幼儿围绕雨水收集、储存和灌溉等问题,进行思考、调查,小组统计。

4. 阶段性成果

实地参观、交流过程中,发现并梳理了幼儿关注的社区生态问题,统计了社区水需求量:小花小草需精心培育、滑梯需保持清洁、鱼池需有充足水源保护鱼儿的生存等。最终商定了问题解决的策略,并付诸行动,幼儿有维护社区环境的情感萌生。

任务二:了解、认知装置

1. 学习目标

(1)学习调查并了解雨水回收、存储、浇灌的装置结构、原理,有迁移了解的意愿。

(2)尝试构思解决花草浇灌、设施清洗等问题的装置设计、材料选择等,学会查阅资料。

2. 核心问题

雨水回收浇灌是怎样的一个装置?其结构、原理是什么?

3. 项目进程

环节一:查阅资料,迁移经验

调查、迁移经验:从多种途径找寻有没有类似的装置,迁移经验,解决问题——了解雨水收集浇灌装置。

下雨天，我们可以把雨水收集起来，
经过净化器，让它变成清水，清水可以
浇花、养小鱼等，这样能减少水资源
的浪费，保护好环境。

图 3-3-3　雨水回收浇灌装置设计图

环节二：认知结构

(1)集水容器。

(2)导管。

(3)储水容器。

环节三：剖析特殊性

(1)集水、贮水容器的大小。

(2)雨水过滤、检测。

(3)雨水储存。

4. 阶段性成果

幼儿商量并达成统一认识，设计一款环保、节能的雨水回收、存储、浇灌装置，通过调查、资料查阅等，了解装置的特殊性，并在装置的设计、制作上进行剖析，找寻并解决技术难点。

任务三：构思、设计装置

1. 学习目标

(1)尝试设计一款雨水回收、存储、浇灌装置，解决水需求问题。

(2)能与同伴协商，不断调整、改进、完善设计稿。

2. 核心问题

雨水回收浇灌装置如何设计？

3. 项目进程

环节一:提出设计任务

(1)任务:设计一款雨水回收浇灌装置。

(2)思考:你想解决什么问题？设计上有什么特别需求？

(3)设计前再次交流、讨论。

环节二:装置设计的考虑

(1)集水。

(2)过滤。

(3)储水容量。

(4)管道滴灌装置/水泵。

环节三:幼儿小组构思、设计

(1)自主画设计图。

(2)不断交流、改进、完善设计思路。

环节四:介绍自己的设计、想法

(1)你的装置具有什么功能？怎么解决浇水问题？

(2)同伴补充团队的设想,在交流中产生新思维、碰撞新思路。

利用收集雨水,进行浇灌花草,清洗滑梯、汽车……设计过滤网隔离树叶等杂物,以防堵住管口等问题的出现;设置水管破裂报警系统等功能。

雨水收集后用于浇灌蔬菜地、养小鱼、利用水泵抽水清洗玻璃窗等。

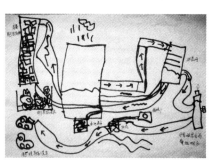

图 3-3-4 雨水回收浇灌装置设计图

4. 阶段性成果

对雨水回收浇灌装置的设计有了一定的思路,形成了初稿图,并从合理性、功能实现等角度,不断地思考、调整、改进设计图纸。

任务四：尝试、制作装置

1. 学习目标

（1）能根据设计图稿尝试制作，学会使用胶枪、钻头等简单工具的黏合、钻孔技术。

（2）会选择合适的材料实现设计图的预期效果，达到解决问题的目的。

2. 核心问题

如何将你设计的图稿制作为成品或模型，做到美观、稳固？

3. 项目进程

环节一：根据功能需求选择合适材料

（1）思考：你的装置需要什么材料？

（2）讨论：选择什么材料合适？要注意什么？

①集水材料：防水性。

②过滤材料：适当的渗水性。

③水泵材料：根据扬程需要选择合适功率。

环节二：依据图纸加工制作零部件

（1）零件与零件间的衔接牢固、漏水防水。

（2）幼儿自主测试，发现问题。

环节三：团队合作、项目实施

（1）团队分工，按照设计图进行制作。

（2）交流表达，并进行调整、改进。

4. 阶段性成果

针对"雨水回收浇灌"的功能有初步的装置形成，能基本达到问题解决的需求，并能发现存在的问题，思考如何改进。

任务五：改进、优化装置

1. 学习目标

（1）能根据问题的解决程度、装置的功能角度等进行装置的调试、优化。

（2）能对"储水容器与水管"进行合理布局，知道位置关系对水流的影响。

2. 核心问题

装置是否牢固、稳定？储水的容量是否合适？扬程能否实现？滴管控水问题能否解决？等等。

3.项目进程

环节一:检验装置功能,寻找装置不足

(1)容器问题:容器口子大小与储水关系。

(2)衔接技术问题:漏水、渗水(出水管衔接处漏水)。

(3)扬程实现问题:如果要浇灌高处,考虑增加压力泵等。

(4)滴管控水问题:水流的状态需求。

环节二:针对不足,调整改进

(1)思考如何改进。针对不同用途的装置会存在不同的个性化问题,引导幼儿自主发现。

(2)幼儿能自己发现问题,并与同伴交流,找寻解决的办法。

(3)装置功能改进后进行交流、讨论。

环节三:项目介绍,成果展示

(1)装置功能介绍。

(2)介绍作品迭代优化过程。

(3)成果推广,同伴互相补充,能将自己小组的产品推出。

图 3-3-5　雨水回收浇灌模型设计

4.阶段性成果

在不断的调整、改进、测试中,多功能雨水收集浇灌装置初步成型,幼儿们能大胆地表达,介绍自己的产品及其功能。

四、项目反思

本项目是在幼儿课程主题下生成的项目活动。幼儿在生活中发现小花小草需要浇水、滑梯需要清洁等问题,萌生设计一款具有环保生态理念的雨水回收浇灌装置的想法。本项目的发生、发展遵循幼儿为主体的原则,遵循幼儿尝试、发现、解决在前的原则,教师助推幼儿的发现、问题的解决。

(一)注重经验迁移,提升幼儿解决问题的能力

项目化学习强调幼儿在真实的情境中产生问题、发现问题、解决问题,针对小花小草会不会渴死等一系列问题,引发幼儿的关注、讨论、思考,形成问题的解决方案,将原理迁移,为设计、制作搭建了有效的支架。

本项目蕴含生态环保的理念:小花小草的生长、呵护,环境的整洁,等等,就是为了保护小区的生态环境。如何让小区的生态更完善?首先要解决水需求问题,从另一个层面又涵盖了水资源的循环利用以及水资源的节约意识,从环保的理念解决环保问题。幼儿从小养成环保理念,并能通过自身的参与转化为实践。

(二)尊重幼儿思维,增加教师的知识储备

幼儿提出要设计一个雨水回收浇灌装置,能同时解决花草浇灌、垃圾桶、滑梯清洁,观赏池蓄水,等等问题,其实不同的用途对装置会有不同的要求:小花小草的浇灌装置要考虑到广度,例如花洒的原理;房屋玻璃的冲洗要考虑到装置的高度;观赏池蓄水问题要考虑到水质;等等。虽然出发点聚焦收集雨水、循环利用,但是存在诸多的知识性问题,教师的知识技能也要有更多储备,以便于支撑幼儿想法的实现。又如:引流管子的高度,如果过高,装置里的水上不去,就需要增加泵的使用;如果管子与装置有缝隙,水会渗漏;如果装置没有阀门开关,水将无法存储……

此外,幼儿的思考天马行空,但问题的解决需要测试验证。在此过程中,教师要关注并支持幼儿的批判性思维。

(三)显现项目成效,实行作品多元方式展示

幼儿扩散思维,新型灌溉装置不仅能给小花小草浇水,还能帮助小区清洗垃圾桶、清洁汽车等,使得小区容貌更整洁。项目化学习强调注重幼儿的创造创新思维,但在开展过程中,更多的想法只能通过模型来实现,我们需要对项目的价值和改进方向有所思考。

我们期望幼儿热爱生活、参与生活,调动幼儿发现生活中的问题、思考解决生活

中的问题的积极性。项目化学习能促使幼儿更自主,学会找准重点、把握重点;促使幼儿学会经验迁移,按需调查,找寻支架;促使幼儿乐思维,不断反复试错,悟出问题所在。项目化学习也能让教师提高教学能力,善于提供学习支架,辅助幼儿学习成长。

附录

思维工具

思维是人类所具有的高级认识活动。按照信息论的观点，思维是对新输入信息与脑内储存知识经验进行一系列复杂的心智操作过程。也就是说，学习本身就是一种思维活动，而我们需要用项目化学习这类方式将这类思维变得更高阶，并将这种高阶的思维方式转化为发现问题、分析问题和解决问题的一种素养。

思维工具是用来帮助人们解决问题和推进思考的方法、技术或框架。本书用到的思维工具有 AEIOU 观察记录表、用户移情图、POV 法、团队列名法、5W1H 分析法、KWH 表、STW 记录表、KISS 复盘法、问题清单、奔驰法等。这些工具通过不同的方式和角度来引导人们思考，挖掘和分析问题的因果关系，并帮助人们产生新的想法和解决方案。思维工具可以帮助人们在面对复杂问题时进行更加系统化、有序化的思考，从而提高思考质量和效率，并有助于提高创新和发现新的解决方案的能力。

一、AEIOU 观察记录表

表 A-1-1　AEIOU 观察记录表

A-Activity（活动）	E-Environment（环境）	I-Interaction（交互）	O-Object（物体）	U-User（用户）

所含特点：分解信息、分类观察。

使用场景：发现问题——收集真实需求。

目的意义：如何把习以为常的生活画面当新事物观察，发现人们的真实需求呢？使用 AEIOU 观察记录表观察，将场景中复杂信息分解，然后分类考察，让思考变得更加严谨、全面而有深度。

二、用户移情图

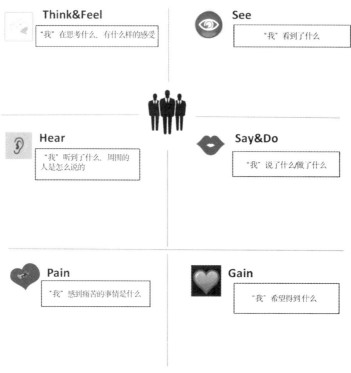

图 A-1-1　用户移情图

所含特点：移情思考、发现痛点。

使用场景：发现问题——收集真实需求。

目的意义：移情要以人为中心，通过深入地理解别人，我们才能够为他们做出更好的设计。使用合理的推理和联想，可以更好地感受用户的"痛点"，发现用户的真实需求。

三、POV 法

表 A-1-2　POV 法

我观察了	
我发现了	
我猜想这可能是因为	
因此我觉得需要解决的问题是	

所含特点:整合信息、定义问题。

使用场景:问题定义——分析需求,聚焦核心问题。

目的意义:发散思维会得到很多的想法,同时也意味着学生需要面对更多的信息。如何引导学生从中筛选出有用的信息,整合出自己想要的内容,是定义问题的关键。POV 法是对 AEIOU 观察记录表和用户移情图大量信息的聚焦。

四、团队列名法

针对问题展开头脑风暴　　　　问题归类　　　　确定各类问题的"标题"

图 A-1-2　团队列名法

所含特点:集思广益,最终归纳总结达成一致的看法。

使用场景:讨论问题。

目的意义:团队列名法是头脑风暴的一种,是用来共同讨论和决策的一种方法。通过最大限度地收集所有人的意见,最终归纳总结达成一致的看法。

五、5W1H 分析法

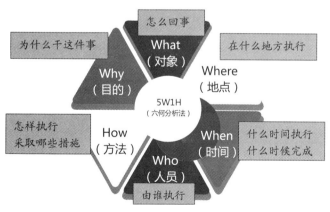

图 A-1-3　5W1H 分析法

所含特点:分析情境。

使用场景:发现问题,构思方案。

目的意义:5W1H 指 Why(何因)、What(何事)、Where(何地)、When(何时)、Who

（何人）、How（何法）。利用5W1H分析法有助于项目的科学分析,在对某一事物进行调查研究的基础上,就其工作内容、责任者、工作岗位、工作时间、操作方法、操作原因进行书面描述,并按此描述进行操作,达到完成项目任务的目的。

六、KWH 表

表 A-1-3　KWH 表

关于这一问题 我的已知（Know）	关于这一问题 我还想知道（Want）	关于这一问题 我打算如何解决（How）

所含特点:回顾已知、了解需求、启发思维。

使用场景:调取经验,激活新的学习需求。

目的意义:以学生为中心,激活学生的理解,通过提问和从可靠来源获取信息,帮助学生学习新材料,培养学生学习的独立性。

七、STW 记录表

表 A-1-4　STW 记录表

观察（See）	思考（Think）	提问（Wonder）

所含特点:发现问题、构思方案、建构知识。

使用场景:入项阶段或形成成果阶段。

目的意义:帮助创建利于学生思考和探知的课堂文化。入项阶段,可激发学生探究的兴趣和好奇心;形成成果阶段,可鼓励学生仔细观察和深入思考。

八、KISS 复盘法

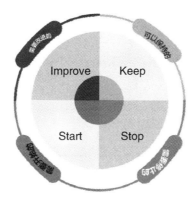

图 A-1-4　KISS 复盘法

所含特点：增强优势、补足短板、及时止损、计划推进。

使用场景：项目复盘——好的保留，不好的改进或者叫停。

目的意义：K 指活动中可以保持的环节或步骤，I 指需要改进的之处，第一个 S 指在本次活动中未实施但在后续活动中需要实施的环节，第二个 S 指对活动不利，需要停止实施的环节。KISS 复盘法旨在把过往经验转化为实践能力，以促进下一次活动更好地开展，从而不断提升个人和团队的能力，持续匹配学生需求和目标达成。

九、问题清单

表 A-1-5　问题清单

已知问题	还需要知道的问题	解决问题

所含特点：梳理知识。

使用场景：发现问题，构思方案，头脑风暴。

目的意义：可以将技能、知识的获取与学生的好奇心、即时需求联系在一起，使学习成为一个寻找问题答案的过程，这样有利于培养学生学习的主动性，提高其参与度。

十、奔驰法

表 A-1-6　奔驰法

Substitute（替代）	Combine（组合）	Adapt（适应）	Modify（修改）	Put to Another Use（另作他用）	Eliminate（消除）	Reverse（逆转）

所含特点：创新思维。

使用场景：方案设计，头脑风暴。

目的意义：提供 7 种不同的思考问题的角度，有助于使用者开拓思维，创造性地寻求最佳解决方案。

唐波
黄丽君
总主编

湖州市教育学会
湖州市教育科学研究中心 组织编写

跨学科主题项目化学习案例设计精选

跨学科生涯主题

项目化学习案例设计精选

唐 波 主编

浙江工商大学出版社
ZHEJIANG GONGSHANG UNIVERSITY PRESS
·杭州·

图书在版编目(CIP)数据

跨学科生涯主题项目化学习案例设计精选 / 唐波主编. —杭州:浙江工商大学出版社,2023.8
("优教共享:项目化学习实践的湖州探索"丛书.跨学科主题项目化学习案例设计精选)
ISBN 978-7-5178-5629-0

Ⅰ.①跨… Ⅱ.①唐… Ⅲ.①职业选择—教案(教育)—中小学 Ⅳ.①G633.932

中国国家版本馆 CIP 数据核字(2023)第 144956 号

跨学科生涯主题项目化学习案例设计精选

KUA XUEKE SHENGYA ZHUTI XIANGMUHUA XUEXI ANLI SHEJI JINGXUAN

唐 波 主编

策划编辑	俞 闻 任晓燕
责任编辑	熊静文
责任校对	林莉燕
封面设计	朱嘉怡
责任印制	包建辉
出版发行	浙江工商大学出版社
	(杭州市教工路 198 号 邮政编码 310012)
	(E-mail:zjgsupress@163.com)
	(网址:http://www.zjgsupress.com)
	电话:0571 - 88904980,88831806(传真)
排 版	杭州朝曦图文设计有限公司
印 刷	杭州钱江彩色印务有限公司
开 本	787mm×1092mm 1/16
总 印 张	32
总 字 数	661 千
版 印 次	2023 年 8 月第 1 版 2023 年 8 月第 1 次印刷
书 号	ISBN 978-7-5178-5629-0
定 价	85.00 元(全 3 册)

"优教共享:项目化学习实践的湖州探索"丛书

（湖州市教育学会、湖州市教育科学研究中心组织编写）

丛书编委会

主　任:金淦英

副主任:黄丽君

编　委:（按区县排序）

　　　　魏　钧　周　凌　费利荣　张建权

　　　　沈勤勇　张平华　叶　军　唐　波

本册编委会

主　编:唐　波

副主编:戴秋丽　邱　良　陈　华

编　委:（按姓氏笔画排序）

　　　　王　琪　王秋廷　冉嘉蓉　朱　晖　庄泽颖

　　　　陆志浩　陈国芳　周　立　郑亚琴　俞玲燕

　　　　钱彦吉　高建丹　章　洪　蒋兰华　戴海香

总　序 |

项目化学习是把学科知识与真实生活情境有机联系起来的一种学习方式,强化做中学、用中学、创中学,为学生提供整体认识世界的机会,对促进学生全面发展、深化学校教学改革有着深远的意义。

在全面深化课程改革、落实立德树人根本任务的背景下,湖州市从2016年开始探索以STEAM教育为切入点的项目化学习实践,通过构建城乡教研共同体,实施面向全学段"课程育人"跨学科项目化学习、普通高中"提质增效"学科项目化学习、义务教育"落实双减"项目化作业推进行动计划,并从保障机制、资源建设、师资培训、成果展示等多个维度,探寻架构城乡教育"共同富裕"的整体框架,彰显湖州优教共享的教研支撑力量。经过6年多的实践探索,形成了以下几条主要经验:

一是规划项目化学习的整体框架。2016年,湖州市启动以STEAM教育为抓手的项目化学习实践,在试点学校实践的基础上,从基础、特色、热点三个方面确立学科、跨学科、超学科三类项目制课程,规划了项目化学习整体框架。

二是确立项目化学习的重要地位。2017年,湖州市对25所样本学校(15所小学和 10 所初中)的科技创新教育和综合实践现状开展调研,发现学生科技创新教育的主阵地多限于课堂,学生动手实践能力整体较弱,创新思维水平整体较低,与区域人才战略目标存在落差,因此确立了 STEAM 教育在提升学生科技素养方面的重要地位。

三是物化项目化学习的研究成果。2018 年,"一点二线三维,区域推进 STEAM 教育实践的湖州行动"被评为 2018 年浙江省教研工作亮点,"区域推进 STEAM 教育的策略研究"立项为中国教育科学院专项研究课题,《融合·创新·分享:STEAM 教育实践的湖州样本》由浙江教育出版社正式出版发行。

四是发挥项目化学习的示范作用。2019 年,浙江省人民政府《每日要情》第 9 期刊发《湖州市全面推进 STEAM 教育成效明显》的报道;浙江省第二届中小学 STEAM 教育大会在湖州召开,会议讨论了"STEAM 教育实践的湖州样本"。

五是创新项目化学习的实践样态。2020 年,湖州市以"STEAM＋生态"项目课程的开发与实施为载体,创建共同体学习社区。"'STEAM＋生态'学习实践共同体"入选教育部科技司 2019 年度教育信息化教学应用实践共同体项目。以牵头学校带动成员学校、成员学校带动实验学校层层推进,形成跨区域、跨学段、跨学科的项目化学习实践新样态。

六是实施项目化学习的提升计划。2021 年,启动《湖州市中小幼项目化学习三年行动计划》,全域推进项目化学习。到 2023 学年,培育湖州市"项目化学习"示范区 2 个、领航学校 20 所、示范学校 40 所、实验学校 80 所,完成精品课程 100 门、优秀项目案例 300 项,编印各学科项目化学习丛书,指导学校项目化学习实践。

湖州市 6 年多的项目化学习研究与实践,从 STEAM 教育到学科项目化学习的常态化开展,丰富了课堂教学的形态,形成了区域特色鲜明的项目化学习整体框架,顺应了新课程改革的需要,有效实现了课程育人的价值。

《义务教育课程方案和课程标准(2022 年版)》明确各门课程用不少于 10％的课时设计跨学科主题学习,以培养学生应用知识解决实际问题的意识和能力。跨学科学习若以项目化学习来进行,会极大促进跨学科意识的形成与发展,因此项目化学习丛书的出版,正是呼应新课程改革的诉求,为学校和教师提供可复制可操作的经验。

丛书按学科类别分为 4 个系列,分别为语言类(包括小学语文、初中语文、小学英

语、初中英语 4 个分册)、社会类(包括义务教育道德与法治、初中历史与社会 2 个分册)、科技类(包括小学科学、初中科学、初中数学 3 个分册)、跨学科主题(包括生命、生态、生涯 3 个分册)。

　　丛书既有突出国家课程特色的学科项目化学习典型案例,又有基于"五育融合"的跨学科项目化学习实践样态,呈现湖州市基础教育全学科多领域项目化学习的实践与研究成果。

　　丛书由各学科教研员及一线骨干教师在实践基础上共同研发,是 2018 年《融合·创新·分享:STEAM 教育实践的湖州样本》的迭代升级,普适性好,操作性强,可以为学校开展项目化学习实践提供良好的借鉴。我们希望通过这一套系统学习方法,让学生在探究复杂、真实问题的过程中,掌握所学知识和技能,促进深度学习的真实发生,实现核心素养的真正落地。

　　丛书选编的案例均从湖州市项目化学习基地学校的实践成果中产生,项目案例包括项目简介、项目规划、项目实施、项目评价、项目反思。项目实施中的每个任务环节都有相应的支持性活动,并有设计意图说明。

　　在实现"共同富裕"背景下,湖州市充分发挥教育科研的支撑作用,协同多方力量,聚焦项目化学习,全力打造以项目化学习为载体的"优教共享"教育新名片,体现了湖州教研人"实干争先"的精神风貌。相信"优教共享:项目化学习实践的湖州探索"丛书,有助于湖州教育高质量发展,也能够供兄弟地市学习与借鉴。

2023 年 6 月

前　言

随着全球化和科技的飞速发展,职业市场竞争变得越来越激烈,未来职业规划对年轻人而言也越来越重要。因此,生涯教育已经成为中小学教育体系中不可或缺的一部分。它帮助学生全面发展,探索个人兴趣,树立正确的价值观,培养发展才能,并且规划未来职业方向。与此同时,项目化学习是一种基于问题和任务的学习方式,它可以帮助学生提高实际应用能力,培养其解决问题的能力。将项目化学习与生涯教育相结合,可以让学生更好地了解自己的职业目标和发展方向,从而更好地适应未来职业市场。

(一)"生涯+项目化学习"的新课标要求

《义务教育课程方案和课程标准(2022年版)》明确,要深化教学改革,强化学科实践,基于真实情境,培养学生综合运用知识解决问题的能力。项目化学习正是综合体现新课标精神的学习活动。项目化学习任务的设定从真实而具有挑战性的问题出发,强调问题的情境性、学习过程的互动性、认知策略的多元性、创新产品和学习评价的持续性。

《义务教育课程方案和课程标准(2022年版)》聚焦中国学生发展核心素养,培养学生适应未来发展的正确价值观、必备品格和关键能力,引导学生明确人生发展方向,成长为德智体美劳全面发展的社会主义建设者和接班人。而生涯教育面向的不仅仅是学生未来的专业选择和职业选择,还有学生的兴趣培养,能力提升,性格、习惯养成以及价值观形成,这些正是新课标聚焦的。

因此,从生涯视角开展项目化学习,是让新课标落地、让项目化学习真正聚焦学生核心素养的一种研究角度。在项目化学习中,如何培养学生的兴趣? 在项目化任务实践中,提升了学生的哪些能力? 在实践、交流、合作中,塑造了学生什么样的性格,使学生形成了怎样的思维和行为习惯? 在融入社会主义核心价值观的项目活动中,使学生形成了怎样的价值观? 这一系列问题,都是我们需要思考和解决的。只有这些问题更加明确,我们才能真正聚焦学生的核心素养,真正为学生更好地过好这一生做准备。

(二)"生涯+项目化学习"的体系思考

湖州项目化学习已经渗透到从幼儿园、小学、中学到特殊学校、中职学校等各个学段、各个类型的教育的各个角落。在开展这样广泛的教育的情况下,我们也在探索各种具有学科特色、地域特色的项目活动。让各个项目形成体系,立足学生未来发展设计项目活动,就是生涯主题项目的设计初衷。

项目化学习几乎涵盖了生涯教育的所有维度,每个项目必定涉及各个维度,比如兴趣、性格、能力、价值观等。如果要进行全面梳理,我们就需要花大量精力熟悉生涯教育的各个维度,项目化学习任务也显得繁重。因此,我们选择了从兴趣这个维度来进行体系梳理,但是,这绝不是说一个项目只涉及兴趣维度,也不是说教师只关注学生的兴趣维度,而是我们在一个项目的实施过程中,从一个方面进行深度研究,从而形成对这一个方面的更深入的认识。

(三)"生涯+项目化学习"的兴趣维度

约翰·霍兰德于 1959 年提出了具有广泛社会影响的人业互择理论。这一理论首先根据劳动者的心理素质和择业倾向,将劳动者划分为 6 种基本类型,相应的职业也划分为 6 种类型:社会型(Social)、企业型(Enterprising)、现实型(Realistic)、常规型(Conventional)、研究型(Investigative)、艺术型(Artistic)。

从霍兰德的理论出发,我们在开展项目化学习过程中,可以关注学生的兴趣类型,从兴趣类型出发可以关注相关的行业,进一步探索对应的一些职业。因此,从兴趣类型、行业特征、职业特点这三个层面层层递进,符合从低龄段到初高中项目化学习的特点。

在低龄段的项目化学习过程中,我们可以从 6 种基本兴趣类型出发,帮助学生探索自身兴趣,从而更好地找寻适合学生的发展方向。在中间年龄段,学生已经能区分不同行业的一些特点,于是,我们可以从不同行业的特点着手带领学生进行研究和体验。而对即将面临选科、选专业的初高中学生来说,我们可以从某个职业的角度进入，带领学生进行深度体验。

(四)"生涯＋项目化学习"的提升

从生涯视角来看项目化学习，无论是苗圃的种植，还是课本剧的演绎，又或是雨伞收纳的设计，每一个项目中学生的各种行为、各种想法，都是其成长路上的珍珠。而我们需要做的，就是发现这些珍珠，擦亮这些珍珠，让它们能够穿在一起，形成更加绚丽的风景。

从生涯视角来看项目化学习，无论是国潮艺术的感受，还是旅游项目的体验，又或是工匠精神的领会，每一个项目中不同学生都有不一样的想法，每一个不同的想法都值得被呈现。而我们需要做的，就是保护好每一个想法，让每一个想法都能够被接纳，从而让每一个学生都能成为独特的自己。

本书展示的是"生涯＋项目化学习"的多个案例，通过这些案例来展现生涯视角下的项目化学习是如何开展的。从这些案例中，我们可以看到教师对学生生涯发展的关注度很高，也感受到生涯教育内容的丰富性。通过本书的实践，我们期待有更多人关注生涯教育，并从中得到启发而开展实践。

目　录

第三篇　生涯规划·种个梦给明天

附　录

第一篇

生涯唤醒·开启生涯GPS

艺术型:国潮列车

德清县地理信息小镇幼儿园　蒋兰华　俞玲燕

一、项目简介

在加强大班幼儿爱国主义启蒙教育中,大班小朋友萌生了为祖国妈妈献礼的愿望,制作一辆充满艺术感的"国潮列车"。

为能成功实现愿望,幼儿通过了解什么是国潮及列车的基本结构进行纸箱建模,制作木头国潮列车,寻找国潮元素,最终优化国潮列车。在此过程中幼儿的爱国情感及解决问题的能力得到提升。

幼儿在此项目中通过各种艺术形式的创作来表现自己,提升自我认知、发扬爱国情怀。通过国潮列车项目的体验,让幼儿更加愿意创造新颖的、与众不同的艺术成果,为将来参加各类艺术创作工作奠定基础。

项目时长:15 课时,60 分钟/课时,共 900 分钟。

涉及学科:幼教全科。

涉及年级:幼儿园大班。

二、项目规划

(一)驱动性问题

在加强大班幼儿爱国主义启蒙教育中,如何设计制作一辆具有国潮元素、体现爱国情感且能开动的国潮列车?

(二)核心概念

表 1-1-1 "国潮列车"项目核心概念

类型		核心概念
幼教全科	科学	感知与探究
	社会	自信与合作
	语言	表达与书写准备
	艺术	表现与创造
跨学科		结构与功能、模型、稳定与变化、物质与能量

(三)学习目标

表 1-1-2 "国潮列车"项目学习目标

学科目标	素养目标
1.能发现常见物体的结构与功能之间的关系 2.能与同伴分工合作,遇到困难能一起克服 3.知道国家一些重大成就,爱祖国,为自己是中国人感到骄傲 4.愿意用图画和符号表现事物或故事 5.能用多种工具、材料或不同的表现手法表达自己的感受和想象	【科学探究】发现并初步了解常见事物的结构与功能,对常见事物形成初步的整体性认识;对材料和工具的性质、类别和功能有初步的认识,能选择合适的工具和材料进行简单的制作 【审辩思维】尝试用"设计—制作—测试—调整—优化"的工程思维来学习,并将其运用到具体活动中;能够将实践过程中获得的经验和方法进行迁移,举一反三,灵活运用 【社会交往】在探索过程中能合理分工,明确自己的职责。在活动中遇到困难,能够主动寻求合作与帮助;遇到问题能够平等协商,灵活地做出妥协,解决争议,实现共同目标

(四)学情分析

(1)大班幼儿已具备初步的沟通、合作、协调能力。幼儿通过学习有了小组合作、协调沟通的经验和能力,在项目活动中体现出自信与默契。

(2)大班幼儿已认识和了解了列车的外形,这有利于幼儿进一步掌握列车的内部结构及连接的方式方法,并把它制作和展示出来。

(3)大班幼儿通过"大中国"主题的展示,对各民族及中国传统文化有了更深层的理解,从而为后期在列车上呈现"国潮"这一概念做了很好的铺垫。

(五)学习地图

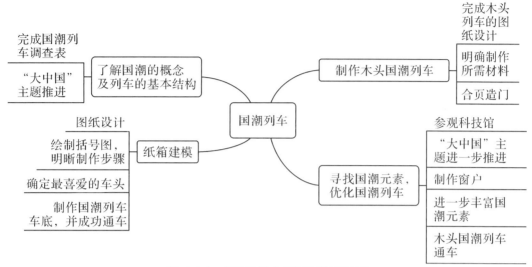

图 1-1-1 "国潮列车"项目学习地图

(六)项目评价

1. 过程性评价

表 1-1-3 "国潮列车"项目过程性评价

幼儿姓名：

主要指标	评价内容	评价标准		
		☆☆☆	☆☆	☆
技术能力	能熟练使用木工坊内各类工具			
	制作过程中有一定的程序			
艺术设计	能用括号图、格子图等进行梳理,明确制作步骤			
	能合作设计国潮列车的外形与功能			
科学探究	能对木工坊内各种材料进行尝试、重组			
	能适时提出问题、解决问题			
社会交往	能按不同需求收集资料			
	分工明确,能与他人合作、协商解决问题			
数学经验	能掌握制作中物体数与量的关系,学会用尺子测量			
	能合理设计列车的形状与空间			
语言表达	能明确表达自己的意愿			
	能完整描述活动的经过			

2. 终结性评价

表 1-1-4 "国潮列车"项目终结性评价

小组成员：

主要指标	评价标准				
	☆☆☆	☆☆	☆	师评	自评
协调合作	有分工,每个人都有明确的任务,合作良好	有基本分工,合作偶有发生	无分工,有的成员没有任务		
认知实践	能选择合适的工具和材料进行简单的创造	能选择合适的工具和材料进行模仿创造	在教师或同伴的帮助下能选择合适的工具和材料进行简单创造		
审辩思维	能反复通过设计、制作、测试等方式调整优化作品	能尝试通过设计、制作、测试等方式调整优化作品	在教师或同伴的指导下通过设计、制作、测试等方式调整优化作品		

三、项目实施

任务一:了解国潮的概念及列车的基本结构

1. 学习目标

(1)通过亲子调查,辨认什么是国潮并明确列车的基本构造。
(2)对祖国妈妈有更深入的发现,增强爱国情感。

2. 核心问题

(1)什么是国潮?
(2)列车的基本结构是怎样的?

3. 项目进程

环节一:完成国潮列车调查表
(1)请家长和孩子一起去网上或在生活中查找关于国潮和列车的有关资料,完成国潮列车调查表。
(2)根据调查表解决两个核心问题。

环节二:"大中国"主题推进
在班内推进"大中国"主题的实施,如"欢腾的国庆节""我们的祖国""大中国""北京的金山上"等课程,以集中授课的方式让幼儿了解祖国的博大精深,对祖国更加热爱。

4.阶段性成果

通过亲子调查问卷,幼儿对国潮和列车的基本构造有较清晰的了解,为之后造列车以及用国潮元素装饰列车做好准备。在这样的探究过程中幼儿对祖国妈妈也有了更深入的了解,萌生了浓浓的爱国情感。

图 1-1-2　国潮列车调查表

图 1-1-3　国潮列车调查表(学生作品展示)

任务二:纸箱建模

1.学习目标

(1)根据前期调查的结果完成图纸设计,并尝试建模。

(2)能以小组合作的方式进行创作,体验合作的乐趣。

2.核心问题

如何按照设计图完成纸箱建模?

3.项目进程

环节一:图纸设计

(1)根据前期调查表中获得的经验,幼儿自主组队,3—4人一组,并为自己的组取队名。

(2)分组讨论并设计专属的国潮列车车厢图。

环节二:绘制括号图,明晰制作步骤

(1)幼儿用绘制括号图的方式预设所需材料及制作步骤。

(2)幼儿按照预设好的括号图和设计图收集相关材料,带回班级展开制作。

环节三:确定最喜爱的车头

纸箱列车制作中,幼儿采用镂空、黏合的方式制作了车厢的门、窗户等,每组幼儿完成作品后,用雪花片投票的方式选出最喜欢的一节车厢作为车头。

图 1-1-4 京剧脸谱车厢

恶魔车厢	疯狂车厢	彩色车厢	战斗车厢	风火轮炸弹车厢	国潮车厢	坦克车厢	风快车厢
3	1	3	2	6	7	8	7

图 1-1-5 幼儿投票图

环节四:制作国潮列车车底,并成功通车

(1)观看安装视频。

观看各类车的轮胎安装剖析视频,为幼儿完成列车底座提供参考。

(2)制作国潮列车底座并成功安装。

幼儿设计列车底座图纸,并按步骤实施。

幼儿设计图纸说明如下:选择用木工坊内的大木板做推车,在安装万向轮时先在木板上做好标记,再用钉子打洞,用螺丝把万向轮和木板拧在一起,然后将做好的车底安装到纸箱列车下面。

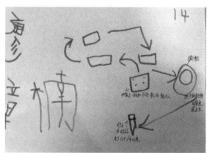

图 1-1-6 推车制作流程图

4.阶段性成果

(1)合理运用括号图。让幼儿不断调整制作过程,帮助幼儿在制作中明确作品的结构,在优化中了解结构、制作顺序、工具和材料匹配等问题。

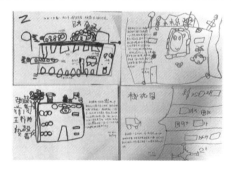

图 1-1-7 车厢设计图

图 1-1-8 括号图

（2）学会建模。以纸箱建造列车的模型,在制作实体木头列车前,更清晰地了解列车的结构及特征。

图 1-1-9　纸箱列车

任务三:制作木头国潮列车

1. 学习目标

（1）小组商讨绘制国潮列车设计图。
（2）能有明确的分工合作并利用木工坊材料制作国潮列车。
（3）运用多种方式解决小组遇到的困难。

2. 核心问题

如何有效利用木工坊内的材料制作一辆含有国潮元素的列车?

3. 项目进程

环节一:完成木头列车的图纸设计

（1）根据前期纸箱建模获得的经验,分组讨论并设计专属自己的国潮列车。
（2）各组按照设计图展开介绍。

环节二:明确制作所需材料

（1）请幼儿围绕设计图确定材料,并用括号图、格子图的方式将所需材料的类型、数量及用途进行整理。
（2）根据整理好的相关材料信息,进入木工坊制作木头国潮列车。

环节三:合页造门

（1）引导幼儿观察教室门的开合是通过什么完成的,请幼儿将观察到的结果记录下来并交流。
（2）选择适合做门的材料,如厚度适宜、长短一致的木板、合页等。
（3）观看视频,了解如何通过合页来造门,并将其运用到国潮列车车门的制作中。选择两块厚木板和两片合页为列车造门,先把两块木板和合页放好,然后用记号笔标记好合页的孔位。因为直接用螺丝拧不进去,所以决定先在木板上打洞。幼儿发现打洞机可以上升的高度低于厚木板的厚度,所以想利用钻床的尖角来磨一个洞,最终只磨了一个浅浅的坑。于是选择用钉子在标记处钉下去再拔起来的方法凿出洞眼,再将螺丝拧进去,成功完成利用合页为列车造门的目标。

4. 阶段性成果

木头国潮列车半成品展示。

图 1-1-10　列车半成品

任务四:寻找国潮元素,优化国潮列车

1. 学习目标

(1)提取更多与国潮有关的元素,使幼儿产生民族自豪感。

(2)能根据已掌握的经验与知识,进一步对国潮列车进行加工、装饰。

(3)让木制国潮列车通车,体验成功的快乐。

2. 核心问题

(1)列车中的国潮元素缺失怎么办?

(2)如何整改国潮列车,并成功通车?

3. 项目进程

在经过一段时间的制作后,发现幼儿制作的国潮列车没有国潮元素,为此我们根据 SWOT 分析法调整了策略。

环节一:参观科技馆

结合幼儿园周边资源,带领幼儿参观科技馆,通过观看现场、写生的方式了解我国科技发展的进程,幼儿将自己最喜欢的国潮元素记录下来。

了解所有信息后,请幼儿交流自己的发现与兴趣,并将其归类,归纳出幼儿最喜欢的国潮元素:火箭、扇子、无人机、京剧脸谱、窗花、坦克等。通过参观科技馆,幼儿对祖国科技的强大有了进一步认知,同时在心里种下了一颗工程和创造思维的种子,为以后祖国科技发展奉献自己的力量。

环节二:"大中国"主题进一步推进

根据主题中的活动内容,幼儿相继学习了各民族的服饰、青花瓷、京剧脸谱、窗花、十二生肖等内容,大致了解了中国从古至今的国潮元素。

环节三:制作窗户

(1)幼儿分组讨论适合制作列车窗户的材料。

(2)学习用尺精准测量、剪裁并安装,完成窗户的制作。

环节四:进一步丰富国潮元素

列车制作完成以后,列车上的国潮元素还不够明显。教师鼓励幼儿为列车加装国潮元素。最后幼儿在列车上添置了国旗、万里长城、中国导弹等图案。

环节五:木头国潮列车通车

(1)遇到的问题有两点:第一,幼儿合力抬起木头列车较为困难;第二,用胶枪固定的列车搬动时易散架。

(2)解决方法:求助外援。幼儿想到了经常出入幼儿园的木工师傅。幼儿向木工师傅讲解意图后请他制作两个底盘推车。在教师们的帮助下,幼儿成功将国潮列车放在做好的底盘推车上,国潮列车成功通车。

4.阶段性成果

展示木头国潮列车成品。

图 1-1-11　国潮列车成品

四、项目反思

(一)提升幼儿学习品质,播种爱国的种子

在整个活动过程中,幼儿最大的改变是从一个"了解知识的参观者"变成了"探究问题的学习者"。从活动分组、图纸设计、材料选择到建模制作,每一个环节都涉及讨论交流、合作分工。在探究中,幼儿化身为"小匠人",在一次又一次的尝试中发现问题、解决问题。与此同时,幼儿了解了中国的潮流文化,如刺绣、脸谱、国旗、国徽、名胜景点等,浸润了国家意识,增强了爱国情感,更好地认识了祖国,增强了民族自豪感和自信心。

(二)及时发现、反思,推进活动进程

首先,及时发现。在幼儿设计、建模、制作国潮列车的过程中,教师扮演着旁观者、追随者的角色,将幼儿在制作过程中产生的亮点和遇到的问题,用照片、视频等方式记录下来,并在活动结束后进行呈现,鼓励幼儿分享活动中的经验。

其次,及时反思。当幼儿遇到问题时,教师及时介入幼儿的讨论,帮助幼儿找到问题产生的原因,并与幼儿一同探讨解决问题的办法。教师能合理分析幼儿已经获得哪些元素,还需要哪些元素来推进项目发展,这样的推进式学习更加有利于推动幼儿思考。

(三)有机融合 STEAM 教育,增色园本课程

幼儿园木工坊与 STEAM 教育理念相结合,既是对传统教育模式的挑战,也是对教师和幼儿能力的不断培养和提升。幼儿在木工坊中,积极与创设的环境和投放的材料互动,引发的各种新颖、丰富、有趣的创作活动,以及教师对此扎实的研讨过程、获得的经验,都是幼儿园园本课程的重要组成部分。

现实型:育苗箱设计

德清县地信小镇第二幼儿园　高建丹
德清县阜溪实验幼儿园　陈国芳

一、项目简介

在"稻米香"主题活动中,孩子们开启了水稻培育之旅。面对骤变(变冷)的天气,孩子们该如何体会农民培育稻谷发芽的感受?

我们从生涯视角出发追随孩子们的兴趣,支持他们头脑风暴式讨论、自主收集材料、动手制作并优化改进育苗箱,为稻谷发芽提供适宜的环境。

本项目贴近孩子们的生活,展示了孩子们对劳动的兴趣表现以及敢于创造的意愿。在项目活动中,孩子们喜欢具体、明确、需要动手操作的活动和任务,用实际行动代替语言表达,非常符合霍兰德兴趣类型中的现实型内涵。孩子们通过项目活动,可以提高动手能力,提升职业认知,萌发劳动精神。

项目时长:4 课时,40 分钟/课时,共 160 分钟。

涉及学科:幼教全科。

涉及年级:幼儿园大班。

二、项目规划

(一)驱动性问题

如何设计一款有适宜温度和湿度的育苗箱,让稻谷在多变的气候下也能发芽、生长?

(二)核心概念

表 1-2-1 "育苗箱设计"项目核心概念

类型		核心概念
幼教全科	科学	感知与探究、表现与体验
	社会	自信与合作
	语言	表达与书写准备
	艺术	表现与创造
跨学科		结构与功能、稳定与变化、物质与能量

(三)学习目标

表 1-2-2 "育苗箱设计"项目学习目标

学科目标	素养目标
1.具有初步的探究能力 2.感知形状与空间的关系 3.具有自尊、自信、自主的表现 4.能用自己喜欢的方式进行艺术表现活动 5.喜欢进行艺术活动并大胆表现	【科学思维】在探究中认识周围事物和现象 【社会交往】能与同伴友好合作;具有一定的归属感 【艺术表现】具有初步的艺术表现与创造能力 【语言认知】具有书面表达的愿望和初步技能

(四)学情分析

(1)大班孩子了解了种植区育苗箱的用法,初步探究了育苗箱培育种子的工作原理。

(2)大班孩子对育苗箱的结构及大致造型有了一定的掌握。通过请教老师以及查阅资料,他们明确知道了一个合格的育苗箱必须要有适宜的温度和湿度。

(3)大班孩子还需根据实际的稻谷培育实验和材料收集的难易程度来设计育苗箱的大小、形状等。

(五)学习地图

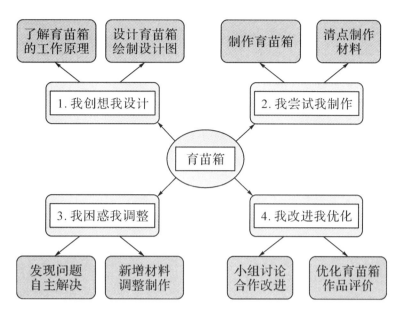

图 1-2-1 "育苗箱设计"项目学习地图

(六)项目评价

1. 过程性评价

表 1-2-3 "育苗箱设计"项目过程性评价

类型	内容	评价		
		☆☆☆	☆☆	☆
数学	1. 学习清点材料数量 2. 初步尝试测量材料的长、宽、高			
工程	1. 尝试用各种材料搭建、围合制作育苗箱 2. 初步感知平衡、对称、三角形的稳定性等			
技术	1. 小组合作,主动探究温度和湿度 2. 发现问题后能尝试自主解决			
科学	1. 判断材料是否可行 2. 观察并记录育苗箱工作的情况			
语言	1. 积极交流,大胆表述自己的观点 2. 学会倾听,愿意听取他人的意见并进行判断			
艺术	绘制清晰、直观和美观的设计图,小组合作美化育苗箱			

注:表中的"数学"对应任务一;"工程""技术"对应任务二;"科学"对应任务三;"语言""艺术"对应任务四。

2.终结性评价

表1-2-4 "育苗箱设计"项目终结性评价

类型	核心素养目标	评价		
		☆☆☆	☆☆	☆
科学探究	1.学习从多角度考虑问题,敢于动手尝试 2.愿意刻苦探究育苗箱,有一定的耐心和恒心			
实践创新	1.大胆想象设计育苗箱,敢于创新并制作,有一定的劳动意识 2.了解现代技术,主动解决困惑,发散思维			
学会学习	1.选择合适的学习方式,在探究过程中不断积累经验 2.学习评估作品,愿意接受同伴的意见			
人文底蕴	1.认识袁隆平爷爷,了解中国水稻的光辉历程 2.体验农民职业,萌发爱家乡爱祖国的情感			

三、项目实施

任务一:我创想我设计

1.学习目标

(1)愿意收集材料,自主尝试制作育苗箱。

(2)发散思维,通过设计来支持自己的创作。

2.核心问题

如何设计育苗箱的造型?需要用到什么材料?

3.项目进程

环节一:我见过的育苗箱

(1)说说你见过的育苗箱(育苗恒温箱、育种保温箱、扦插育苗箱等)。

(2)教师出示图片,提问:这么多育苗箱,你最喜欢哪个?为什么?幼儿根据自己的想法自由表述。

(3)如果我们要培育水稻秧苗,哪一个最合适?(育苗恒温箱)

环节二:哪些设计可以借鉴,你还有怎样的创想

(1)育苗恒温箱哪些设计可以借鉴?(小型低功率,透明可观察)

(2)如果请你设计,你还有什么新的想法?(盖子容易打开,设计注水口,等等)

环节三:请你画一画设计图

(1)你想设计怎样的育苗箱?

（2）请你当一次设计师,画一画设计图。

图 1-2-2　设计育苗箱

环节四:尝试设计

孩子们根据已有经验,设计了不同的育苗箱。以小组为单位,孩子们相互讨论,大胆尝试,画出了育苗箱设计图,再进行局部修改,完成之后向集体分享。

4.阶段性成果

（1）孩子们出示设计图,介绍自己的设计思路。

（2）小组代表介绍作品的主要材料、辅助材料等。

表 1-2-5　材料罗列

组别	主要材料	辅助材料
第一组	泡沫箱	剪刀、胶水、双面胶、彩色纸、一次性杯子等
第二组	纸箱	剪刀、刻刀、胶枪、木片、塑料袋等
第三组	塑料箱	双面胶、小灯泡、剪刀、固体胶、瓦楞纸等
第四组	木板	花边剪刀、白胶、胶枪、小木头、保鲜膜等
第五组	纸箱	双面胶、剪刀、扭扭棒、回形针、瓦楞纸、塑料袋等
第六组	玻璃缸	彩色纸、回形针、一次性杯子、吸管、胶枪等

任务二:我尝试我制作

1.学习目标

（1）能根据设计图及所需材料列出材料清单。

（2）自主选择材料,制作实用、合理、科学的育苗箱。

2.核心问题

如何根据设计图制作恒温的育苗箱呢?

3. 项目进程

环节一：前期准备

(1)调查讨论。幼儿根据自己组的设计图，商量选择所需的材料，并列出材料清单。

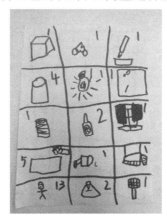

图 1-2-3　材料清单

(2)幼儿介绍材料清单，然后收集材料。

(3)组内幼儿分工，明确自己的任务。

环节二：尝试制作

(1)根据自己组的讨论、设想进行初步的设计制作。

(2)教师巡回观察并进行个别指导。

(3)鼓励幼儿在制作中大胆动手尝试，合理利用材料，正确安装各个零部件。

环节三：测试调整

(1)尝试让育苗箱工作，讨论其培育效果。

①育苗箱牢固吗？透气吗？

②能保持适宜的温度和湿度吗？

③有没有发现问题或者需要调整的地方？

(2)幼儿比较、交流。

①幼儿说说各自育苗箱的不足之处。

②提出问题：要如何改进，从而解决问题呢？

③幼儿商量，尝试找出调整办法。

(3)构思重画，完善作品。

幼儿合作，讨论重新修改设计图，按照调整办法对育苗箱进行调整。

(4)教师点评。

幼儿能够根据自己绘制的设计图动手制作育苗箱，能接受教师的建议。幼儿在操作中感知材料的有用性以及设计的合理性，其思维方式也逐渐向高阶思维发展。

4.阶段性成果

各组展示育苗箱初级版。

图 1-2-4 纸箱育苗箱

图 1-2-5 泡沫盒育苗箱

图 1-2-6 塑料盒育苗箱

各组介绍制作过程,教师鼓励幼儿听取同伴的意见,反思自己组的作品是否存在不足和漏洞。在这一系列活动中,幼儿不断审视自己的作品,同时积极帮助同伴解决困难,这能够较好地锻炼幼儿观察和反思的能力。

任务三:我困惑我调整

1.学习目标

(1)小组合作,尝试通过调整来解决困惑。
(2)对作品进行测试,获得经验。

2.核心问题

如何调整育苗箱,使其效果更好?

3.项目进程

环节一:方案构思

(1)各组困惑梳理。

第一组 泡沫箱不 透气	第二组 四周透风 受寒	第三组 播种盒子 太小	第四组 不牢固	第五组 温度不够	第六组 湿度不够

图 1-2-7 各组困惑梳理

(2)要想完善育苗箱,还需要在哪些方面进行调整呢?
(3)各组幼儿调整了设计图,并介绍了调整办法。
(4)教师根据幼儿的想法,结合实际的可行性,总结解决方法。

环节二:尝试制作

(1)组内幼儿根据调整的设计图找到调整办法并收集材料。

表 1-2-6　调整办法

组别	主要问题	调整办法
第一组	泡沫箱不透气	泡沫盒更换成纸箱子
第二组	四周透风受寒	用保鲜膜将四周包起来
第三组	播种盒子太小	增加播种盒子
第四组	不牢固	在四个角上都装一个圆柱体小木头
第五组	温度不够	添加小灯管
第六组	湿度不够	添加加湿器

（2）幼儿动手调整育苗箱，教师巡回观察，进行个别指导。

（3）鼓励幼儿在调整中尝试利用多种材料，在实际操作中获得经验。

环节三：测试调整

（1）尝试让育苗箱工作，讨论其培育效果。

①育苗箱牢固吗？ 透气吗？

②育苗箱的播种空间足够大吗？

③有没有发现问题或者需要调整的地方？

（2）幼儿比较、交流。

①幼儿说说各自育苗箱的不足之处。

②提出问题：要如何改进，从而解决问题呢？

③幼儿商量，尝试找出改进方法。

（3）头脑风暴，群策群力。

幼儿根据育苗箱的几大基本要素对作品进行评估。当然，其作品离科学育苗箱的标准还差很远。可以让幼儿继续讨论，寻找解决办法。

4.阶段性成果

各组展示育苗箱改进版。

图 1-2-8　纸箱育苗箱改进版　　图 1-2-9　泡沫盒育苗箱改进版　　图 1-2-10　木板育苗箱改进版

幼儿再次将育苗箱进行集中比较，每组派代表介绍改进后的育苗箱的优点和缺点。思考：要想自制的育苗箱温度和湿度同时达到适宜的标准，该怎样优化？ 在这一过程中,幼儿聚焦设计、制作中的核心问题,对自制的育苗箱有了全面的考虑,提升了自主解决困难的能力。

任务四:我改进我优化

1. 学习目标

(1)猜测并收集各种能保证温度和湿度的材料。

(2)大胆介绍优化后的作品,体验探究式创作的乐趣。

2. 核心问题

如何改进使育苗箱既有适宜的温度又有适宜的湿度呢?

3. 项目进程

环节一:方案构思

(1)要想完善育苗箱,还需要在哪些方面进行优化呢?

①可以在育苗箱中添加小灯泡、热水袋、吹风机等,保证温度。

②可以在育苗箱中增加加湿器或吊瓶滴管,保证湿度。

表 1-2-7　解决办法筛选

解决办法	价值预判	是否可取
方法一:加小灯泡	简单易取,效果明显	可取√
方法二:加热水袋	操作烦琐,有安全隐患	不可取×
方法三:加吹风机	通电设备,有安全隐患	不可取×
方法四:加吊瓶滴管	便捷,有效果	可取√
方法五:放加湿器	通电工作,不够便捷	不可取×

(2)教师根据幼儿的想法,带领幼儿讨论实际操作的可行性。

环节二:尝试制作

(1)幼儿筛选有用的材料,如小灯泡、吊瓶滴管等,尝试改善育苗箱中的温度和湿度。

(2)幼儿利用新增材料动手操作,改进育苗箱,教师巡回观察。

(3)幼儿展示作品,相互欣赏、交流。

环节三:测试调整

(1)幼儿比较、交流。

①1 天后,再次比较育苗箱的工作情况及实验现象。

②幼儿说说是如何将新增材料加到育苗箱中的。

③幼儿分享成功的秘密,体验成功带来的乐趣。

(2)作品美化、完善。

幼儿自主选择装饰材料,对自制育苗箱进行装饰、美化。

环节四:教师点评

(1)支持幼儿,引导优化。

对于如何保证育苗箱中的温度和湿度这个核心问题,幼儿的想法很多,他们想到了很多材料。这些材料是否可行？幼儿一样一样尝试,最后选出自己组认为最适宜的材料来优化育苗箱。

(2)针对不足,提出意见。

①如何选择发热的灯泡？

②如何正确测量育苗箱中的温度和湿度？ 是否可以使用我们参观过的蔬菜大棚里的温度计和湿度计？

③鼓励幼儿继续探索、优化。

4.阶段性成果

各组展示育苗箱升级版或成品。

图 1-2-11　纸箱育苗箱升级版　图 1-2-12　塑料盒育苗箱升级版　图 1-2-13　塑料盒育苗箱成品

四、项目反思

(一)幼儿——解决现实问题,提升职业认知

幼儿在探究育苗箱的过程中边制作边思考,利用身边的材料设计了育苗箱,解决了气温骤降而影响稻谷发芽生长这个现实问题。在项目活动中,孩子们逐渐知道了培育稻谷时温度与湿度的重要性,并且能够通过一定的方式来保证育苗箱内适宜的温度和湿度。育苗箱的制作不是一蹴而就的,孩子们通过不断的设计、制作、调整、改进,最终才有了成品。边学边思的学习模式,符合 STEAM 教学理念。整个活动中,孩子们对育苗箱不断探索、优化,使自己对科学、技术、工程、艺术、语言等的了解更深,并且亲身体验农民职业,提升职业认知。孩子们的思维不断扩散,解决困惑的能力不断提升,敢于挑战的意志力不断增强。通过参与项目活动,孩子们的学习方式多

样化了,学习品质提高了,探究问题也更有深度了。

(二)教师——支持幼儿创新,挖掘学习深度

教师作为幼儿学习的支持者和引导者,不断追随幼儿的兴趣,支持幼儿进行天马行空的想象以及大胆的动手制作。当幼儿遇到困惑时,当幼儿的实验失败时,当幼儿为找材料而犯愁时,教师便有了思考。如何促进幼儿的学习? 如何支持幼儿进一步探究? 如何引导幼儿一起梳理经验? 这一系列的思考,通过师幼互动形成活动的思维导图,潜移默化地促进幼儿的学习。教师依托生涯视角,利用思维工具支持了幼儿的探究,助推了幼儿的深度学习,也使幼儿螺旋式积累了学习经验。通过实践,教师对水稻培育技术等有了更深的了解,为以后开展生涯项目活动奠定了经验基础。

(三)项目——优化探究思维,蕴含成效困惑

项目活动的开展不仅带动了幼儿的沉浸式学习,也让教师有了持续探究的信心。从最初制作的简易版育苗箱到最后完成能够解决实际问题的育苗箱,这一过程中,教师的思维也随之打开并不断优化。当然,真正的探究是无止境的。本次项目活动结束后,孩子们还有些许困惑,比如育苗箱需要通电,那么是否能够利用太阳能供电,这样既环保又安全,符合绿色生态的理念。我们将根据幼儿对职业的认知,继续追随他们探究的兴趣,力争让作品不断完善。

社会型："梦想＋"融合超市

安吉县育星培智学校　戴海香

一、项目简介

就业是特殊青年融入社会、走向独立、实现共同富裕的重要途径。由于认知、语言、动作等障碍限制,特殊青年对职业没有概念,缺少职业探索的兴趣,缺乏学习复杂职业技能的能力,难以对自己的职业生涯进行规划,缺乏基本的未来就业能力。

为了帮助特殊青年掌握简单的职业技能,形成一定的职业能力,本项目依托"超市服务员"这一简单职业,通过体验岗位、了解职责、学习技能、领取报酬,让特殊青年体验做一个受顾客欢迎、工作高效的超市服务员,从而激发特殊青年的职业兴趣,培养其热爱职业劳动的情感,提升其参与职业劳动的能力,使其为未来走向社会做好准备。

项目时长:18课时,60分钟/课时,共1080分钟。

涉及学科:劳动技能、生活语文、生活数学、运动保健。

适合年级:培智学校九年级、职高一年级。

二、项目规划

(一)驱动性问题

社区"梦想＋"融合超市马上要开业了,他们发布了招聘超市服务员的海报,我们要去应聘,如何做一个受顾客欢迎、工作高效的超市服务员呢?

(二)核心概念

表 1-3-1 "'梦想十'融合超市"项目核心概念

类型		核心概念
学科	劳动技能	学习基本的劳动技能,增强热爱劳动的情感,培养良好的劳动习惯,提高劳动技能的综合运用能力
	生活语文	扩大生活经验范围,丰富语言积累,养成良好的语文阅读习惯,正确理解和运用祖国语言文字
	生活数学	具有数物对应能力,运用基本的加减计算方法,能使用数学计算工具运算,提高数学运算能力
	运动保健	全面发展体能,具有良好的情绪调节能力
跨学科		机制、解释

(三)学习目标

表 1-3-2 "'梦想十'融合超市"项目学习目标

项目类型	学科素养目标	核心素养目标	生涯目标
劳动技能	能掌握超市保洁、理货、补货、收银等职业劳动技能	【乐学善学】具有积极的学习态度和浓厚的学习兴趣,掌握适合自身的学习方法 【社会责任】在工作中自尊自律、文明礼貌、诚信友善、宽和待人、主动作为、履职尽责,对自己和他人负责	通过观察体验,感受超市服务员职业,以此唤醒学生的职业兴趣。通过学习掌握超市服务员的工作技能,形成职业认知。以薪酬评价提升学生职业体验的成就感和幸福感
生活语文	认识生活中常用的汉字,阅读超市货物基本信息;具有基本的沟通能力		
生活数学	具有简单的数学计算能力;能利用计算器等工具计算		
运动保健	具有超市服务员工作需要的体能、心肺耐力		

(四)学情分析

我校职高部学生全部为智力障碍青年,生理年龄在 16—18 周岁,但是平均智力年龄不足 6 岁,认知理解能力弱,技能学习缓慢,因此在职业技能学习中,偏于学习步骤简单、操作容易的职业技能。学生自主性比较弱,因此教师需要通过即时性、阶段性评价调动学生的积极性。

(五)学习地图

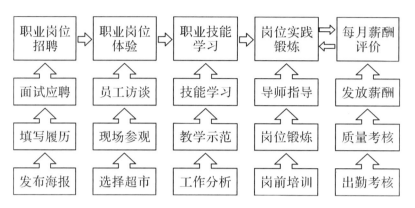

图 1-3-1 "'梦想＋'融合超市"项目学习地图

(六)项目评价

1. 过程性评价

教师根据学生职业活动过程中的表现进行评价。

表 1-3-3 "'梦想＋'融合超市"项目过程性评价

评价维度	评价标准		
填写应聘表	☆☆☆	☆☆☆☆	☆☆☆☆☆
认真观察超市服务员工作	☆☆☆	☆☆☆☆	☆☆☆☆☆
能说出超市服务员的基本工作	☆☆☆	☆☆☆☆	☆☆☆☆☆
能按照要求做好超市的保洁工作	☆☆☆	☆☆☆☆	☆☆☆☆☆
能按照要求理货、补货	☆☆☆	☆☆☆☆	☆☆☆☆☆
能正确扫码,利用计算机计算价格	☆☆☆	☆☆☆☆	☆☆☆☆☆
能独立完成打包	☆☆☆	☆☆☆☆	☆☆☆☆☆

2. 终结性评价

职业工作的评价方式最主要的是薪酬评价,因此在本项目中,终结性评价也模拟职业工作的评价方式,采用薪酬评价制度。薪酬评价每月一次,根据出勤、服务态度、工作技能等评价,根据评价结果发放当月的工作薪酬。90 分以上,当月薪酬足额发放;70－89分,发放 90％工资;70 分以下,发放 80％工资。

表 1-3-4　"'梦想十'融合超市"项目终结性评价

评价维度	权重分/分	扣分情况	得分
出勤	25	迟到、早退一次扣 1 分,缺勤一次扣 3 分	
服务态度	25	顾客投诉一次扣 2 分	
工作技能	30	每周抽查,保洁工作没有完成,一次扣 1 分;理货时商标没有朝外扣 1 分;打包漏掉货物,每次扣 1 分	
工作成效	20	收银计算错误,一次扣 1 分	
当月总分	100		

三、项目实施

任务一:职业岗位应聘

1. 学习目标

(1)通过职业岗位招聘,让学生对自己喜欢的职业做出选择,从而形成基本的职业观,学会自我决定职业方向,对自己的职业做主。

(2)通过填写应聘表,让学生了解就业的基本途径,参与就业应聘活动,掌握必备的职业认知技能。

2. 核心问题

应聘超市服务员时应该怎样填写应聘表?怎样准备面试?

3. 项目进程

(1)学校设计并发布职业岗位招聘海报。

(2)指导学生阅读招聘海报,了解超市服务员职业岗位的要求、工作时间、待遇等。

(3)学习填写应聘表。应聘表一般包含哪些信息?(姓名、性别、出生年月、学历、家庭住址、联系电话等。)练习填写应聘表。

(4)面试准备,服装要得体,个人卫生清洁,面试时介绍自己的姓名、性别、兴趣爱好、喜欢的工作岗位等。

4. 阶段性成果

能说出招聘海报上关于超市服务员的要求,会填写简单的应聘表,面试时能简单介绍自己的基本信息和特长。

图 1-3-2　阅读招聘海报

图 1-3-3　职业应聘面试

任务二：职业岗位体验

1. 学习目标

到超市现场观察超市服务员的工作，采访超市服务员，了解超市服务员的职业工作内容和要求。

2. 核心问题

一个合格的超市服务员有哪些工作要求和任务？

3. 项目进程

(1)带领学生到超市参观超市环境，认识超市的各个区域。

(2)观察超市服务员有哪些工作任务。

(3)采访超市服务员，运用礼貌用语，询问超市服务员平时工作的要求，如劳动时间要求、着装要求、服务态度要求、工作技能要求等。

4. 阶段性成果

学生熟悉超市服务员的工作环境，对超市服务员的工作有了直观印象，能文明礼貌地和超市服务员沟通，了解超市服务员的主要工作任务和工作要求。

图 1-3-4　参观浙北超市

图 1-3-5　观察超市区域

图 1-3-6　认识价格标签

图 1-3-7　了解收银员工作

任务三:职业技能学习

1.学习目标

(1)通过超市岗位实践,掌握超市保洁、理货、补货、收银、打包等职业技能,养成按时上岗、认真工作的职业习惯。

(2)通过每月薪酬评价,形成长期稳定的职业劳动态度。

2.核心问题

超市服务员有哪些工作内容? 如何做好超市服务员的工作?

3.项目进程

(1)上岗要求:着装整齐,按时上岗,刷脸考勤。

(2)学习超市保洁技能:按照顺序扫地、拖地,擦货架要注意小心移动货架上的货物,擦门窗和玻璃。教师示范,学生模仿;学生实践,教师指导;同伴之间互相评价保洁效果。

(3)学习超市理货、补货技能:理货时,货品摆放整齐,货品名称、商标朝向顾客,便于顾客选择;根据货架上的货品数量补货,少于 2 个时及时补货,补货时要把货品型号和标签上的型号对应;定期检查商品保质期限,过期商品及时下柜。

(4)学习扫码收银:礼貌和顾客问好,将扫码枪对准货品条形码扫码,核对电脑上货品和实际货品数量,告诉顾客实际价格,顾客付款后及时给予小票。

(5)学习打包技能:食品和其他物品尽量分开打包;重物在下,轻物在上;易碎物品单独打包。

(6)岗位实践:分单一岗位实践和多岗位实践。教师评价并指导。

(7)薪酬评价:每天考勤打卡,考核工作态度、工作成效,每月汇总,根据考核得分核定每月工资。第二月月初发放上一月工资。

4.阶段性成果

基本上能遵守超市的规章制度,按时上岗,能熟练做好超市保洁、理货、补货、收银、打包等基本工作。每月通过过程性工作评价进行薪酬发放。

图 1-3-8　超市迎宾

图 1-3-9　整理货架

图 1-3-10　补货

图 1-3-11　商品信息核对

图 1-3-12　超市保洁

图 1-3-13　整理商品

图 1-3-14 填写价格标签

图 1-3-15 扫码收银

图 1-3-16 每月评价

图 1-3-17 发放工资

四、项目反思

(一)搭建平台,特殊青年职业能力得到提升

"梦想＋"融合超市作为第一家由培智学校开在校外的实体超市,为特殊青年的职业技能实践搭建了很好的平台。特殊青年在超市上岗期间,工作态度上有了很大提升,一开始还有拖拉、不到岗的情况,经过员工培训和考核后,逐渐遵守上班纪律,工作的积极性也越来越强。超市的实践技能可以直接迁移到自己将来的就业岗位。到 2020 年 8 月底,在"梦想＋"融合超市进行职业技能实践的 10 名超市营业员中,有 3 名营业员工作表现优秀,被孝丰宏德医疗有限公司录用,公司为 3 名员工缴纳五险,每月支付工资。他们的顺利就业不仅减轻了家庭的负担,而且让自己获得了社会的认可,可以过上普通人的幸福生活了。但是在项目实施过程中,很多学生很难独立完成超市服务的系列工作,只能完成单项工作,例如单纯做保洁、理货或收银工作,因此超市服务员的职业分工还可以细化。根据学生的不同能力,安排不同的职业岗位。

(二)创新实践,特教教师教育能力拓展

特殊青年的职业生涯规划和引导不能简单地停留在课堂灌输上。以"梦想＋"融合超市服务员的培养为研究对象,教师在设计和实施特殊青年的职业生涯过程中,不断拓宽教育思维,先后开设了洗车服务、美容美发等职业课程,迅速提高规划和实践职业课程的能力。

(三)立足项目,特教学校办学水平提升

以"梦想＋"融合超市为基础,以超市服务员职业岗位项目探索为起点,学校根据特殊青年的个人能力和区域经济发展特点,开发了洗车服务、农场种植、美容美发等七大职业项目,引导特殊青年树立职业理想,提升职业素养。学校立足这些职业项目,先后被评为安吉县劳动教育示范学校、湖州市劳动教育实验学校,办学水平不断提升。

调查型:家乡小小旅游规划师

安吉县报福小学　郑亚琴

一、项目简介

小学中高年级的学生处于生涯发展阶段的兴趣期,这时兴趣逐渐成为其行为选择的主要因素。该阶段的发展任务为:继续认知社会,了解社会的运作,了解和体验工作的意义,探索自己的兴趣。

旅游规划师已经成了热门职业。本项目让学生在真实情境中进行角色体验,通过调查、规划、设计、制作等学习方式,在实践中探究,在合作中解决问题,以激发学生对家乡旅游规划师的职业兴趣。

项目时长:5 课时,40 分钟/课时,共 200 分钟。

涉及学科:劳动、语文、信息。

涉及年级:四年级。

二、项目规划

(一)驱动性问题

作为家乡小小旅游规划师,如何为游客设计一份完美的旅游攻略,参与家乡建设,宣传家乡特色,为家乡的建设做出贡献?

（二）核心概念

表 1-4-1 "家乡小小旅游规划师"项目核心概念

类型		核心概念
学科	劳动	初步具有以自己的劳动服务学校、服务社区的信心与能力,初步形成主动关心他人的意识和公共服务意识,从小培养职业认知
	语文	语言建构与运用是指学生在丰富的语言实践中,掌握祖国语言文字特点及其运用规律,在具体语言情境中正确有效地运用祖国语言文字进行交流沟通,传播家乡文化
	信息	信息意识指个体对信息的敏感度和对信息价值的判断力。具备信息意识的学生能够根据解决问题的需要,自觉、主动地寻求恰当的方式获取与处理信息

（三）学习目标

表 1-4-2 "家乡小小旅游规划师"项目学习目标

涉及学科	学科目标	核心素养目标
劳动	培养学生在日常活动、问题解决、适应挑战等方面的实践能力、创新意识和行为表现,具体包括劳动观念、劳动能力、劳动习惯与品质、劳动精神	【人文底蕴】从语言维度上来讲,要求学生实现语言知识积累和建构,从而顺利进行语言运用 【科学精神】具有好奇心和想象力,有坚持不懈的探索能力,能大胆尝试,积极寻求有效的问题解决方法
语文	培养学生在学习、理解、运用人文领域知识和技能等方面的基本能力、情感态度和价值取向,具体包括人文积淀、人文情怀和审美情趣	
信息	具有学习、掌握技术的兴趣和意愿;具有工程思维,能将创意和方案转化为有形物品或对已有物品进行改进与优化等	【学会学习】培养学生乐学善学、勤于思考的能力 【责任担当】培养学生社会责任感 【实践创新】培养学生在日常活动、问题解决、适应挑战等方面的实践创新意识
职业规划	帮助自己确定职业发展目标,鞭策自己努力工作,有助于自己抓住重点;激发个人潜能,评估目前工作成绩	

（四）学情分析

（1）四年级的学生有了前三年学习的基础,通过收集资料、调查访问、实地体验、自主探究等方法对家乡的旅游有一定的了解。

（2）四年级的学生大部分能积极地探索问题、发现问题，有很强的求知欲，但是在问题解决、实践创新等方面，还不够积极，不敢探索。

（3）本项目中旅游规划工作看似简单，但对学生来说还是很难的。作为家乡小小旅游规划师需要选取合适的家乡景点，深入了解其特色，合理规划旅游线路，为游客推荐特产等。项目实施过程中需要教师适时指导，引导学生核算旅游成本、选择游览景点、安排交通食宿等，让学生更好地了解家乡，为游客做好服务，为家乡建设做出贡献。

（五）学习地图

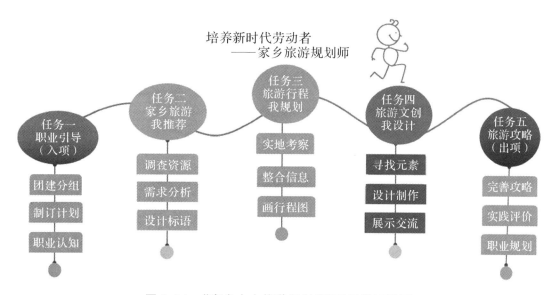

图 1-4-1 "家乡小小旅游规划师"项目学习地图

（六）项目评价

1.过程性评价

表 1-4-3 "家乡小小旅游规划师"项目过程性评价

类型			评价标准				自评	师评
项目环节	项目任务	项目指标	D	C	B	A		
任务一 职业引导	真实情境 了解职业	全面认识 检索信息	无问题 无计划	了解部 分职业	了解大部 分职业	全面了解 职业知识	☆☆☆	☆☆☆
任务二 家乡旅游 我推荐	调查资源 了解需求 设计标语	整理能力 搜集能力 合作能力	没调查 不合作 没设计	能调查 不合作 设计少	有调查 合作少 能设计	调查多 合作多 设计美	☆☆☆	☆☆☆

类型			评价标准				自评	师评
项目环节	项目任务	项目指标	D	C	B	A		
任务三 旅游行程 我规划	设计行程 考虑问题 解决方案	发散思维 统筹安排 迭代创新	没步骤 没想法 不推荐	步骤少 想法少 会推荐	有步骤 想法多 会推荐	步骤详 想法好 会推荐	☆☆☆	☆☆☆
任务四 旅游文创 我设计	文创设计 文创元素 文创推销	创新思维 设计美化 实践可行	无想法 无设计 无制作	想法少 能设计 推销少	有想法 设计巧 有推销	想法妙 设计巧 作品美	☆☆☆	☆☆☆
任务五 旅游攻略	成果展示 反思改进	批判思维 表达提升	成果少 没迭代 评价少	形式老 没创新 有评价	形式新 有创新 有评价	成果丰 创新多 评价新	☆☆☆	☆☆☆

2. 终结性评价

表 1-4-4 "家乡小小旅游规划师"项目终结性评价

终结性 评价	评价 指标	评价等级			评价结果		
		A	B	C	自评	互评	师评
成果	劳动 实践	能制作旅 游规划图	能制作旅游 规划图中的 几个环节	不会制作 旅游规划图	☆☆☆	☆☆☆	☆☆☆
	创作 新颖	设计图有 新意、美观	设计图简 单、较陈旧	没想法 设计不出来	☆☆☆	☆☆☆	☆☆☆
	充分 利用	思考全面 利用资源	思考单一 能拓展	不会思考 不会利用	☆☆☆	☆☆☆	☆☆☆
	情感 体验	积极表达 真情实感	表达胆怯 情感较少	不敢表达 情感不深	☆☆☆	☆☆☆	☆☆☆
汇报	表达	观点明确 条理清晰	观点较好 不够明确	无观点 不会表达	☆☆☆	☆☆☆	☆☆☆
	内容	全面具体 实事求是	不够全面 实事求是	不够具体 不实事求是	☆☆☆	☆☆☆	☆☆☆
	合作	积极参与 提问补充	能参与 但不回答	不想参与 也不回答	☆☆☆	☆☆☆	☆☆☆

三、项目实施

任务一:职业引导(入项)

1.学习目标

(1)能利用团建活动进行职业引导,分组游戏破冰。

(2)通过活动激活学生已有知识,让学生进行职业的初体验,对喜欢的职业产生憧憬。

(3)能够借助 KWH/KWL 表思维工具,鼓励学生提出自己的问题,设计者可以从这些问题中选择并将其转化成驱动性问题。

2.核心问题

如何利用已有知识和思维工具梳理项目中的问题呢?

3.项目进程

环节一:团建引导

破冰活动,成立小组,展开活动。

环节二:情境导入

某小学四年级的同学要来安吉研学,向我们求助,问:"安吉有哪些景点? 怎样安排行程才能玩得痛快? 可以带些什么特产回去送给自己的亲朋好友呢?"

作为安吉的小主人,你将如何规划,为湖州的同学或者其他游客设计一份实用、完美的旅游攻略呢?

环节三:入项活动

同学们,看到"旅游职业规划师"这几个字,你的脑海里会浮现出哪些问题呢? 你对这些问题的认知是什么呢? 请完成 KWH/KWL 表。对于你提出的问题,你觉得可以怎么解决呢? 请画出你对问题解决的思考流程图。

环节四:兴趣引导

观看相关视频,感受职业风采。

环节五:职业认知

借用 KWH 表来解决问题,用 5W1H 分析法了解项目内容,确定项目任务,完成职业畅想。

4.阶段性成果

(1)学生能利用 KWH 表回忆自己已有认知并能够提出一些相关问题。

表 1-4-5　KWH 表

K（Know） 对于规划师我已经知道了什么	W（What） 我还想知道什么	H（How） 我想运用这些知识解决怎样的问题

（2）按照 5W1H 分析法来了解项目内容

图 1-4-2　5W1H 分析法

任务二:家乡旅游我推荐

1.学习目标

（1）通过对家乡旅游资源的调查,明确旅游要素,并对收集到的信息进行归类整理,找到最具特色的信息。

（2）制订游客需求调查表,明确游客信息,为规划资源做铺垫。

（3）能结合特色,多元设计标语,为家乡旅游做宣传。

2.核心问题

为了更好地满足游客的需求,推荐更具特色的家乡旅游资源,你将做哪些准备呢?

3.项目进程

环节一:情境引入

出示安吉景点照片或视频,大家猜一猜是哪个景点。你去过哪些景点? 聊一聊你熟悉或感兴趣的景点吧!

环节二:调查资源

开展一次家乡旅游资源调查,做好景点介绍,例如"江南天池"的介绍。

表 1-4-6　调查家乡旅游资源方法

景点名称:江南天池

信息项目	历史	地理位置	地域文化	游玩项目	交通情况	周边环境
信息内容	2000 年 12 月 25 日完工,历时 8 年	位于海拔近千米的安吉县天荒坪镇	"灵鹫峰"卧佛,是快乐吉祥、安康、幸福的象征	江南冬季野外滑雪场	盘山公路长达 18 千米	竹海茫茫,时有涧水瀑布

景点名称:＿＿＿＿＿＿

信息项目	历史	地理位置	地域文化	游玩项目	交通情况	周边环境
信息内容						

环节三:需求分析

知己知彼,才能更好地推荐。游客又有哪些需求呢？我们做一次调查吧！

表 1-4-7　游客需求调查表

	个人喜好	出行方式	行程距离	停留时长	预计消费
游客需求调查					
	年龄阶段	随同人员	游玩目的	倾向类型	禁忌/忌讳

结合这份游客需求调查表,我发现家乡旅游资源中,游客比较喜欢(　　　　)类的旅游资源;如果要吸引(　　　　)类游客,我们还需要加强(　　　　)类旅游资源的建设。

环节四:设计标语

选择一种宣传方式,宣传家乡旅游资源,如制作一张包含宣传语或简要介绍的明信片,并将它推荐给远道而来的游客。

表 1-4-8　旅游资源宣传标语设计表

旅游资源名称:＿＿＿＿＿＿＿＿＿

宣传方式:＿＿＿＿＿＿＿＿＿

图文设计:

任务三:旅游行程我规划

1. 学习目标

(1)通过观察旅游行程图,了解它的特点。

(2)根据旅游行程图的特点和游客的需求,设计一份直观、细致的旅游行程图。

2. 核心问题

家乡景点那么多,做好服务是目的,你将如何设计一份直观、细致的旅游行程图,帮助游客规划最佳的行程路线呢?

3. 项目进程

环节一:情境导入

外地学生要来安吉开展3天的研学活动了,怎样安排旅游路线最合理呢?作为家乡的旅游规划师,你能设计一份直观、细致的旅游行程图,帮游客们规划最佳的旅游路线吗?

环节二:实地考察

做好准备,我们走进旅游景点去了解一下具体信息吧,并挑选1—2个作为备选景点,记录考察信息。

表 1-4-9　旅游景点考察信息记录表

考察内容	考察点位	考察信息记录
景点	名称	
	位置	
	适合人群	
餐饮服务	口味	
	价格	
	订餐	
娱乐项目	名称	
	防护提示	
特色物产	名称	
	作用	

续　表

考察内容	考察点位	考察信息记录
交通方式	交通工具	
	价格	
	说明	
住宿服务	环境	
	价格	
	服务	

环节三：设计行程图

根据游客的需求，设计一份直观、细致的旅游行程图。

图 1-4-3　旅游行程图

4.阶段性成果

经过组员的实地考察，小组完成信息资料采集，进行旅游行程规划，并在课堂中展示和汇报。大家在合作交流中修改，完成多种旅游行程图。

任务四:旅游文创我设计

1.学习目标

(1)通过图片、小游戏了解什么是文创、文创作品的元素,以及文创作品的不同分类。

(2)绘制文创设计图,准备材料,选择工具,细化制作过程。

(3)能根据"文化＋创意＋设计"的思路,设计并制作一份文创作品,宣传家乡旅游资源。

(4)展示并交流作品,在活动过程中汲取经验,优化作品。

2.核心问题

为了让游客能记住美丽的安吉,你能设计一份具有家乡特色又创意十足的旅游文创作品送给他们吗?

3.项目进程

环节一:情境导入

小游客们马上就要结束快乐的旅程了,为了让他们能记住美丽的安吉,你能设计一份具有家乡特色又创意十足的旅游文创作品送给他们吗?

环节二:寻找元素

找一找旅游纪念品,说说这些产品有哪些特点。

 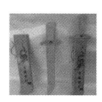 

这些旅游纪念品很有创意,我发现了旅游文创产品具有共同的特点:
_____

图 1-4-4 寻找旅游纪念品

环节三:设计与制作

当一名文创设计师,根据"文化＋创意＋设计"的思路来设计文创产品,赶紧来试试吧。

表 1-4-10 旅游文创作品设计与制作

文创作品名称		
我的设计图		
制作过程	准备材料 （供选择）	
	使用工具 （供选择）	
	具体流程	
	遇到困难及解决方法	
	成果展示形式	
自我评价		

4.阶段性成果

学生根据学校特色项目——空竹,进行文创产品设计,制作会发光发声的空竹。经过创意设计,制作空竹形的香包,既美观又实用。

图 1-4-5 改进空竹设计文创教学

任务五:旅游攻略(出项)

1.学习目标

(1)通过对家乡旅游资源的调查,对旅游攻略有基本的设计框架。

（2）根据游客的真实需求，深入分析，规划最佳旅游攻略。

（3）在设计和规划的过程中，学生对职业有了更深入的了解。

2. 核心问题

如何在考虑推销家乡资源、满足游客不同需求的前提下，设计最佳的旅游攻略？

3. 项目进程

环节一：情境导入

五一小长假马上要到了，大批游客要来安吉游玩。有一家三口，有老年团队，有挑战探险的"驴友"……我们能设计不同的旅游攻略让游客挑选吗？

环节二：设计攻略

分组，根据不同景点考虑不同需求，互相研究，设计某景点的攻略，用图的形式展示，并选好讲解员为游客做细致解说。

```
                        旅游路线行程卡

    旅游对象：_____    旅游景点：_____

    旅游路线：_____    旅游天数：_____

    游客费用：_____    特色推荐：_____

    安防措施：_____
```

图 1-4-6　旅游路线行程卡

环节三：分享感受

场景演绎，实地讲解，为游客做好服务。

活动结束，组员间互相谈谈对活动的感受，在实践中反思，在活动中成长。

4. 阶段性成果

根据游客需求，设计多份旅游攻略供游客选择。

图 1-4-7　旅游攻略设计展示

四、项目反思

(一)聚焦职业,引导学生认识自我

本项目在每一个任务驱动中都有明确的、具体的学习目标,每一次的活动都是围绕学习目标来制定的,有的放矢。通过查找资料等多种方法,学生解决了疑问,了解了职业知识,提升了学科素养。通过动手设计旅游行程图,学生提高了劳动意识、创作能力,初步有了职业体验。

(二)关注学科,体验生动有趣的内容

本项目创设的职业体验,极大地激发了学生的学习兴趣。学生将所学运用于项目中,建立了知识与实际生活的联系,并迁移运用于新的情境中,形成新知识。借助KWH 表格、5W1H 分析法、思维导图、流程图、设计图等多种学习支架,在真实的环境中研究、学习、设计,运用多学科知识和能力,多角度解决问题,推动了高阶思维的

发展。

(三)注重评价,过程中感受成长

教师在每一个子项目结束时,都要给予学生恰当有效的反馈,对出现的问题和个性特点量体裁衣,提出切实可行的解决办法。如果反馈不及时,时间拖得越久,学生的互动热情就越弱。学生根据要素进行规划,在制作和展示阶段全程对标,只有这样方能有效迭代。每一环节通过分析问题与解决问题点对点相扣,让学生感受到问题解决得严谨和有序,在思想碰撞中群策群力,提出更为完善的方案。

第二篇
生涯体验·燃烧吧小宇宙

制造:伞之家

湖州市东风小学教育集团 陆志浩

一、项目简介

我校建设路校区始建于 20 世纪七八十年代,曾是湖州三中的校址,校园中的很多建筑设计未考虑到现今小学生的需求,如教学楼廊道狭窄、每个楼层没有厕所等。一旦遇到下雨天,每个教室外面还需要放置一个整理箱摆放学生的雨伞,使本就不宽的走廊更显狭窄。

为此,需要校园工程师们设计制作一款适合我们校园的伞架,能在有限的空间有序、齐整、美观地放置学生的雨伞。

通过思考、设计、制作等,提升学生对工程师职业的认知。

项目时长:10 课时,40 分钟/课时,共 400 分钟。

涉及学科:科学、技术、工程、美术、数学。

涉及年级:五年级。

二、项目规划

(一)驱动性问题

教学楼廊道狭窄,校园工程师们该如何设计制作一款既能将伞放置整齐,又不过多占用走廊空间的伞架呢?

(二)核心概念

表 2-1-1　"伞之家"项目核心概念

类型		核心概念
学科	科学	通过对框架结构、三角形结构、拱形结构等知识的学习,选择合适的结构设计,建造伞架
	技术	通过对榫卯结构的学习,能在设计、建造中运用一定的榫卯结构
	工程	通过对工程技术流程的大致学习,能较规范、准确地绘制设计图和制作模型
	美术	利用图形、纹样、色彩美化伞架
	数学	利用比例尺绘制设计图

(三)学习目标

表 2-1-2　"伞之家"项目学习目标

学科目标	素养目标
1.了解技术与工程实践的一般过程和方法,针对实际需要明确问题,提出有创意的方案,并根据科学原理或限制条件进行筛选;实施计划,利用工具和材料进行加工制作;根据实际效果进行修改迭代;用自制的简单装置及实物模型验证或展示某些原理、现象和设想[《义务教育科学课程标准(2022 年版)》p.5] 2.在劳动中主动克服困难,初步形成不怕辛苦、积极探索、追求创新的精神[《义务教育劳动课程标准(2022 年版)》p.9] 3.了解"实用与美观相结合"的设计原则,为班级、学校的活动设计物品,体会设计能改善和美化我们的生活[《义务教育艺术课程标准(2022 年版)》p.9]	【探究实践】了解工程需要经历明确问题、设计方案、实施计划、检验作品、改进完善、发布成果等过程;能制作把科学原理转化为技术产品的简单装置,应用形象的模型演示抽象的科学原理;具有一定的构思、设计、优化、实施、验证能力 【劳动能力】能发现生产劳动中的需求与问题,运用基本生产知识与技能,选择合适的工具、材料,合作完成简易工业产品的设计与制作,初步具备从事简单生产劳动的能力 【态度责任】表现出对创新的乐趣,初步形成质疑和创新的品格;乐于合作与交流,善于通过小组合作,共同解决科学、技术与工程问题

(四)学情分析

(1)五年级的学生已经具备了一定的沟通、合作能力。在科学学习过程中已经形成了四人小组合作模式,因此在开展项目合作时更加自信,配合得更好。

(2)五年级的学生在科学课上已经学习了工程与技术,但只是初步涉及,还不够系统。

（3）五年级的学生动手能力较弱，尤其是对各种工具的使用需要教师的指导和安全提醒。

（五）学习地图

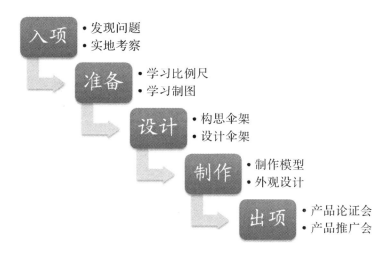

图 2-5-1 "伞之家"项目学习地图

（六）项目评价

1. 过程性评价

表 2-1-3 "伞之家"项目入项环节评价

主要指标	评价标准		
	新手	熟练	典范
分工合作	小组分工不明确，只有一两个学生在指挥或做事，小组成员之间缺少沟通	小组分工明确，个别成员不知道自己的分工；小组成员间有一定的沟通交流，缺少对他人建议的思考	小组分工明确，每个成员都能完成自己的任务，并能认真对待其他成员的建议，有选择性地接受，改进设计

表 2-1-4 "伞之家"项目准备环节评价

主要指标	评价标准		
	新手	熟练	典范
分工合作	小组分工不明确，只有一两个学生在指挥或做事，小组成员之间缺少沟通	小组分工明确，个别成员不知道自己的分工；小组成员间有一定的沟通交流，缺少对他人建议的思考	小组分工明确，每个成员都能完成自己的任务，并能认真对待其他成员的建议，有选择性地接受，改进设计

主要指标	评价标准		
	新手	熟练	典范
知识掌握	不知道活动中蕴含的科学原理；不知道如何开展实验活动	大致了解活动中蕴含的科学原理；能模仿开展实验活动	完全理解活动中蕴含的科学原理，并能举一反三；能主动开展实验活动，有自己的见解
设计图	缺少示意图，缺乏相应的文字、符号标记	能画出简单的设计示意图，但缺乏相应的文字、符号标记	能够绘制设计示意图，使设计方案可视化，能在示意图上标出部件、尺寸、需要的材料，还能正确使用计量单位

表 2-1-5　"伞之家"项目设计环节评价

主要指标	评价标准		
	新手	熟练	典范
分工合作	小组分工不明确，只有一两个学生在指挥或做事，小组成员之间缺少沟通	小组分工明确，个别成员不知道自己的分工；小组成员间有一定的沟通交流，缺少对他人建议的思考	小组分工明确，每个成员都能完成自己的任务，并能认真对待每个成员的建议，有选择性地接受，改进设计
设计过程	学生或者团队没有按照设计流程进行或者给出的信息不完整	学生或者团队按照设计流程进行并完成了原始的计划	学生或者团队按照设计流程进行并完成了原始的计划，同时非常注重细节
设计图	缺少示意图，缺乏相应的文字、符号标记	能画出简单的设计示意图，但缺乏相应的文字、符号标记	能够绘制设计示意图，使设计方案可视化，能在示意图上标出部件、尺寸、需要的材料，还能正确使用计量单位

表 2-1-6　"伞之家"项目制作环节评价

主要指标	评价标准		
	新手	熟练	典范
分工合作	小组分工不明确，只有一两个学生在指挥或做事	小组分工明确，但个别成员不知道自己的分工	小组分工明确，每个成员都能完成自己的任务
模型制作	模型与设计图不符，不能完成演示	模型与设计图基本符合，基本能完成演示，但还有一定的缺陷	模型与设计图完全一致，顺利完成演示

表 2-1-7 "伞之家"项目出项环节评价

主要指标	评价标准		
	新手	熟练	典范
小组展示	小组对设计和制作过程的描述缺乏逻辑,不能说明结果	小组进行了部分环节展示,但不具体,部分显得混乱、无意义	声音洪亮且清晰;结果展示明确,突出了活动的意图和意义,整体逻辑清晰

2. 终结性评价

表 2-1-8 "伞之家"项目终结性评价

职业成就	评价标准		
	新手	熟练	典范
团结协作(分工合作)	小组分工不明确,只有一两个学生在指挥或做事	小组分工明确,但个别成员不知道自己的分工	小组分工明确,每个成员都能完成自己的任务
心灵手巧(项目手册)	在整个项目过程中,学生草草地完成了项目手册	在整个项目过程中,学生较认真地完成了项目手册,记录了项目过程的大部分细节	在整个项目过程中,学生认真地完成了项目手册,记录了设计过程的全部数据,并分析了本组项目的优缺点
独具匠心(模型制作)	模型与设计图不符,不能完成演示	模型与设计图基本符合,基本能完成演示,但还有一定的缺陷	模型与设计图完全一致,顺利完成演示
能说会道(小组展示)	小组对设计和制作过程的描述缺乏逻辑,不能说明结果	小组进行了部分环节展示,但不具体,部分显得混乱、无意义	声音洪亮且清晰;结果展示明确,突出了活动的意图和意义,整体逻辑清晰

三、项目实施

任务一:发现问题,开展实地调查

1. 学习目标

(1)能熟练运用卷尺测量教学楼廊道。
(2)实地测量并记录教学楼廊道的相关数据。

2. 核心问题

如何获取教学楼廊道的各项数据?

3. 项目进程

环节一:情境导入

收到了校园大队部发来的少代会提案,要求解决雨天学生"放伞难"的问题。

环节二:实地测量

要制作一个适合放置在走廊上的伞架,就需要学生掌握走廊及墙体的各项参数。

为了能拿到第一手的数据资料,教师教学生如何使用卷尺,如何利用卷尺进行测量,并注意安全提示。经过实地测量将数据记录在表格中,为之后设计伞架提供依据。

表 2-1-9 "伞之家"项目测量参数记录单

请利用卷尺测量廊道、栏杆、墙体等参数。注意安全!

廊道参数			
廊道长度	cm	廊道宽度	cm
栏杆参数			
栏杆墙体高度	cm	栏杆扶手高度	cm
栏杆墙体厚度	cm	教室前栏杆长度	cm
排水口间距	cm		
墙体参数			
前门到后门长度	cm	地面到窗台高度	cm
窗台1长度	cm	窗台2长度	cm
窗台宽度	cm	墙面瓷砖总高度	cm

环节三:伞类统计

雨伞的种类有很多,长短也各不相同。为了能制作出适合每个班级的伞架,学生们抽取6个班级为样本,利用下雨天对这6个班级的学生的雨伞数量、种类、长短进行了统计。

表 2-1-10 "伞之家"项目伞类统计单

班级( )

班级人数	人	雨伞数量	把
长柄伞数量	把	短柄伞数量	把
特殊类别伞			

注:特殊类别伞指与普通伞的伞柄、长短、粗细情况不同的雨伞(如反撑伞、双人雨伞等)。

4.阶段性成果

学生利用课余时间测量了每个班级的墙体、栏杆等参数,并记录到记录单上。利用雨天到 6 个班级统计雨伞种类和数量,并记录到记录单上。

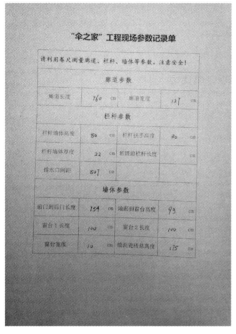

图 2-1-2 测量参数记录单

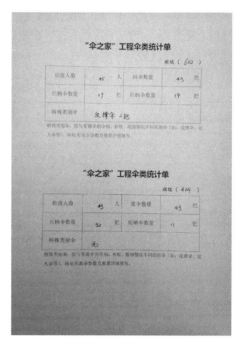

图 2-1-3 伞类统计单

任务二:学习绘制设计图

1.学习目标

(1)了解比例尺,并会利用比例尺进行计算。
(2)通过比例尺计算出缩小后的尺寸。
(3)了解设计图的基础知识。

2.核心问题

如何确定伞架的缩小比例并绘制设计图呢?

3.项目进程

环节一:学习比例尺

设计图往往要依照实际情况进行等比例缩小后才能绘制。在数学老师的指导下,小工程师们学习了比例尺的相关知识。

环节二:学习绘制设计图

教师从工程学的角度给大家讲解什么是设计图,设计图应该如何去绘制,绘制设计图的注意事项,等等。通过翔实的案例,让学生更好地学习绘制设计图。

环节三:绘制课桌设计图

仔细观察课桌的结构,利用卷尺测量课桌的长度、宽度、厚度等参数,根据学习单的要求画出课桌的结构图纸。

表 2-1-11 "伞之家"项目制图学习单

仔细观察课桌的结构,认真测量课桌的各项参数,按要求画出课桌的结构图纸

桌面长度	cm	桌面宽度	cm	桌面厚度	cm
桌腿高度	cm	桌腿宽度	cm	金属架长度	cm
金属架厚度	cm	比例尺			

平面图

立面图

剖面图

任务三:构思伞架

1. 学习目标

(1)能提出伞架需要满足的需求。

(2)能以绘制草图的方式提出伞架的构思。

2. 核心问题

设计的伞架要解决哪些需求呢?

3. 项目进程

环节一:构思伞架提需求

伞架需要具备哪些功能呢?

环节二:构思伞架画草图

各小组明确伞架的基本需求和特殊需求,在组内开展头脑风暴,列举可以解决基本需求的方案,讨论方案的可行性,并将想法以草图的形式绘制在表格中。

表 2-1-12 "伞之家"项目构思

类型	内容
基本需求	1.能足够放置全班同学的雨伞 2.能同时放置长柄和短柄伞 3.尽量少占用楼道的宽度 4.具有排水功能,不让雨伞上的雨水滴落在地面上 5.伞架使用方便,造型美观
特殊需求	1.伞架最好有防丢功能,防止学生误拿雨伞 2.伞架在天晴的时候最好可以收起,或成为摆放其他物品的架子,如花架
构思草图 (可附纸)	
我们遇到 的困难	

4.阶段性成果

学生绘制构思草图。

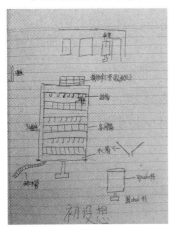 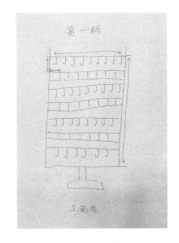 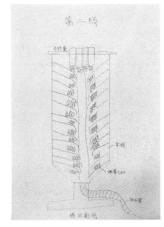

图 2-5-4 某小组构思草图修改方案

任务四:设计伞架

1.学习目标

(1)能分析其他小组设计的优缺点,提出自己小组的困难之处。

(2)能完成伞架的设计图。

2.核心问题

如何设计廊道的伞架呢?

3.项目进程

环节一:设计答疑会

经过草图构思,各小组对伞架的设计与制作已经有了一定的思路,但也遇到了一些困难和疑惑。为了帮助学生更好地答疑解惑,同时调动学生自主探究的积极性,教师组织学生开展了"设计答疑会",利用5W1H分析法集思广益解决难题。

表 2-1-13　5W1H 分析法

分析法	具体问题	提问目的
Who	谁(哪些人)是伞架的使用者	明确受众群体,发现不同年级的学生身高有明显的差异,伞架高度应呈现差异性或普遍性
Where	伞架安装在何处	由于空间因素,伞架安装的位置是极具挑战性的
When	什么时候用到伞架	雨天会用到伞架,那不下雨的日子伞架又该如何处置,或起什么作用呢
Why	为什么要设计这样的伞架	伞架的功能(或优势)有哪些
What	伞架需要用到什么材料	对伞架材料的成本、安全性等因素进行考量
How	如何实施或实现解决方案	具体的实施方案

环节二:绘制设计图

学生根据设计要求,将构思草图转换为设计图,充分发挥每个小组的集体智慧,设计出不同款式、不同功能、不同创意的伞架。

表 2-1-14　"伞之家"项目设计

设计要求:

1.伞架基本需求必须全部满足,特殊需求能满足的在□中"√";

2.选择恰当的比例尺,使用规范设计符号,标注详细数据,完成设计图;

3.基于伞架的用途、造型、安全性等方面确定制作伞架的主材。

类型	内容
基本需求	1.能满足全班同学放置雨伞的需求 2.能同时放置长柄伞和短柄伞 3.尽量少占用楼道的空间 4.具有排水功能,不会让雨伞上的雨水滴落在地面上 5.伞架使用方便,造型美观
特殊需求	□1.伞架最好有防丢功能,防止学生误拿雨伞。 □2.伞架在天晴的时候最好可以收起,或成为摆放其他物品的架子,如花架
比例尺	
伞架主材	
设计图 (可附纸)	平面图
	立面图
	剖面图
	细节图

4.阶段性成果

学生设计出不同款式、不同功能、不同创意的伞架。

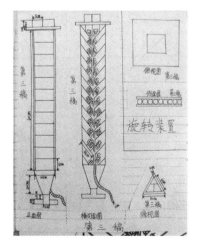

图 2-1-5 立式旋转伞架设计图

图 2-1-6 伸缩式伞架设计图

任务五：制作模型

1.学习目标

（1）能利用信息技术设计模型零件。
（2）能小组合作安装设计图并完成模型建造。

2.核心问题

如何建造廊道的伞架模型呢？

3.项目进程

充分利用信息技术资源，根据设计图建造伞架模型。用电脑设计零件，通过激光切割机、3D打印机完成零件制作，在木工操作区完成组装，各小组内学生分工合作，共同完成伞架模型制作。

4.阶段性成果

学生借助电脑软件建立伞架 3D 模型，并合作完成伞架模型制作。

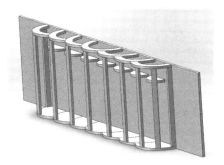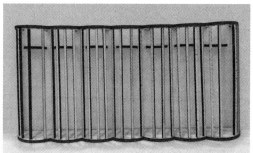

图 2-1-7　伞架模型

任务六：外观设计

1.学习目标

（1）能结合校园文化对伞架进行外观设计。
（2）外观设计具有一定的审美性。

2.核心问题

如何美化伞架的外观呢？

3. 项目进程

环节一:了解校园文化

完成伞架模型制作后,学生发现伞架外观需要美化。为了帮助学生设计符合校园文化的伞架外观,教师建议学生去参观"启善"实践中心的校史馆,从学校历史中汲取灵感。

环节二:设计伞架外观

在参观了校史馆后,学生从学校的办学理念"东风化雨,润物无声"中获得灵感,以"四季"为设计主题,寓意春华秋实,感谢学校的培养之恩。同时,利用学校"启美"艺术空间中生产的扎染布料来制作"四季"图样。

4. 阶段性成果

学生利用扎染布料对伞架进行了美化。

图 2-1-8 伞架美化前后对比(夏款)

任务七:项目论证会

1. 学习目标

(1)能展示各小组伞架的优势。
(2)能点评其他小组的优点和缺点。

2. 核心问题

论证廊道伞架是否真的具有可行性。

3. 项目进程

环节一:功能展示

每个小组上台展示伞架功能,由"首席发言"介绍本组伞架的设计思路、优势与特色,同时由其他成员演示伞架的各项功能。

环节二:产品论证

各组代表根据各小组设计的伞架,多角度进行提问,从实用性、安全性、可行性、美观性等全方位进行论证。

任务八:项目推广会

1. 学习目标

(1)能向外展示设计的作品。
(2)推广设计的作品。

2. 核心问题

如何向外推广廊道的伞架呢?

3. 项目进程

环节一:撰写推广稿件

在语文老师的指导下,学生完成了伞架的推荐稿。

环节二:远程项目推广

在老师的帮助下,通过智慧大屏和钉钉会议功能与相关单位的负责人进行远程连线,通过网络进行面对面的项目和产品的介绍和推广。

4. 阶段性成果

学生们通过网络与相关单位负责人进行远程连线推广。

图 2-1-9 远程推广会

四、项目反思

校园工程师之"伞之家"项目是基于校园改建,让学生体验设计师职业生涯的项目活动。本项目强化了学生的职业代入感,让学生在项目中收获了设计师职业带来的成就和艰辛,为学生现在的学习提供动力,为将来的职业规划提供依据。

(一)"最佳"与"合适"之争,推动项目打开格局

本项目基于校园改建,问题意识源自日常生活,学生在学习生活中亲身体验到不便,从而引发了校园改建的想法。在整个项目过程中每个小组都竭尽全力去设计和制作,都想在最终的论证会上拿出最佳方案。最终,经过学校的多方评定"最佳"方案落选了,"平平无奇"的方案反而是最合适的。这样的反转让参与的每个人都惊诧不已。经过仔细分析,"最佳"方案的尺寸占用了更多的廊道空间,防盗的设想难以实现,美化方案也与廊道环境不符。通过这个事件,教师和学生都了解到项目的格局需要打开,要有整体意识和大局观。

(二)从"混乱"到"有序",助力学生收获成就

在项目化学习中,以团队为单位开展活动是必然的选择。在本项目开展之初,教师将各班学生打散,保障每个小组没有相同班级的学生,并且不设立组长,鼓励学生在项目的准备阶段互相了解、竞争上岗。这样的方式让各个小组出现了一段时间的混乱,一定程度上影响了项目开展的进度。但是,1周后(2次课)有2个小组已经产生了组长,2周后(4次课)基本每个小组都选出了组长,这样自然产生组长的方式,减少了组内摩擦,增强了小组的凝聚力,也让学生学会了团结协作。

(三)"劳心"和"劳力"结合,体验职业工作艰辛

学生一遍遍地修改设计、校对数据、绘制图纸,在这样反复的修改中体会到设计师这份职业心理和精神上的疲劳和艰辛。用美工刀时手上起了水泡、502胶水滴在手上很难清洗、学习木锯时不小心割伤了手指等等让学生体会到设计师的艰辛。通过这样的方式,学生了解了工作的不易、生活的不易,会更珍惜现在的生活,同时能更好地面对将来的工作。

设计:趣雅阅读,自制书籍封面

长兴县第一小学　王秋廷

一、项目简介

　　一本书的封面设计,会直接影响读者对它的阅读兴趣和接受程度。我们如何设计一个主题为"长兴印象"的书籍封面？围绕自制书籍封面这一核心问题,搭建支架、储备知识,进行头脑风暴、构思方案等,体验封面设计师的独特审美与创意。通过对封面的文字、图形和色彩进行合理安排,巧妙布局搭配,增进对书籍封面设计师职业能力的了解,感受职业传递的审美趣味和家乡的时代烙印！

　　项目时长:5课时,45分钟/课时,共225分钟。

　　涉及学科:科学、技术、艺术。

　　涉及年级:四年级。

二、项目规划

(一)驱动性问题

如何设计体现长兴风貌的书籍封面？

(二)核心概念

表 2-2-1 "趣雅阅读,自制书籍封面"项目核心概念

类型		核心概念
学科	科学	工程设计与物化
	技术	基于学生已有的知识经验和认知水平,通过综合实践,解决真实情境中的问题
	艺术	通过观察、设计、绘画创作表现所见所闻、所感所想,激发想象
跨学科		收集数据信息,并穿插在整个项目中,一一呈现

(三)学习目标

表 2-2-2 "趣雅阅读,自制书籍封面"项目学习目标

涉及学科	学科目标	素养目标
科学	1.能运用观察、实验、查阅资料、实地调查、案例分析的方式获取信息,用科学语言、概念图、统计图表等记录整理信息,表达探究结果,并运用分析、比较、推理、概括等方法得出科学探究的结论 2.能在教师引导下,设计调查活动,收集信息;尊重他人的情感,整理信息,得出结论,具有构图交流的能力	【探究实践】针对实际需求乐于探究和实践,尊重他人的情感和态度。善于合作,乐于分享 【艺术表现】增强形象思维,培养热爱生命与生活的态度 【创意实践】综合运用多学科知识,紧密联系现实。有助于学生形成创新意识
艺术	1.通过设计应用,学生结合生活和社会情境,运用设计与工艺的知识、技能和思维方式,开展基于问题的学习,基于项目的学习,进行传承和创造 2.引导学生以小组合作的方式,结合地域特色,探究美术与身边的自然环境、传统文化相结合的问题。引导学生理解"美术与其他学科相融合"可以富有创意地解决问题	

(四)学情分析

(1)四年级的学生在艺术学情方面能较好地表现平面形象、立体造型;能够大胆地发挥想象,富有生活情趣;有较强的创新意识和较好的心理品质,并且有一定的沟通、协作能力;有成立合作小组、互助合作的团队学习经验。

(2)四年级的学生对书籍封面设计要素把握得不清晰,导致封面内容脱离实际;缺乏从更加整体、合理的角度进行思考与设计的能力。

（五）学习地图

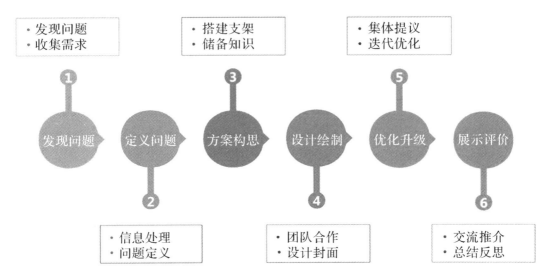

图 2-2-1 "趣雅阅读，自制书籍封面"项目学习地图

（六）项目评价

1. 过程性评价

表 2-2-3 "趣雅阅读，自制书籍封面"项目过程性评价

维度	评价标准		
	☆	☆☆	☆☆☆
学习准备 工具使用 合理表达 构图合作	没有按照一定的要求做好相应的准备	能够做好基本的准备工作	会积极倾听教师的要求，充分完成所有准备工作
	不能完成设计思维工具表格，不会与自己的同伴合理沟通	会耐心地做完设计思维工具表格，并根据表格内容进行分享	会利用设计思维工具表格信息，准确定义问题，大胆合理地表达自己的想法
	不能接受他人的意见，坚持以自我为中心	能够接受别人的意见，耐心地聆听他人的想法	能够积极有效地互相沟通设计方案
自我评价			
自我反思	我的亮点		
	我的不足		

2.终结性评价

表 2-2-4 "趣雅阅读，自制书籍封面"项目终结性评价

评价项目	项目评价要点	分级	得分
掌握方法	利用 AEIOU 表格分解信息	☆	
	能利用工具信息定义问题，并掌握使用工具的方法	☆☆	
协作能力	学会基本的小组合作	☆	
	能够聆听、表达、分享和协作	☆☆	
解决问题	能根据项目内容提出不同类型的建议	☆	
	在实践的过程中遇到问题能够积极独立地完成	☆☆	
自我管理	和同伴讨论做了什么和学会了什么	☆	
	对项目过程和项目成果进行及时的反思和总结	☆☆	
总分			

三、项目实施

任务一：发现问题，收集需求

1.学习目标

（1）会利用支持性工具分解信息、分类观察并汇总信息。
（2）会运用同理心移情思考中外游客（读者）的需求。
（3）会利用多种途径获取、整理、筛选有效信息。

2.核心问题

好的书籍封面应具备哪些要素？

3.项目进程

（1）出示情境：学生在书店、图书馆认真看书的照片，在教室自习看书的照片。
（2）引导学生利用 AEIOU 表格（A 指活动，E 指环境，I 指交互，O 指物品，U 指用户）对情境进行分解，分类观察。
（3）引导学生利用用户移情图，站在读者的角度移情思考，发现痛点。
（4）组织学生在全校范围内开展"我喜爱的书籍封面"问卷调查，收集读者（学生）的真实需求。

①你喜欢什么样的书籍封面？

②封面上的哪些内容是你感兴趣的？

③你觉得书籍封面具有哪些功能？

④你觉得如何设计会更加吸引人呢？

4. 阶段性成果

学生利用思维工具表格发现问题，收集真实需求。按照活动、环境、交互、物品和用户五大类别进行分类观察，能够快速地以设计师的身份代入角色，深入思考书籍封面设计。

图 2-2-2　AEIOU 表格的绘制展示

任务二：信息处理，问题定义

1. 学习目标

（1）借助 POV 表格聚焦驱动问题。

（2）引导学生对前期收集到的信息再次进行整理，寻求解决方法。

2. 核心问题

如何为中外游客设计一个主题为"长兴印象"的美观且有创意的书籍封面？

3. 项目进程

环节一：多层次、多方位讨论学习，探究驱动性问题

学生的讨论聚焦于三点：这本书为谁写的（读者群体的定位）；这本书讲了什么内容（读者需求的主题）；如何进行外观美化与设计排版（设计封面的基本元素及组合方式）。教师借助 POV 表格，从"我观察了""我发现了""我猜想可能是因为"三方面来聚焦问题，寻求解决方法。

环节二：分析读者需求，聚焦核心问题

出示问题，定义公式"我们该（如何绘制），为（谁，读者——中外游客），做点（什么，绘制书籍的封面），要解决（什么问题，通过阅读认识家乡，了解长兴）"，组织学生小组交流讨论。

环节三：确定标准，确定驱动性问题

对好的书籍封面标准意见达成一致，确定主题为"长兴印象"，美观且具有创意。明确驱动性问题：如何为中外游客设计一个主题为"长兴印象"的美观且有创意的书籍封面？

4. 阶段性成果

学生完成用户移情图的设计，移情思考，发现痛点，从而发现用户的需求。只有基于对需求的深入了解，挖掘问题的本质，才能真正解决问题。

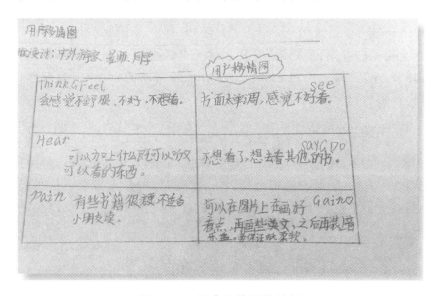

图 2-2-3 用户移情图的绘制

任务三：搭建支架，储备知识

1. 学习目标

（1）引导学生完成支持性工具表格。

（2）掌握自主学习的相关技能。

2. 核心问题

设计封面的基本元素有哪些？

3. 项目进程

环节一：认识 TPE 支持性工具，并完成表格

TPE 是一种支持性工具，是 think，puzzle，explore 三个单词的缩写，意思为"思考—疑惑—探究"。针对驱动性问题，大家把想法写在对应颜色的便签纸上，依次完成 TPE 工具表单中的三个问题，结束后请小组代表上台合并同类项，找出高频词汇（在便签纸上出现次数比较多或者相同意思的词语）。

环节二：提炼词汇，解决核心问题

通过学生完成的支持性工具表，发现在便签纸上出现次数较多的词汇是"设计""组成""顺序""长兴印象"等，引导学生认识设计封面的基本元素（书名、作者、插图、出版社），思考这些元素的基本排列组合方式是什么（以竖构图为主），"长兴印象"包括哪些内容（学生分享有关长兴的好词好句、美食美景）。

环节三：自主体验趣味活动

引导学生根据已有知识掌握情况自主体验老师提供的支持性活动，学习相关知识。（游戏环节：小巧手，来快拼。请学生将打乱的封面元素，合理美观地拼一拼、排一排，体验设计师的封面排版之趣。）

4. 阶段性成果

学生完成"小巧手，来快拼"游戏的自主体验，掌握了基本的书籍封面排版方式。在 TPE 支持性工具中，教师有意识地采用了分层提问的教学策略。这不仅是在降低难度，而且是在为学生搭设思维支架，呈现思维过程，是实现思维可视化、可持续发展的过程体现。

图 2-2-4 学生自主体验快拼封面排版

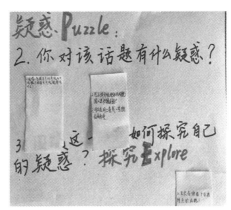

图 2-2-5　TPE 支持性工具的设计

任务四：团队合作，设计封面

1. 学习目标

(1)能对封面主题"长兴印象"进行联想构思，并权衡决策统一设计方案。

(2)能规范设计封面草图，并进行简要的设计说明。

(3)能互相吸纳好的建议，并对设计方案进行修改和优化。

2. 核心问题

"长兴印象"代表什么？怎么去表现？

3. 项目进程

环节一：头脑风暴，构思金点子

引导学生把对产品的构思写在纸上。

环节二："635"法，交换创意

组内同学把自己手中的构思便条传递给小组内右手边的同学，交换各自想法。（家乡的美食美景，代表性文人大家，体现"长兴印象"的书名——"戏说长兴""我与长兴那些事儿""银杏深处好地方"等）

环节三：互相讨论，决策统一

组织学生在组内根据可行性、封面标准收集金点子，交流讨论，决策统一方案。

4. 阶段性成果

学生通过设计思维工具对方案进行构思：可视化表达创意，完成书籍封面草图的首次设计。

图 2-2-6　书籍封面首次设计图

任务五：集体提议，迭代优化

1. 学习目标

（1）培养设计思维和工程思维。

（2）能针对设计存在的不足之处，用手绘草图的形式提出改进建议。

（3）注重沟通和分工合作。

2. 核心问题

如何有效地呈现布局合理、创意十足的"长兴印象"主题专属封面？

3. 项目进程

环节一：循环问诊，收获不同评价

出示循环问诊评价表和 PDQ 表（P 代表亮点，D 代表建议，Q 代表问题）。

环节二：及时反馈，再次优化

组织学生每组留下一人作为产品讲解员，其他组成员根据循环问诊评价表和 PDQ 表给予评价。引导学生根据收集的循环问诊评价表和 PDQ 表再次优化封面设计。

4. 阶段性成果

小组对设计草图再次修改，及时反馈调整，对项目成果进行分析与推敲，确定书籍封面的二次草图。设计草图是设计师独有的语言，是表达书籍设计构思的重要载体。小组合作讨论迭代，进行头脑风暴，互换思维。小组多次修改草图，不断地思考试错，每一次纠正过程都是一次深刻的设计思维碰撞的过程。

图 2-2-7　书籍封面迭代草图

任务六:交流推介,总结反思

1. 学习目标

(1)能用多种方式展示项目成果。

(2)注重沟通与合作。

(3)能对项目进行总结和反思。

2. 核心问题

如何更好地展示项目成果?

3. 项目进程

环节一:展示交流

组织学生分组上台进行展示与交流。(自我介绍,集体展示)引导学生利用过程性评价表对展示小组的成果进行评价。

环节二:总结和反思

引导学生将项目成果做成书籍推介会或产品宣传视频,向更多人展示或推广。引导学生回顾自己在整个项目过程中的表现,利用终结性评价表进行自评。

4. 阶段性成果

学生在书籍推介会上踊跃发言,积极展示自制书籍封面,并表达自己对所看的书在形式和内容方面的感悟,以设计师的身份与书中的人物对话,时而以导游的身份为那些第一次来长兴的游客介绍家乡的美丽景色。视频讲解、PPT 播放、海报展示、小组协作,在推介的过程中思考、感悟、分享。这样全方位、多途径的成果展示能够让学生沉浸其中,享受完成项目的自豪感,从而提高其个人综合能力。

图 2-2-8　书籍推介会背景图

四、项目反思

　　本项目成果是跨学科项目化学习活动下的综合性学习作业：无论是以小组合作形式开展的各项支持性活动的调查探究，还是关注社会热点，传播家乡文化，对体验实践中多维度创作表现（封面设计、项目汇报、视频解说等）进行成果分享，积极宣传"长兴印象"——家乡的育人目标，都说明项目化学习活动下的作业形式是基于真实情境开展的，是基于核心概念进行的真实快乐的探究。

　　在实践过程中，也有一些不足之处，需要继续完善。

　　首先，关于书籍封面设计。封面的内容大多是从家乡——长兴的美食中选择的，其实还可以有更多的方面，应引导学生发散思维，使设计构图更加美观和多样。

　　其次，关于小组合作。本项目的成果汇报是以小组全员参与的形式呈现的，个别小组的表现不尽如人意，这与小组组建的方式有关系。有的小组能力较强的学生很多，有的小组则缺少一个好的小组长。所以在最初的分组时可根据学生的自身能力和特色进行适当的调整。

　　最后，关于项目周期。设计书籍封面只是书籍制作的一部分。项目结束后，可继续开展一段时间，让孩子们有更多的时间精心阅读书籍，从而了解家乡之美！

农业:"土"生"土"长智趣相合

湖州市妙西学校　冉嘉蓉

一、项目简介

　　学校种植园要种植新的农作物,学生讨论后,决定种植大家都喜爱的土豆,可问题也随之而来:即将到来的冬季并不适合土豆的生长,该如何解决这一难题呢?

　　学生自由组团,探寻土豆的生长习性和种植方法,迁移运用多学科知识,设计并创建合适的土豆生长环境,最终种植出美味的土豆。这真实的劳动任务充满了挑战,在解决问题的过程中,学生产生了浓厚的兴趣,了解了农业种植的艰辛,深入体验了农民这个职业。

　　项目时长:4 课时,40 分钟/课时,共 160 分钟。

　　涉及学科:科学、劳动、艺术、数学。

　　涉及年级:四年级。

二、项目规划

(一)驱动性问题

寒冬并不适合种植土豆,该如何解决土豆过冬难的问题呢?

（二）核心概念

表 2-3-1 "'土'生'土'长知趣相合"项目核心概念

类型		核心概念
学科	科学	生命系统的构成层次、生物体的稳态与调节、生物与环境的相互关系
	劳动	农业生产劳动、烹饪与营养
	艺术	造型表现
	数学	图形与几何
跨学科		结构和功能、稳定与变化、测量、解释

（三）学习目标

表 2-3-2 "'土'生'土'长智趣相合"项目学习目标

学科目标	素养目标
1.认识植物的某些结构、动物的某些结构与行为具有维持自身生存的功能［《义务教育科学课标（2022年版）》p.8］ 2.能说出植物和动物都有基本生存需要,认识到植物、动物的某些结构具有帮助其维持自身生存的相应功能［《义务教育科学课标（2022年版）》p.59］ 3.初步体验简单的种植、养殖、手工制作等生产劳动,能规范地使用常用的劳动工具,了解常用材料的作用与特征,对劳动过程中遇到的问题具有好奇心和探究欲望［《义务教育劳动课标（2022年版）》p.8］ 4.懂得在劳动中遵规守约,初步学会与他人合作劳动。珍惜劳动成果,初步养成有始有终、专心致志的劳动习惯和品质［《义务教育劳动课标（2022年版）》p.8］ 5.能针对不同问题,用美术与其他学科相结合的方式提出解决问题的思路和方案,设计与制作不同形式的作品［《义务教育艺术课标（2022年版）》p.57］ 6.认识常见的平面图形,经历平面图形的周长和面积的测量过程,探索长方形周长和面积的计算方法［《义务教育数学课标（2022年版）》p.13］	【探究实践】提出科学问题,并针对科学问题进行合理的猜想与假设;收集证据,分析并得出结论;准确表达观点,反思探究过程与结果 【劳动观念】学生能尊重劳动,尊重普通劳动者,了解不同职业劳动者的辛苦与快乐 【劳动能力】具备基本的劳动知识和技能,能正确使用常用的劳动工具;能在劳动实践中增强体力,提高智力和创造力,具备完成一定劳动任务所需要的设计能力、操作能力及团队合作能力 【应用意识】能够意识到现实生活中蕴含着大量的数量和图形相关的问题,可以用数学的方法予以解决。初步了解数学作为一种通用的科学语言在其他学科中的应用,通过跨学科主题学习建立不同学科之间的联系

（四）学情分析

（1）四年级的学生对植物的生长习性等科学知识有一定的积累,了解环境对植物的生长具有影响作用;认识常见的平面图形,知晓面积的计算方法。

(2)四年级的学生愿意了解日常生活中与数学相关的信息,探索分析和解决问题的方法;对种植以及劳动工具的使用有经验,对劳动富有热情;有一定的绘画设计能力。

(3)四年级的学生对反季节种植土豆毫无经验;团队合作能力较弱,与同伴交流解决问题的能力不足,同时对自我能力的认知不清晰。

(五)学习地图

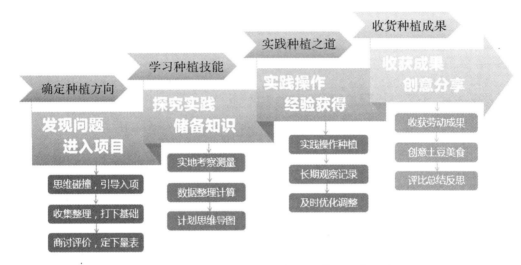

图 2-3-1 "'土'生'土'长智趣相合"项目学习地图

(六)项目评价

1. 过程性评价

表 2-3-3 "'土'生'土'长智趣相合"项目过程性评价

评价维度	评价标准			得分		
	☆	☆☆	☆☆☆	自评	互评	师评
团队合作	没有与团队成员进行合作	偶尔与团队成员进行合作	一直与团队成员进行合作			
解决问题	没有向同伴、老师寻求帮助,没有积极思考和完成任务	偶尔向同伴、老师寻求帮助,偶尔思考完成任务	主动向同伴、老师寻求帮助,积极思考并完成任务			

评价维度	评价标准			得分		
	☆	☆☆	☆☆☆	自评	互评	师评
学习兴趣	对任务不感兴趣，玩自己的	偶尔参与任务	对任务很关注，并主动积极完成			
总体表现	不好	一般	真棒			

这次我在哪些方面(如：逻辑、写作绘画、思路、实践、主见、交际、计划)获得了进步？记录下来。

注：在任务一、二、三完成后填写。

2. 终结性评价

表 2-3-4　"'土'生'土'长智趣相合"项目终结性评价

评价维度	评价标准			得分		
	☆	☆☆	☆☆☆	自评	互评	师评
知识习得	在项目手册中有知识习得过程的体现	在项目手册中完整体现知识习得过程，内容多样	在项目手册中完整体现知识习得过程，内容翔实，艺术美化			
项目作品	保温性不佳，土豆种芽存活数量几乎无	保温良好，土豆种芽存活数量少	保温效果很好，土豆种芽基本存活			
土豆收获	数量少(5 个以内)	数量不多(5—10个)	数量很多(10 个以上)			
小组展示	在展示汇报过程中，逻辑混乱，不能清晰描述过程和成果	展示了部分活动过程和成果，部分内容不翔实	汇报生动，声音响亮，自信，逻辑清晰，很好地展示了本组的活动以及成果			

三、项目实施

任务一：发现问题，进入项目（确定种植方向）

1. 学习目标

(1)引入项目，通过讨论商定种植园的种植项目。

（2）确定项目多维度的评价体系，形成评价标准。

（3）通过采访、调查、收集资料等方式了解土豆的生长习性。

2.核心问题

白鹭种植园里种什么？怎么种？

3.项目进程

环节一：引入项目

给出情境：今年的种植园又要开始种植了，学生讨论后要求种植土豆，于是老师顺势提出，你们了解土豆吗？它是怎么种的？如何生长的？需要什么样的生长环境呢？

环节二：明确个人能力，完成小组分工，形成评价标准

填写"个人专长小测验表"，明确自己的爱好特长；小组讨论，完成团队角色卡，确定人员在活动中的角色分工，形成项目小组。

表 2-3-5　个人专长小测验表

指数：1 不适用　2 极少　3 偶尔　4 经常　5 几乎都这样　　　　　　姓名：＿＿＿＿＿＿

序号	项目	指数（圈选）
1	逻辑：我喜欢逻辑，思考类似典故的机智问题	1　2　3　4　5
2	写作：我喜欢写日记，记录我很在意或思考的问题	1　2　3　4　5
3	绘画：我的美术作品里使用了很多颜色、形状和图案	1　2　3　4　5
4	思路：我在为别人指路时会绘画地图，这样比较清楚	1　2　3　4　5
5	实践：我喜欢用双手做事	1　2　3　4　5
6	主见：我有自己的看法，不喜欢人云亦云	1　2　3　4　5
7	交际：我能和别人友好相处，好好商量	1　2　3　4　5
8	计划：在开始做一些事情之前，我会计划好每个步骤	1　2　3　4　5

我在哪些方面有专长：

我觉得我适合做什么：

环节三：收集土豆资料，完成 KWL 表，绘制土豆知识小报

通过采访有种植土豆经验的长辈、查找网络资料、请教科学老师、小组思维碰撞

等方法,了解土豆的生长习性,完成 KWL 表。

K 指 What I Know,表示你已经知晓的土豆知识。W 指 What I Wonder,表示你想知道哪些关于土豆的知识。L 指 What I Learned,表示你学习到了哪些土豆的知识。

表 2-3-6 "土豆知多少"KWL 表

What I Know 你已经知晓的土豆知识	What I Wonder 你想知道哪些关于土豆的知识	What I Learned 你学习到了哪些土豆的知识

小组整合汇总资料,绘制土豆知识小报。

4. 阶段性成果

学生绘制了土豆知识小报,以小组形式进行汇报交流,并在教室展板上张贴展示。

图 2-3-2 土豆知识小报

任务二:探究实践,储备知识(学习种植技能)

1. 学习目标

(1)实地测量土地的长、宽并计算面积,运用数学知识计算土豆种芽所需数量。

(2)具体分析实地冬季温度、湿度、土壤质量等情况。

(3)结合前期储备的知识和技能,绘制土豆发芽过冬保温方案图。

2.核心问题

（1）小组的种植面积是多少？计算出所需土豆种芽的数量。

（2）根据实地情况，如何设计才能保证土豆种芽顺利过冬？

3.项目进程

环节一：实地面积测量

测量土地的长、宽，利用已学过的数学公式"长×宽＝面积"，计算得出最优土豆种植方案。

环节二：土地情况考察

学习耙子、铁铲等劳动工具的使用，了解土壤情况。

环节三：绘制确保土豆发芽过冬的方案图

经过实地的测量和计算，以及对种植田具体情况的了解，学生对如何做好土豆发芽保温工作有了具体的计划，将数据资料整合后，绘制了土豆发芽过冬保温方案图。

4.阶段性成果

学生根据实地考察情况绘制了土豆发芽过冬保温方案图，以小组形式进行汇报交流，并在教室展板上张贴展示。

图 2-3-3　土豆发芽过冬保温方案图

任务三：实践操作，经验获得（实践种植之道）

1.学习目标

（1）实践土豆种植技术。

（2）根据方案，做好土豆发芽保温工作，解决本项目的核心问题。

（3）每周进行一次土豆发芽观察记录，及时调整优化。

2. 核心问题

(1)土豆如何种植呢?

(2)如何建设保温工程,才能使土豆顺利发芽过冬呢?

(3)土豆的生长过程是什么样的呢?

3. 项目进程

环节一:种植土豆

根据小组分工,以及土豆发芽保温方案规划种植土豆。学生自行设计种植方案,大致可分为随意种植、川字形种植、田字形种植3类。

环节二:建设土豆保温工程

小组制订土豆发芽保温方案,大致可分为3种:

方案一:铺上稻草保温。几乎没有保温效果。

方案二:建设玻璃纤维棒大棚保温。选1米长的玻璃纤维棒为大棚支架,棚内空间小,离地近,保温效果差。

方案三:在铺稻草的基础上加建竹枝大棚保温。选用2.5米长的长竹枝条为大棚支架,棚内空间大,保温效果好。

图 2-3-4　铺设稻草　　　图 2-3-5　玻璃纤维棒大棚　　　图 2-3-6　竹枝大棚加稻草

环节三:观察记录土豆生长情况,并及时优化调整

小组每周安排 2 人观察温度(当地温度、棚内温度)、天气情况、土豆发芽情况等,及时调整优化(如浇水、拔草、大棚通风等),并记录在"土豆生长情况观察记录表"上,粘贴在项目活动手册中。

由于土豆在冬季生长速度缓慢,故而本项目延长了项目活动时间。经过一个寒假的间隔,并且经历了两场大雪,等 2 月开学的时候,不同保温方案出现了不同的效果:

方案一:铺设稻草保温——只存活了 2 棵苗,其余均冻死。

方案二:玻璃纤维棒大棚保温——存活 5 棵苗,略有冻伤。

方案三:竹枝大棚加稻草保温——基本存活,但生长缓慢。

2 月是种植土豆的黄金时期,学生根据小组情况补充种植土豆数量。

4.阶段性成果

制作土豆生长情况观察记录表,收获生长情况良好的土豆。

经过收集、了解土豆种植的知识,实地勘测种植场地的情况后,相信你一定对11月份成功种植土豆信心满满了吧!那就让我们一起去种土豆吧!

照顾土豆,记录下土豆的生长情况

种下土豆只是第一步,精心照顾土豆,为它施肥浇水、倾注爱心才是保障土豆健康成长的关键哦!观察土豆的生长情况,观测天气、气温等,并及时调整种植环境,记录在土豆生长观察日记里,做个土豆专家吧!加油!

土豆生长观察日记

日期	月 日	观察记录人	
天气情况		气温	
棚内温度		土地情况	
土豆生长情况记录			
你为土豆做了什么事情呢?			

图 2-3-7 土豆生长情况观察记录表

图 2-3-8 生长情况良好的土豆

任务四:收获成果,创意分享(收获种植成果)

1.学习目标

(1)收获土豆种植成果,并学会用托盘机械秤称重量。

(2)制作土豆美食,记录下种植土豆的心得体会。

(3)小组展示成果,对本小组的项目过程有清晰的描述和总结。进行多维评价,形成完整的项目活动手册。

2.核心问题

(1)我们的土豆收成怎么样呢?比一比,哪个小组收获最多。

(2)收获的土豆该怎么用呢?

(3)完成项目活动手册,做好总结评价。

3.项目进程

环节一:收获土豆种植成果

挖出本组的土豆,并学会使用托盘机械秤称重量,将结果记录下来,比一比哪一组的收获最多。

环节二:制作土豆美食

学生在家长的指导下,体会了一把煎炒蒸煮,制作了创意土豆美食。

环节三:记录土豆种植心得

将土豆种植过程中遇到的酸甜苦辣记录下来,并总结经验,分析得失。

环节四：多维评价，项目总结

（1）小组内组员互评，投票评选出本组的劳动之星。

（2）根据每组的土豆收获量，评出土豆丰收小组。

（3）小组汇报项目活动的经过和总结情况，展示完整的项目活动手册，根据获得的五角星数量，评出项目优胜小组。

4.阶段性成果

收获土豆，并清点数量和称重量；制作土豆美食；写作土豆文章；完成记录土豆项目的活动手册。

图 2-3-9　学生收获土豆　　　　图 2-3-10　学生制作土豆美食

图 2-3-11　学生写作土豆文章

四、项目反思

（一）真实情境获得真实收获

学生通过信息调查，任务驱动，经历了一次真实的劳动过程，同时解决了突如其来的实际问题,在失败中总结经验,在对比实验中获得思辨,直至真正收获土豆,品尝到自己的劳动成果。对学生来说,这不仅是一次学习经历,而且是实实在在的生活体验。

在项目实施过程中,学生陆续遇到了很多的现实问题,教师所提供的项目手册起到了关键性的支架转化作用,学生以最喜爱的手账的方式,记录下活动的点滴、精彩的瞬间、困难的解决、种植土豆的艰辛不易、收获的快乐喜悦等,从行动到思想都有了实质的发展与提高,在真实的实践中让项目落地,让学生劳有所感,劳有所获。

(二)真实想法产生真实问题

在学校种植园任务布置下来后,我选定了适合冬季种植的青菜,还准备好了一大堆介绍青菜种植的操作方法,结果没想到孩子们纷纷摇头,说不想种青菜。我忽略了一点:教师人为地设计活动,忽略了学生的真实想法。我当即转变思路,让学生参与设计活动。"学生想不想探究这个问题?学生想探究什么样的问题?"这才是项目化学习设计的优先选项。我为什么不让学生自由地提出他们想种植研究的农作物呢?于是我设计了第一个活动:种植园里种什么?经学生们的一场疯狂讨论,大家一致得出:"土豆最好吃,怎么做都好吃,我们要种土豆!"可是即将到来的严冬并不适合种植土豆,于是,本项目应运而生。

(三)真实项目遇到真实问题

以团队形式开展项目化种植活动,一开始很多学生对自己在团队中的定位并不明确,什么都想试试,但是在实施过程中,渐渐就对自己的能力有了认识,能够明确自己在团队中的角色和价值,这为其开启了"GPS定位"。

虽然项目初始,学生收集了很多关于土豆种植的资料,但在实践操作时还是出现了很多问题,土豆种得太浅,或大棚搭得太低,这大大影响了土豆的出芽率。将书面知识迁移到实践操作中,对四年级的孩子来说仍有一定的困难,孩子的动手操作能力还是有所欠缺。

艺术:宫商角徵羽的友情出演

湖州市南浔实验小学　章　洪

一、项目简介

　　每一个学生为祖国感到骄傲的原因各不相同,可能是因为中国经济实力逐步提高,科技飞速发展,也可能是因为中国美食五花八门,音乐婉转动听。其中,传统音乐是国家、民族思维习惯和音乐思想的结晶,对国民审美意识的形成和发展有不可低估的作用。本项目整合四年级上册音乐教材及之前学过的歌曲、欣赏过的乐曲,从发现中国音乐的旋律特点出发,让学生尝试创作,表现民族音乐悠扬、婉转的风格。同时,学生作为传统音乐文化的继承者和传播者,在职业生涯体验活动中,感受学习传统音乐以及探索继续发扬光大的途径。

　　项目时长:8课时,40分钟/课时,共320分钟。

　　涉及学科:音乐。

　　涉及年级:四年级。

二、项目规划

(一)驱动性问题

　　如何在"国风"音乐会上演奏出自己创作的传统五声调式音乐,传承并推广此类型的民族传统音乐?

(二)核心概念

表 2-4-1　"宫商角徵羽的友情出演"项目核心概念

类型	核心概念
音乐	五声音阶的组成、五声调式的规律、五声音乐的编配、传统民乐团的编制及乐器的特点
跨学科	传统文化的传播与推广、传统音乐的继承和发扬

(三)学习目标

表 2-1-2　"宫商角徵羽的友情出演"项目学习目标

学科目标	素养目标
1.聆听中国民族民间音乐,了解有代表性的地区和民族的民歌、民间器乐曲,体验其不同风格,分辨并总结五声调式的构成 2.培养良好的演唱、演奏习惯,能够对自己和他人的表演做简单的评价,参与综合性艺术表演活动 3.利用教师提供的方法,独立或与他人合作创编 2—4 小节国风旋律和节奏,并参与表演 4.主动参加社区的活动,并能同他人进行音乐交流,感受音乐在其中的作用	【文化基础】感受我国各地歌曲的风格特点,了解中国民族乐器的音色特点 【科学精神】研究五声调式的构成 【学会学习】通过曲谱整理,研究五声调式旋律的发展 【健康生活】将传统音乐融入生活,尝试创作不同垃圾分类车的旋律 【实践创新】初步了解中国民族音乐中的传统五声调式,并尝试选择乐器进行创作 【责任担当】通过音乐表达对祖国民族民间音乐的自豪、热爱之情,尝试将传统音乐融入社会生活中

(四)学情分析

(1)根据新课标的要求及前三年的美育熏陶,四年级的学生在音乐鉴赏及音乐表现方面有了一定的基础,但对传统音乐的了解还不够深入。

(2)四年级的学生学习态度积极,思维敏捷,接受能力较强,对新事物有很大的兴趣。但他们对音乐的知识储备还不够,在分析歌曲与歌曲表现的设计能力上还略显不足。

(3)本项目中,四年级的学生在教师的指导下感知和体验传统音乐,形成良好的音乐感知习惯和情感反应,并根据自身发展特点选择合适的方式尝试继承和发扬传统音乐文化。

(五)学习地图

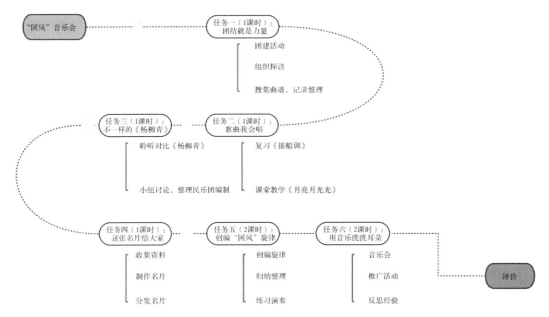

图 2-3-1 "宫商角徵羽的友情出演"项目学习地图

(六)项目评价

1. 过程性评价

表 2-3-3 "宫商角徵羽的友情出演"项目一组评价

项目类型	评价标准			自评	他评
	A	B	C		
团结协作	完全能与同学团结协作	基本能与同学团结协作	无法与同学团结协作		
五声调式的掌握情况	完全掌握五声调式规律	基本掌握五声调式规律	无法掌握五声调式规律		
民族乐器的掌握情况	完全掌握民族乐器演奏方式	基本掌握民族乐器演奏方式	无法掌握民族乐器演奏方式		

表 2-3-4 "宫商角徵羽的友情出演"项目二组评价

项目类型	评价标准			自评	他评
	A	B	C		
团结协作	完全能与同学团结协作	基本能与同学团结协作	无法与同学团结协作		

续　表

项目类型	评价标准			自评	他评
	A	B	C		
音乐名片传递情况	完成全部名片传递	完成1—3张名片传递	没有传递名片		
五声调式的创编情况	创编2—4句旋律	创编1—2句旋律	没有任何旋律创编		

2.终结性评价

表 2-4-5 "宫商角徵羽的友情出演"项目终结性评价

项目类型	评价标准			自评	他评	师评
	A	B	C			
曲式结构掌握情况	完全掌握	基本掌握	无法掌握			
乐曲整体完成情况	完成全部	基本完成	无法完成			
经验获得（反思）						
生涯规划（方向）						

三、项目实施

任务一:团结就是力量

1.学习目标

听辨"国风"音乐,记录整理相应乐谱。

2.核心问题

通过哪些渠道能搜集国风音乐曲谱?

3.项目进程

环节一:破冰活动

根据基础音阶分组:发声练习,唱音阶分组。1(do)、3(mi)、5(sol)为一组,2(fa)、

4(fa)、6(la)为二组。唱到 7(si)的 6 位同学继续玩"美丽的花瓣"分组游戏,根据《茉莉花》音乐,大家围成圈跳,老师说"花开三瓣",3 个人抱在一起,组成一组,正好 2 组,再分别加入一组和二组(按每班 40 人计算,每组 20 人)。

环节二:分组计划

(1)集体会议,通过投票决定搜集曲谱的方式:网络搜索;在音乐书中寻找。

(2)搜集曲谱,根据所学乐理知识研究曲谱的特点。

(3)总结会议,做好记录整理。

4.阶段性成果

根据音乐整理曲谱,研究其特点,做好记录,初步建立文化自信。

表 2-4-6 民乐基本情况整理

国风歌曲	曲调	速度	地域
《茉莉花》	优美、婉转	中速	江苏
《我的家在日喀则》	悠扬、婉转	中速	藏族分布区
《金孔雀轻轻跳》	婉转、抒情	中速	傣族分布区

总结特点如下:

第一,曲谱中只有 1(do)、2(re)、3(mi)、5(sol)、6(la)五个音符。

第二,曲调是悠扬婉转的。

第三,速度一般都是中速。

任务二:歌曲我会唱

1.学习目标

明确五声调式是由宫商角徵羽五声构成的。

2.核心问题

你能汇总"国风"音乐的特点吗?

3.项目进程

环节一:表现五声音阶音高

(1)发声练习。

复习三年级下册台湾童谣《摇船调》。

五声音阶 1(do)、2(re)、3(mi)、5(sol)、6(la),用柯尔文手势辅助,每个音唱四拍,教师提示歌唱姿势及发声方法。

图 2-4-2 五声音阶课件

（2）感受五声音阶。

教师总结五声音阶,请学生感受乐曲中五声音阶的组合,按照曲谱,教师先示范,学生再演唱。

（3）加入支声。

教师给手势提示,做二声部简单轮唱。

环节二:体验歌曲中的五声音阶

（1）聆听音乐,身体律动（音乐伴奏连续两遍）。

（2）用握拳感受音乐恒拍,并尝试把前奏的音乐听出来（音乐伴奏连续两遍）。

（3）在恒拍的基础上找到重拍。

第一次握拳强烈一些,第二次拍手表现强拍（音乐伴奏连续两遍）。

（4）感受弱起。

①强拍拍手,最后一个弱拍拍腿（音乐伴奏连续两遍）。

②让动作和音乐旋律更贴近,把中间的两拍合并,表现出旋律的上下浮动（音乐伴奏连续两遍）。

（5）出示图形谱,熟悉音乐旋律。

教师用 lu 哼唱示范,再请学生演唱,注意提示演唱方式、声音位置（音乐伴奏连续两遍）。

（6）出示旋律谱。

师生合作唱音符,教师唱乐句的前半部分,学生唱后半部分。

（7）学生完整演唱旋律（跟钢琴）,教师视情况加入支声。

（8）加入歌词,注意换气记号、咬字等,教师视情况加入歌词支声。

（9）提示歌曲情绪（朦胧、恬静、安静、温柔、和谐等）。

请学生带着情绪,演唱歌曲（先跟钢琴,后跟伴奏）。

环节三:完整演唱五声音阶歌曲

（1）完整聆听《月亮月光光》原唱,对比和演唱版本的不同。

（2）出示《摇船调》曲谱,整理五声调式特点。

4.阶段性成果

通过观察对比《茉莉花》《摇船调》和《月亮月光光》,总结五声调式特点,尝试用演唱的方式表现中国民族音乐。

任务三:不一样的《杨柳青》

1.学习目标

了解中国民乐团的编制。

2.核心问题

同一首歌用不同种类的乐器演奏,哪一类更适合?

3.项目进程

(1)聆听民族乐器演奏的《杨柳青》,分享自己的感受并记录其中用到的民族乐器。

(2)分组看书籍和视频,小组讨论并总结整理民乐团的编制。

(3)聆听西洋乐器演奏的《杨柳青》,对比两者的异同,感受民族乐器演奏的中国民族音乐的特殊韵味。

图 2-4-3　民族乐器课件

4.阶段性成果

根据西洋乐器及中国民族乐器的特点,记录并分享两者的区别。总结民乐在音乐和乐器上的特点。

表 2-4-7　民乐版《杨柳青》和西洋版《杨柳青》对比总结

类型	相同点	不同点
西洋乐器版	旋律、节奏、情绪、速度	乐器、民族小调的婉转俏皮灵动感。
民族乐器版		

任务四:送张名片给大家

1.学习目标

对不同民族的"国风"音乐有清晰的认知定位。

2.核心问题

你能为不同"国风"音乐设计专属名片吗?

3.项目进程

(1)通过书籍、网络等渠道了解台湾(台湾童谣《月亮月光光》)、江苏(江苏民歌《杨柳青》)、贵州(仡佬族儿歌《荡秋千》)、安徽(当涂民歌《划龙船》)四地的民族风俗。

(2)根据不同风俗分组。每个小组针对 4 首歌曲的人文典故、民俗文化、地域文化等,制作相应"传统音乐名片"(专职美术老师进行指导),在队日活动或实践活动中印发。

4. 阶段性成果

制作 4 张"传统音乐名片"。

图 2-4-4　汉族名片

图 2-4-5　台湾名片

图 2-4-6　仡佬族名片

图 2-4-7　当涂名片

任务五：创编"国风"旋律

1. 学习目标

曲谱创编整理、完整呈现。

2. 核心问题

如何创编"国风"旋律？

3. 项目进程

(1)在练习演奏指定的乐曲时，演奏团队可分组进行，根据组内评价特点分工创编乐曲。

(2)汇总整理创编乐曲曲谱。师生共同研讨确定曲目名称、乐句结构及对应的分类。

4. 阶段性成果

创编团队创编 8—10 句旋律，演奏团队演奏指定歌曲及编创乐曲。

任务六：用音乐洗洗耳朵

1.学习目标

推广"国风"音乐,弘扬中国民族音乐。

2.核心问题

在这个项目中,你收获了什么?

3.项目进程

环节一:推广活动

将项目呈现在学校音乐会,各类社区、社会的推广活动中。

环节二:整理分享

整理乐谱,学生分享参与此项目的心得感受(获得的经验价值)。

环节三:职业畅想

(1)你愿意选择做一名文化继承人吗?

(2)你会为传承传统音乐文化做些什么?

4.阶段性成果

通过举办中国传统音乐文艺演出、创编不同垃圾分类车的旋律,学校乐队在地方上有了一定的影响力,学生获得了处理问题和舞台表演的经验,并有了一定的成就感及职业体验。

四、项目反思

(一)学生层面

初次组织学生进行音乐学科的项目化学习,诸多细节还需完善。在项目实施过程中,分工过于明确,一组和二组从项目开始就进行分工,学生对项目的全部情况可能不够了解。在项目进行中,也未根据实际情况调整分组,特别是在后续深入社会实践活动中,应该尽量统筹全体学生参与。

(二)教师层面

项目初期,教师让学生回想生活中的音乐,细致剖析了中国五声传统调式的构成,通过教材中的音乐学习深入了解中国传统音乐的特点,通过各项目环节中的听、唱、写、演等形式锻炼了统筹安排和协作规划能力。在项目后期演出阶段,学生们通过创编不同垃圾分类车的旋律推进了垃圾分类这一项目,最后得到各承办方的一致好评。这不仅宣扬了中国传统音乐五声调式,更让学校乐队在地方上有了一定的影响力。

本项目旨在助推中国传统音乐文化的传承、推广。教师应让学生在项目化进程中了解传统音乐文化的传承和发扬需要社会各类组织的共同努力。

(三)社会层面

如何让学生的项目成果更深入地贴合社会,升华至社会公益的高度,也是我们该思考的问题。项目化学习的实施需要我们结合中国特色实际,创造有中国特色的构架。中国传统音乐文化不仅包括歌曲、乐器,还包括各地的戏曲,这些都是我们中华民族的瑰宝。四年级的学生之前已接触过京剧这类戏曲形式,我们要思考的是,如何将这些已传承千年的文化融入各个项目中去。借用夏雪梅老师的理论:教师要在教学中创造鲜活的、智慧的、符合人的学习成长规律的生活,而不是把教学作为一套机械、僵化、背离人的学习和成长规律的操作程序。

项目化学习过程是教师和学生合作展开有意义的探究的过程。在探究中表达并践行自己的思想才是项目化学习的根本目的。本项目从传统音乐出发,与我们的日常社会生活相结合。当然,本项目还有很多不足,项目整体的思维架构也需要我们重新整合,我们希望后续能够取长补短,越做越好!

第三篇

生涯规划·种个梦给明天

智能家居设计师:"智能窗帘"的诞生

湖州市新风实验小学教育集团　周　立

一、项目简介

物联网是继计算机、互联网之后,与人们生活息息相关的技术。依托物联网的智能家居成为热门新兴产业,但是许多学生在生活中对智能家居接触少,缺乏体验感。

为帮助学生进一步构建对物联网与智能家居的认识与理解,围绕"智能窗帘"的设计,让学生化身为智能家居设计师,聚焦问题入项,经历资料收集与分析、认识传感器、撰写产品设计企划书等环节,最后借助 Arduino 套件和 Mind+软件完成项目设计。

通过项目设计与实践,学生体验设计师的工作内容与流程,感受万物互联时代新兴职业带来的机遇与挑战。

项目时长:9 课时,40 分钟/课时,共 360 分钟。

涉及学科:信息科技、科学。

涉及年级:六年级。

二、项目规划

(一)驱动性问题

作为一名智能家居设计师,该如何设计一款基于物联网,并能根据家庭环境实现自动开关的"智能窗帘"控制系统?

(二)核心概念

表 3-1-1 "智能家居设计师"项目核心概念

类型		核心概念
学科	信息科技	算法:解决问题的策略或方法 网络:万物互联的途径、原理和意义 信息处理:基于物联网生成、处理数据的流程和特点 信息安全:安全观——防范措施
	科学	技术、工程与社会;工程设计与物化
跨学科		结构与功能、系统与模型

(三)学习目标

表 3-1-2 "智能家居设计师"项目学习目标

涉及学科	学科目标	素养目标
信息科技	1.根据学习与生活需要,有意识地选用信息技术工具处理信息[《义务教育信息科技课程标准(2022 年版)》p.8] 2.能将任务分解为一系列的实施步骤,使用顺序、分支、循环三种基本控制结构简单描述实施过程,通过编程验证该过程[《义务教育信息科技课程标准(2022 年版)》p.9] 3.能根据需求,设计和搭建简单的物联系统原型[《义务教育信息科技课程标准(2022 年版)》p.9] 4.在物联网应用中,知道数据安全防护的常用方法和策略,保护个人隐私[《义务教育信息科技课程标准(2022 年版)》p.11]	【信息意识】根据解决问题的需要,有意识地寻求恰当方式检索、选择所需信息;提高学习信息科技的兴趣;认识到原始创新对国家可持续发展的重要性 【计算思维】掌握信息处理的基本过程与方法,验证解决问题的过程;了解算法在解决问题过程中的作用,体会算法的价值 【信息社会责任】采用一定的策略与方法保护个人隐私,养成在信息社会中学习、生活的良好习惯
科学	1.知道跨学科解决实际问题的方法,并尝试解决实际问题[《义务教育科学课程标准(2022 年版)》p.92] 2.利用工具制作简单的实物模型,根据实际反馈结果进行改进并展示[《义务教育科学课程标准(2022 年版)》p.103]	【探究实践】理解技术与工程涉及明确问题、设计方案、实施计划、检验作品、改进完善、发布成果等要素,具有初步的技术与工程实践能力

(四)学情分析

(1)六年级的学生具备较好的沟通与协作能力,能在团队合作中解决较为复杂的问题。通过之前的学习,学生已经了解了物联网的基本结构和应用,但在生活中对此接触较少,缺乏科技体验。

（2）六年级的学生在信息科技课程学习中,已具备较为扎实的计算机基本操作能力,能熟练查看计算机中的各类教学资源,采用不同的方式完成资料的收集与整理;具备一定的 Scratch 编程和算法设计基础,能够解读简单的流程图并完成程序的修改;科学课上已学习过简单的电路知识,能完成简单的电路连接。

（五）学习地图

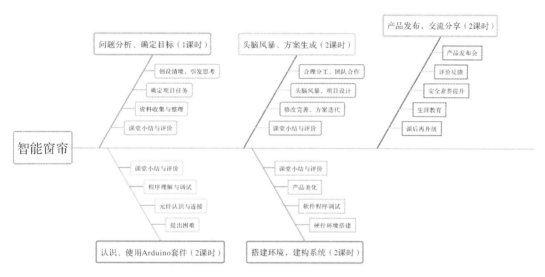

图 3-1-1　"智能家居设计师"项目学习地图

（六）项目评价

1. 过程性评价

表 3-1-3　问题分析、确定目标环节评价

评价维度	评价标准			星级水平		
	☆	☆☆	☆☆☆	自评	组评	师评
分析问题	只能发现普通窗帘存在的 1 个问题,提出的改进措施较难实现	能发现普通窗帘存在的 2 个问题,提出的改进措施较难实现	能发现普通窗帘存在的 3 个及以上问题,提出的改进措施具备可行性			
认知结构	不了解物联网的三层结构,不能加以区分	知晓物联网的三层结构,但对各结构的作用认识不明确,易混淆	了解物联网的三层结构,并能分析三层结构的作用			

表 3-1-4 认识、使用 Arduino 套件环节评价

评价维度	评价标准			星级水平		
	☆	☆☆	☆☆☆	自评	组评	师评
元器件的认识	认识 3 个以下的元器件,功能作用的说明存在困难	认识 3—5 个元器件,能较准确地说出其功能作用	认识 5 个以上元器件,能熟练、准确地说明其功能作用			
电路连接	引脚选择错误,线路连接存在短路情况,造成元器件损坏	引脚连接正确,但存在短路情况,布线不合理	引脚选择正确,电路连接正确、熟练,布线合理			
程序编写	程序上传失败,无法运行调试	程序上传成功,但参数设置不合理,运行不够稳定,容易出现错误	程序上传成功,参数设置正确、合理,能完成数据的获取、传输,运行稳定			

表 3-1-5 头脑风暴、方案生成环节评价

评价维度	评价标准			星级水平		
	☆	☆☆	☆☆☆	自评	组评	师评
分工合作	小组分工不明确,只有一两个学生在指挥或做事,小组成员之间缺少沟通	小组分工明确,个别成员不知道自己的职责;小组成员间有一定的沟通交流,缺少对他人建议的思考	小组分工明确,每个成员都能完成自己的任务,并认真对待组员的建议,能将小组获取的信息加以整理汇总			
设计过程	没有按照设计流程进行或者给出的信息不完整	按照设计流程进行并完成了基本计划	按照设计流程进行并完成了基本计划,同时能根据意见反馈加以完善			
设计方案	结构错误,设计框架简单,缺少文字、符号标记说明	结构合理、正确,缺乏相应的文字、符号标记	结构合理、正确,设计框架合理,相应的文字、符号标记说明完善			
创新思维	没有创新性,照搬教师提供的范例	在教师提供的范例基础上有一定的修改和创新	方案的设计有创新性且合理、可行			

表 3-1-6 搭建环境、建构系统环节评价

评价维度	评价标准			星级水平		
	☆	☆☆	☆☆☆	自评	组评	师评
材料选择	没有根据方案选择正确的材料	能选择合适的材料完成基本搭建,但与设计方案略有出入	能选择合适的材料完成搭建且完全符合设计方案			
电路连接	无法完成综合性电路的正确连接	较为熟练地完成线路连接,存在一定的安全隐患,布线较为合理、美观	能自主、正确、熟练地完成各类元器件的线路连接,无安全隐患,布线合理、美观			
计算思维	对算法流程图的理解存在较大困难,只能模仿参考程序进行编写,不理解参数含义	能简单阅读算法流程图,数据处理存在一定困难,在教师的帮助下能及时完成	能熟练阅读算法流程图,理解数据含义,根据调试情况自主完成探究,解决问题			
程序编写	程序上传失败,无法运行调试	程序上传成功,但参数设置不合理,运行不够稳定,容易出现错误	程序上传成功,参数设置正确、合理,能完成数据的获取、传输,运行稳定			

表 3-1-7 产品发布、交流分享环节评价

评价维度		评价标准			星级水平		
		☆	☆☆	☆☆☆	自评	组评	师评
作品展示	可行性	产品与设计方案不符,功能未能实现	产品紧扣主题,能选择合适的材料完成基本搭建,但部分功能没有实现	产品紧扣主题,能选择合适的材料完成搭建且完全符合设计方案,功能齐全			
	安全性	产品存在线路、数据、应用等隐患,易出故障	产品存在较少线路、数据、应用等隐患,极少出故障	产品安全稳定,不存在数据被篡改、盗取等风险			
	美观性	产品设备、线路等布局杂乱,未经过装饰美化	产品设备、线路等布局合理且经过简单的装饰美化	产品设备、线路等布局合理且经过装饰美化,色彩搭配合理			
语言表达		对设计和制作过程的描述缺乏逻辑,语言不通顺,声音较轻	进行了部分环节展示,声音响亮但讲解没有突出产品的亮点	声音洪亮且清晰,结果展示明确,突出了产品的亮点和创新性,整体逻辑清晰			

2. 终结性评价

表 3-1-8 "智能家居设计师"项目终结性评价

评价维度	评价标准			星级水平		
	☆	☆☆	☆☆☆	自评	组评	师评
团队协作	小组分工不明确，小组成员之间缺少沟通	小组分工明确，个别成员不知道自己的职责；小组成员间有一定的沟通交流，缺少对他人建议的思考	小组分工明确，每个成员都能完成自己的任务，并能积极沟通，认真倾听和思考他人的建议			
设计创新	设计方案简单，表述不完整，缺乏参考性	能认真完成设计方案的撰写，内容较完善，但缺乏创新性	能根据需求认真完成设计方案的撰写，内容合理可行，具有创新性			
知识与技能	元器件的选择使用和程序修改存在较多困难，项目产品未达到设计目标	掌握大部分元器件使用方法，在教师的帮助下能完成项目的搭建和调试，产品运行不够稳定	掌握基本元器件的使用方法，根据方案要求完成搭建和调试，产品运行稳定			

三、项目实施

任务一：问题分析，确定目标

1. 学习目标

(1)发现普通窗帘存在的不足之处，并初步设想"智能窗帘"的功能。

(2)运用多种方式进行资料的收集与整理。

(3)强化对物联网结构的认识与理解，运用物联网知识解决问题。

2. 核心问题

普通窗帘存在着哪些缺点？你想象的"智能窗帘"可以实现哪些功能？

3. 项目进程

环节一：创设情境，引发思考

创设情境：最近设计公司接到了王先生委托的任务，他新家装修时想要安装一款可以实现自动开关的"智能窗帘"。作为一名智能家居设计师，你在生活中发现普通窗帘存在哪些不足？你希望"智能窗帘"可以实现哪些功能呢？

环节二：确定项目任务

针对窗帘的改造设计，学生完成 KWH 表，借助思维工具对具体问题进行提炼，最终形成本项目的驱动性问题。

环节三：资料收集与整理

小组通过实地观察、窗帘商铺走访、互联网搜索等方式进行资料收集和整理，在拥有/丰富物联网和智能家居的知识储备上，完成"智能窗帘"三层结构设计的设想。

环节四：课堂小结与评价

评价方式见表 3-1-3。

4. 阶段性成果

(1)发现普通窗帘存在的缺点，利用 KWH 表提炼形成驱动性问题。

(2)完成资料收集，分析常见物联网应用的基本结构。

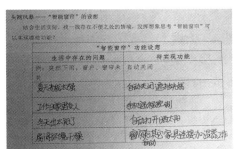
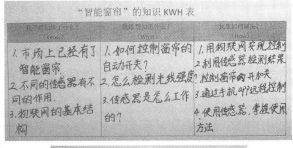

图 3-1-2 任务一阶段性成果

任务二:认识、使用 **Arduino** 套件

1. 学习目标

(1)认识基于 Arduino 主板的传感器、执行器等元器件,初步掌握使用方法。

(2)能阅读和理解流程图,使用 Mind+软件进行程序代码的修改与调试。

(3)培养学生的动手实践能力,能对获取的数据进行分析和处理。

2. 核心问题

"智能窗帘"的设计可能用到哪些元器件? 该如何使用?

3. 项目进程

环节一:提出困难

一款产品的诞生往往需要先进行模拟测试,各位设计师可以通过什么设备进行模拟测试呢? 引导学生利用简单学习过的 Arduino 套件,进行替代性的模拟搭建。

环节二:元器件认识与连接

小组合作,通过查阅说明书、观看微课视频、利用网络收集资料、教师演示讲解等方式,认识常见的传感器、执行器等元器件的功能,并完成记录。

环节三:程序理解与调试

教师举例讲解某传感器的工作流程图及相应程序代码,通过层层递进的提问引导学生思考核心代码的含义及作用,掌握参数的获取、判断和修改方法。

学生进行实践操作,利用 Mind+软件打开半成品程序,结合实际电路对串口的选择、传感器参数进行修改,并运行测试,完成使用说明的记录。

环节四:课堂小结与评价

评价方式见表 3-1-4。

4. 阶段性成果

(1)认识常用元器件的功能,并掌握使用方法。

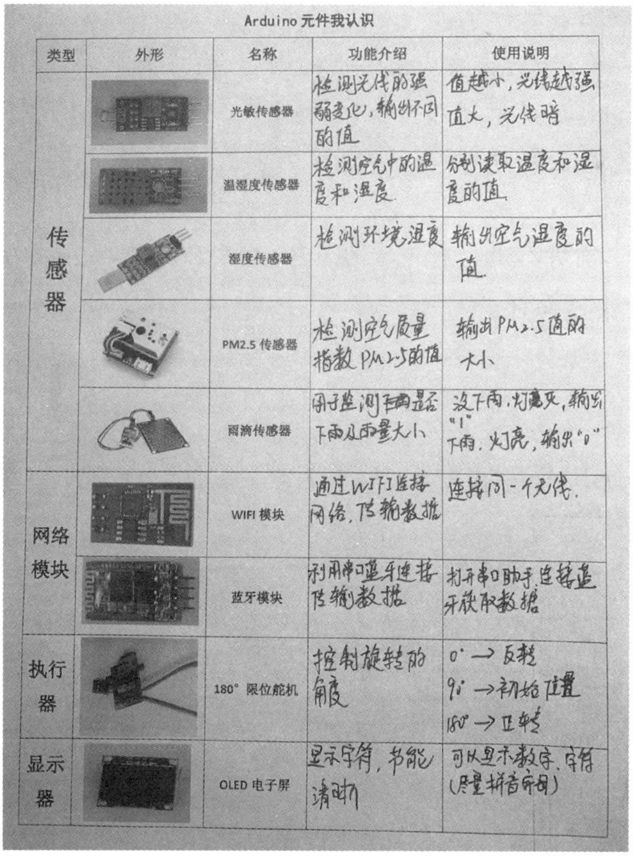

Arduino元件我认识

类型	外形	名称	功能介绍	使用说明
传感器		光敏传感器	检测光线的强弱变化，输出不同的值	值越小，光线越强值大，光线暗
		温湿度传感器	检测空气中的温度和湿度	分别读取温度和湿度的值
		湿度传感器	检测环境湿度	输出空气湿度的值
		PM2.5 传感器	检测空气质量指数PM2.5的值	输出PM2.5值的大小
		雨滴传感器	用于监测下雨是否下雨及雨量大小	没下雨，灯熄灭，输出"1" 下雨，灯亮，输出"0"
网络模块		WIFI 模块	通过WIFI连接网络，传输数据	连接同一个无线
		蓝牙模块	利用串口蓝牙连接传输数据	打开串口助手连接蓝牙获取数据
执行器		180° 限位舵机	控制旋转的角度	0°→反转 90°→初始位置 180°→正转
显示器		OLED 电子屏	显示字符，节能清晰	可以显示数字、字符（尽量拼音字母）

图 3-1-3　Arduino 元件记录表

(2)能准确理解代码的含义，并对获取的数据进行分析，完成参数的设置。

任务三：头脑风暴，方案生成

1. 学习目标

(1)通过小组讨论初步完成项目设计方案。

(2)能够根据评价建议、小组讨论完成项目设计二次迭代。

2. 核心问题

如何完成一份完整的、合理的项目设计方案？

3. 项目进程

环节一：合理分工，团队合作

小组内部进行自我介绍和分析，根据每个人的特长、操作熟练度等进行合理的分工，明确每个成员的职责，完成组员个人特色卡的填写。

环节二：头脑风暴，项目设计

设计团队在了解了设计方案应该包括的内容、格式要求后，根据网上收集的资料以及小组内的交流讨论，在物联网的知识基础上，从项目产品的三层结构出发，共同完成本组的项目设计方案，并分组上台展示讲解。

环节三：修改完善，方案迭代

结合反馈意见，对方案进行进一步的思考、修改和完善，完成二次迭代。

环节四：课堂小结与评价

评价方式见表3-1-5。

4. 阶段性成果

(1)小组合理分工，完成组员个人特色卡。

(2)完成项目设计方案。

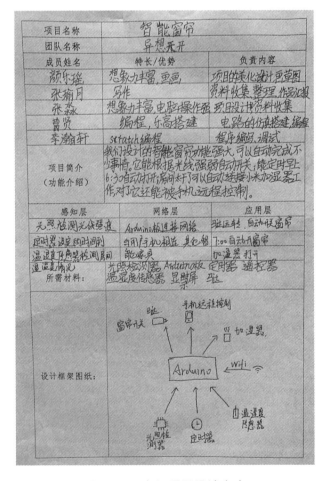

图 3-1-4　小组项目设计方案

任务四:搭建环境,建构系统

1.学习目标

(1)根据设计方案选择合适的元器件并完成电路的综合连接。

(2)学会使用 Mind+软件进行程序的修改、测试。

(3)在实践中培养学生的动手能力、清晰严谨的逻辑思维能力,鼓励学生探究和发现问题,思考与解决问题。

2.核心问题

产品的硬件系统需要哪些材料才能完成搭建? 如何修改程序以实现产品功能?

3.项目进程

环节一:硬件环境搭建

小组合作进行实践活动,根据设计方案选择合适的元器件,结合任务二中已学的知识、观看的微课视频等资源完成硬件电路的综合连接,并由质检员完成线路检查。

学生分享线路连接的经验和注意点。

环节二:软件程序调试

利用 Mind+软件打开各组的半成品程序(教师根据各组方案预先完成程序的半成品编写),结合实际电路对串口的选择、传感器参数进行修改,并运行测试,完成项目产品的调试。

环节三:产品美化

线路整理,利用提供的美工材料对产品进行一定的美化,使其整齐美观。

环节四:课堂小结与评价

评价方式见表3-1-6。

4.阶段性成果

(1)完成项目产品制作。

(2)完成项目实施日志。

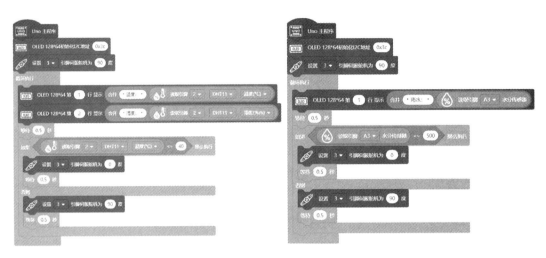

图 3-1-5 部分小组设计的程序

表 3-1-9 "智能窗帘"设计实施日志

团队名称：_____   选择的元器件：_____

任务	质检内容	完成情况(打√)	质检人签字
任务一： 硬件电路搭建	1.材料选择与方案需求一致		
	2.线路连接正确		
	3.布线整齐、有序		
任务二： 软件程序调试	1.程序引脚设置与实际电路连接一致		
	2.条件参数设置合理		
	3.系统能正常、稳定运行		
任务三： 产品美化	1.能选择合适材料进行美化装饰		
	2.整体布局合理、美观		
遇到的问题			

任务五：产品发布，交流分享

1.学习目标

(1)能够条理清晰、表达流畅地介绍本组项目的设计方案并演示。

(2)能公正、科学、合理地评价他人作品，并思考和提出意见或建议。

(3)培养信息社会责任意识：不仅自己需要提高安全意识，还要积极地向身边人共享和宣传安全知识,让更多人采取正确的安全防范措施,营造安全的网络环境。

2. 核心问题

在产品发布会上,你将如何条理清晰、表达流畅地介绍项目?

3. 项目进程

环节一:产品发布会

各组学生现场展示设计的方案和作品,发言员对组内"智能窗帘"的设计及制作过程进行详细、完整的阐述,汇报的方式不限,可以采用 PPT、视频等形式,限时 5 分钟。

每个小组汇报结束后,对其他小组提出的疑问进行及时解答。在汇报和展示期间,各组同时进行评分。

环节二:评价反馈

根据评分情况,评选出"创新产品奖""最佳设计奖"等。

环节三:安全素养提升

(1)提问:物联网和智能家居改变了人们的生活、工作、学习方式,为我们带来便捷舒适的同时也对我们的网络安全素养提出了要求。你觉得我们在使用物联网过程中应该注意什么?需要遵守哪些规则?

(2)课后要求:观察生活中的物联网、智能家居的应用,同时提醒身边的家人树立安全网络防范意识。

环节四:生涯教育

教师引导学生回顾项目实践的实施步骤,体验作为一名家居设计师的工作内容和岗位职责,同时思考万物互联时代背景下该职业带来的机遇与挑战,展望未来,在心中播下一颗职业生涯规划的种子。

环节五:课后再升级

最终评选出优秀作品,通过"人工智能"社团成员的迭代设计和制作完成其实物的搭建。借助我校科技节的大平台,将作品放在"慧创谷"STEAM 科技长廊中进行展示,供全校师生参观了解。

4. 阶段性成果

(1)学生具有信息社会责任意识和职业生涯规划意识。
(2)"人工智能"社团社员改进综合性项目成果模型。

图 3-1-6　项目成果模型

四、项目反思

(一)学生学有所思

学生带着"智能家居设计师"的身份入项,通过对生活实际情景的观察和调查发现问题,结合正在学习的物联网知识进行"智能窗帘"的设计。在一系列实践环节的参与过程中,对物联网的结构有了进一步的认识,掌握了传感器的功能和使用方法,同时了解了本职业的工作内容和岗位职责,提升了核心素养。

(二)教师教有所思

本次项目化教学是基于信息技术教材六年级下册第一单元"万物互联"开展的,以设计一款"智能窗帘"为主线,层层递进,引导学生不断发现问题、思考问题、解决问题。在本次教学中,涉及的理论知识和实践技能范围广,这要求教师具备更好的教学设计能力、理论知识储备、思维工具的选择与设计能力、技术应用能力等,对教师的综合能力提出了不小的挑战。

(三)项目成效困惑

本项目帮助学生在实践过程中进一步认识物联网的基本结构,了解其工作原理,但是也存在一定的局限性。比如:在真实的窗帘上进行改造和测试,对师生的知识水平和技能要求十分高,因此,本项目采用基于 Arduino 的模型进行演示,但这与实际生活中的"智能窗帘"存在一定的差距。此外,本项目主要利用信息科技课、社团课等课程开展实施,课程安排上的局限性带来项目开展的不连贯性,在一定程度上影响了整个项目的最终效果。

建筑工程师：校园人工湖"清道夫"

湖州市第二中学　王　琪

一、项目简介

　　工程师作为从事工程系统操作、设计、管理、评估工作的人员，需要具备复杂问题的解决、技术实践改进和产品设计应用等能力。学生在高中阶段将面临选课和未来的专业选择，提前体验专业对应的未来职业角色有助于帮助学生更好地做出选择。本项目通过"人工湖水质调查""人工湖水质检测""人工湖水质净化""人工湖水质维护"4个子项目让学生体验建筑工程师解决校园人工湖水质污染问题的过程，突出学生的问题调查能力、科学探究能力和工程设计能力的培养，进而丰富学生对建筑工程师的职业体验。

　　项目时长：8课时，40分钟/课时，共320分钟。

　　涉及学科：生物、化学、工程设计。

　　涉及年级：高中一年级。

二、项目规划

（一）驱动性问题

　　如何利用所学的知识并结合校园实际情况，为人工湖设计既不破坏校园原有生态，又能长久净化和维护水质的装置及方案？

(二)核心概念

表 3-2-1 "校园人工湖'清道夫'"项目核心概念

类型		核心概念
学科	生物	生态系统的运作和恢复能力、生态系统中的相互依存关系
	化学	化学反应
	工程设计	界定工程问题、形成可能的解决方案、优化设计方案
跨学科		原因与结果、基于证据的论证、稳定与变化

(三)学习目标

表 3-2-2 "校园人工湖'清道夫'"项目学习目标

学科目标	素养目标
1.通过水质污染原因的调查,知道生态系统具有一定的承载能力,这种承载能力与生态系统本身的生物体和种群数量有关 2.通过实地调查和拍照记录发现人工湖中福寿螺大量繁殖,认识到如果环境和资源不是有限的,生物体就会不断繁殖形成巨大的种群 3.经过对人工湖水质净化和维护的研究,认识到一个生态系统中复杂的相互作用能使生物体的数量和种类在稳定的条件下长时间保持相对固定,且具有一定的恢复能力 4.学生通过评估自己的水质维护方案,能够考虑一系列约束条件,包括成本、安全性、可靠性和美观性,思考其对社会、文化与环境的重要影响 5.经过对人工湖水质净化装置的设计,学生能基于科学知识,权衡考虑设计方案,改进一个现实生活中复杂问题的解决方案 6.通过对净化方案的科学辩论和研究,能够形成基于证据论证的思维模式	【责任担当】学生以学校主人翁的身份,对校园人工湖进行改造和设计,维护校园的生态环境,进而形成良好的生态意识,树立生态价值观 【学会学习】通过对人工湖水质进行调查研究、学习水质检测方法并探究合适的人工湖水质净化和维护方法等,学生能主动参与学习,不断钻研相关知识,反思评估自己的项目成果 【实践创新】善于设计水质检测、净化维护方案,能够利用所提供的材料完成制作、搭建等工作;能创造性地解决人工湖水质污染等问题。能够运用图片、文字、思维导图等多种方式进行展示和交流 【科学精神】通过对照试验的方式,能科学地筛选合适的净水方法,能依据科学原理进行水质测试,并进行解释 【人文底蕴】能够设计出造型优美、色彩搭配合适、符合校园生态特色的人工湖净化装置

(四)学情分析

(1)高一学生通过初中三年的学习已经掌握了完成本项目所需要的基本科学知识,并初步掌握了一定的科学探究方法,能进行一定程度的合作。

（2）高一学生具有一定的动手实践能力，能进行简单的实践操作，但是水平差异较大。

（3）高一学生未经历过完整的工程设计项目，对工程设计的流程还较为陌生。通过本项目的学习能初步掌握工程设计的基本流程，为以后的学习打下一定的基础。

（五）学习地图

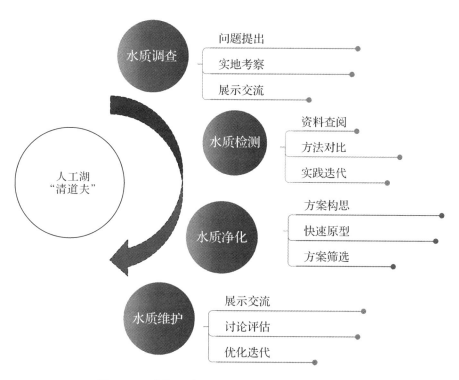

图 3-2-1 "校园人工湖'清道夫'"项目学习地图

（六）项目评价

1.过程性评价

表 3-2-3 "校园人工湖'清道夫'"项目过程性评价

评价维度	合格	良好	优秀	自评	组评	师评
知识掌握	知道生态系统的基本含义和作用	知道生态系统中的相互依存关系，认识到生态系统具有一定的承载能力，这种能力受生物体和种群数量的限制	理解一个生态系统中复杂的相互作用能使生物体的数量与种类在稳定条件下长时间保持固定			

评价维度	合格	良好	优秀	自评	组评	师评
生态观念	认识到人类生存要依赖生态系统的和谐	知道保护生物多样性，明确维护生态系统功能和生产力对支持和巩固地球上的生命是至关重要的	能树立正确的生态价值观，自觉参与城市和校园的生态文明建设，维护周围的生态环境			
合作交流	在别人发表意见的时候表现冷漠或经常打断，匆忙回答问题	在别人发表意见的时候安静倾听，耐心地听别人全部讲完，对别人所说的内容予以动作或口头上的回应	在别人发表意见的时候表现出积极倾听的姿态，用点头、眼神接触等表明自己对倾听内容的理解，耐心地、鼓励式地听别人讲完			
语言表达	富有逻辑，观点表达流畅	使用正式的语调，运用修辞，观点表达非常流畅	以优雅和得体的方式进行报告，运用让人印象深刻的、富有创造性的方式进行表达			
专注坚持	不专注，表现出退缩、消极等心理	大多数时候能保持专注的态度，在遇到困难时，试图克服困难，但是努力时间短	全程都非常专注，基本不受外部干扰影响，面对任务跃跃欲试，能投入并完成全部任务，有问题能主动提出来			
科学探究	具有科学探究意识，知道用科学的方法来设计水质净化方案	能充分查阅常见的水质检测、水质净化的文献资料，并把它作为证据支持自己设计的水质净化方案	能对收集到的信息进行合理组织和筛选，并用合适的图表呈现信息支持自己的观点			
创新表现	只能根据教师布置的任务进行实践，缺乏灵活应变能力	能采用设计思维工具，积极讨论、实践，提高创意设计的质量，但缺乏物化能力	能进行高质量的创意设计，并进行实践和改进			
艺术审美	考虑到水质净化方案呈现的美观性	对自己作品或汇报的构图、组织是有考量的	设计的作品颜色是符合色彩搭配原则的，最终呈现的效果是引人注目的			

2.终结性评价

表 3-2-4　"校园人工湖'清道夫'"项目终结性评价

评价维度	表现(1－5分)					
	1组	2组	3组	4组	5组	6组
1.观点和信息的表达:观点清晰,信息准确,扣题						
2.内容的组织:结构清楚,逻辑明确,开头与结尾部分引人入胜,节奏合理						
3.肢体语言:与观众进行眼神接触,使用合理的手势进行表达						
4.声音:声音清楚、洪亮						
5.和听众的互动:能够清楚地回答观众的问题。不懂的问题能够直接解释为什么不懂						
6.小组表达:所有的小组成员积极地加入展示和问答环节中						
7.作品达到了预期目标						
8.充分运用了课堂所学的科学知识						
9.作品设计符合工程设计流程						
合计						

三、项目实施

任务一:水质调查

1.学习目标

(1)知道常见的调查方法及其应用情境。

(2)能利用常见的调查方法对所要研究的主题进行调查。

(3)学会通过图片、文字和视频等多种方式记录调查信息,用来支持调查的结果。

2.核心问题

如何采用合适的方法对校园人工湖的水质状况进行调查和记录?

3.项目进程

环节一:拼图破冰

将校园人工湖从各个角度拍摄的照片进行裁剪,随机让每个学生抽取。学生拿到拼图碎片后进行拼图,进而完成分组任务。

环节二:情境导入

拼图完成后,投影到大屏幕上,让学生观察校园人工湖出现的水质污染问题,并引出要探究的主题——校园水质出现了什么问题? 是什么原因导致的?

环节三:调查方法梳理

组织学生讨论:常见的调查方法有哪些? 分别适用于什么样的情境? 调查校园人工湖水质可以采用什么方法? 有什么注意事项? 学生通过连续的问题讨论,梳理出合适的调查人工湖水质的方法。

环节四:实地考察,展示交流

组织学生进行校园人工湖考察,并鼓励学生采用合适的方式记录调查结果。调查完毕后,邀请每个小组的学生进行基于证据说明的调查汇报。

4. 阶段性成果

学生通过实地考察和研讨形成了对人工湖水质污染情况的书面调查报告。

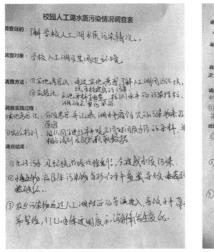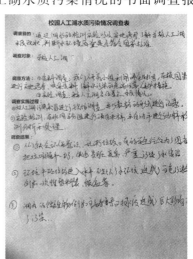

图 3-2-2　校园人工湖水质污染情况调查报告

任务二:水质检测

1. 学习目标

(1)通过资料查阅和试验,知道常见水质检测方法的原理。

(2)能科学地采用对照试验方式筛选出合适的检测人工湖水质的方法。

2. 核心问题

如何采用合适的方法,对人工湖水质进行检测,并了解其污染状况?

3. 项目进程

环节一：情境导入

将人工湖的水与自来水分别装入两只烧杯中，请学生分辨哪杯是校园人工湖中的水，哪杯水污染情况更严重，进而提出问题：如何判断人工湖水质污染情况？

环节二：文献资料阅读整理

组织学生查阅有关水质检测方法的资料，并利用教师所提供的表格进行合理的归纳和整理。

环节三：水质检测方法大比拼

组织学生进行小组讨论，逐条罗列收集到的水质检测方法的优缺点及适用情境，并提供检测工具组织学生进行对照试验，分享结果。

环节四：水质检测试验

各个小组利用教师所提供的材料制作简易的检测工具，并梳理检测试验的步骤，然后对导入环节中提供的两杯水进行检测，并记录结果和结论。

4. 阶段性成果

填写水质检测记录表。

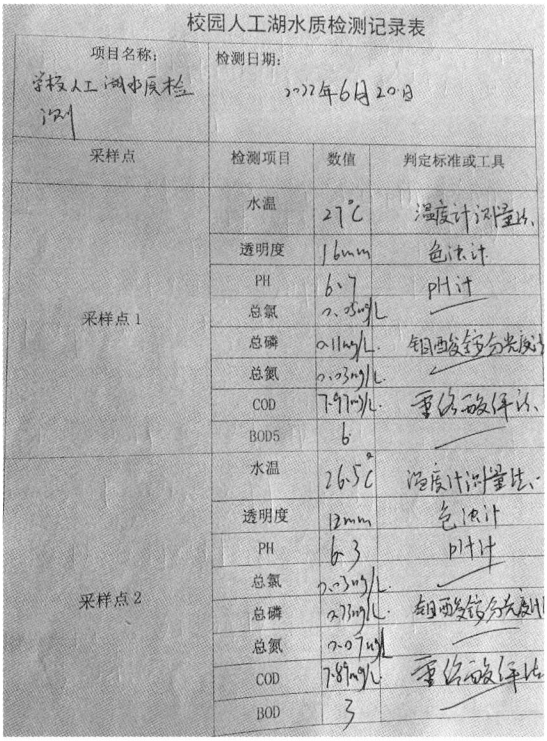

图 3-2-3　水质检测记录表

任务三:水质净化

1.学习目标

(1)通过资料的查阅和对照试验,知道常见的净化水的材料或物质,明确水质净化方法的适应场景。

(2)通过认识水生植物,知道水生植物具有一定的净化水质的作用,且有利于构建合理的生态环境。

(3)认识到水质和含氧量有关,了解到微生物具有净化水质的功能。

(4)在评估方案时,需要考虑一系列约束条件并思考其对社会、文化与环境的影响。

2.核心问题

如何在维护现有生态环境的情况下,实现校园人工湖水质长期净化?

3.项目进程

环节一:情境导入

播放常见的水质净化过度导致生态环境被破坏的视频,选取被检测出污染物的人工湖水及其相关的污染水质报告。针对人工湖污染情况组织学生讨论应该采用什么方法,常见的水质净化方法是否适用,有什么危害;引导学生提出"如何在维护现有生态环境的情况下,实现校园人工湖水质长期净化"这一核心问题。

环节二:资料查阅与整理

组织学生查阅有关水质净化方法的资料,并利用教师所提供的表格进行合理的归纳和整理,从生态环境角度讨论水质净化方法的适用性。

环节三:水质净化方法构思

利用头脑风暴法、奔驰法和点子沟通表等思维工具,结合人工湖的现有条件进行水质净化方案的构思,并绘制设计草图。

环节四:水质净化方法快速原型及迭代

各个小组利用教师所提供的卡纸、吸管和水杯等简易材料,根据自己绘制的设计草图快速进行人工湖净水装置的制作。制作过程中不断反思和优化自己的设计方案,并利用故事板梳理水质净化方案的合理性。

环节五:水质净化装置模型搭建与测试

利用教师所提供的材料制作水质净化装置,并将其放入简易小型人工湖模型中进行测试。随着时间变化,记录水质状况。

4.阶段性成果

通过头脑风暴等方案构思方法,学生绘制了人工湖模型装置的设计草图,并利用教师提供的材料进行制作。

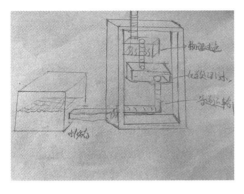

图 3-2-4 校园人工湖模型装置设计草图

图 3-2-5 人工湖水质净化装置模型

任务四:水质维护

1.学习目标

(1)知道维护生态系统功能和生产力对支持和巩固地球上的生命是至关重要的。

(2)认识到保持生物多样性需要通过保护生态景观来实现。

(3)树立科学健康的生态文明价值观,能自觉保护周围的生态环境。

2.核心问题

如何在不破坏现有生态环境的情况下,长期维护校园人工湖的水质?

3.项目进程

环节一:情境导入

播放视频案例——短期净化水质方法,时间长久后仍然会出现水质污染。组织学生讨论为什么会出现视频中发生的情况,怎样才能防止这种情况出现。

环节二:组织学习

组织学生讨论常见的水质维护的方法,通过连续设问的方式,引导学生增加校园人工湖的生物多样性,实现长久的生物净水。

环节三:生物净水方案设计

组织学生查阅资料,了解可以净化水的植物或者微生物,对这些生物进行筛选,选择适用于校园人工湖水质长期净化、维护的生物,并与任务三所设计的装置进行结合。

环节四：方案展示和迭代

每个小组以 PPT 的形式结合所制作的模型进行展示和交流，观众进行优缺点的评估，帮助每个小组进行优化和改进。

4. 阶段性成果

学生通过查找资料，结合研究结果修订出合理的人工湖水质维护方案。

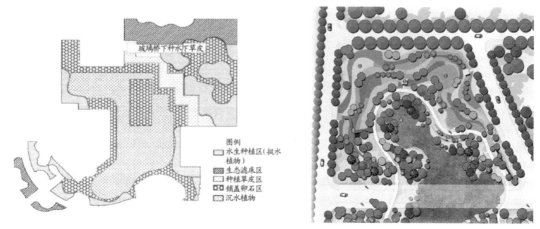

种植强调综合性，分布合理，种植种类较多的净水植物

图 3-2-6　人工湖水质维护方案

四、项目反思

(一)层层递进，树立生态文明价值观

本项目以校园人工湖水质的净化和维护为载体，通过"水质调查""水质检测""水质净化""水质维护"4 个任务层层递进，帮助学生体验科学合理地解决问题的基本过程。学生通过对校园人工湖水质污染情况的调查，了解水质污染的原因，通过水质检测的方式，了解水质污染的类型。在此基础上，学生借助设计思维工具，构思出能长期维护和净化校园人工湖水质的方案。在这个过程中，学生掌握了一定的调查方法，学会了查阅资料的基本方式，并了解了生态系统本身具有净化维护的作用，树立了生态文明价值观。

(二)聚焦问题，促进核心概念理解

此项目立足于高中生物、化学、工程设计等课程，以校园人工湖净化和维护方案设计为载体，以问题驱动帮助学生建构核心概念。教师在教学中需要时刻聚焦驱动性问题,建立有效、可靠和充分的评估方案,鼓励学生进行自主学习、探究性学习和合作学习,进而理解核心概念。

(三)思维外显,提升项目作品质量

本项目以人工湖净水装置的设计与制作为载体,借助设计思维工具提升项目作品质量。从以往的项目实施过程中发现,由于设计思考的时间不足,学生的创意质量表现较差。本项目采用头脑风暴法、奔驰法、点子沟通表和思维地图等思维工具,提供充分的项目设计思考时间,促使学生思维外显,进而提升项目创意质量。

话剧职业人:校园话剧团

湖州市第五中学教育集团　钱彦吉

一、项目简介

　　现实生活中学生对制片人、导演、编剧及演员这类影视艺术相关职业较感兴趣,但对此类职业的认知单一、片面。故本项目以"如何创作《孙权劝学》课本剧"这一真实情境作为导入,通过5课时的交流与探讨,引导学生在了解课文大意及重点字词的基础上,通过分析课本剧的构成要素、编写扩充文言课本剧、排演课本剧,进一步加深对导演、编剧、演员等话剧职业的理解。

　　该项目有利于帮助学生在实践中巩固文言知识,在团队合作中把握个人特征、挖掘职业兴趣点、匹配自身性格与职业特性,以此帮助学生树立正确的影视艺术职业观,并对自己未来职业规划有初步感知。

　　项目时长:5课时,45分钟/课时,共225分钟。

　　涉及学科:语文、历史、艺术。

　　涉及年级:七年级。

二、项目规划

(一)驱动性问题

　　作为话剧社社长,怎样才能进行一次打动人心、给人留下深刻印象的《孙权劝学》课本剧展演?

（二）核心概念

表 3-3-1　"校园话剧团"项目核心概念

类型		核心概念
学科	语文	中华人文精神、中华传统美德、文学阅读与创意表达
	历史	三国两晋南北朝政权更迭
	艺术	造型表现
跨学科		跨媒介阅读与表达，多形式分享学习与研究结果，多媒介发布学习成果、模式、系统、演变和平衡

（三）学习目标

表 3-3-2　"校园话剧团"项目学习目标

涉及内容	学科目标	素养目标
语文	积极观察、感知生活，发展联想和想象，激发创造潜能，丰富语言经验，培养语言直觉［《义务教育语文课程标准（2022 年版）》p. 6］	【文化理解与传承素养】通过语文学习，热爱国家通用语言文字，热爱中华文化，继承和弘扬中华优秀传统文化
	自主组织文学活动，在办刊、演出、讨论等活动过程中体验合作与成功的喜悦［《义务教育语文课程标准（2022 年版）》p. 16］	【创新素养】有好奇心、求知欲，崇尚真知，勇于探索创新，养成积极思考的习惯
历史	能够将事件、人物、现象等置于历史发展的特定或总体进程及具体的地理空间中加以考察，并从历史发展的角度认识其地位和作用［《义务教育历史课程标准（2022 年版）》p. 7］	【沟通素养】讨论问题，能积极发表自己的看法，有中心、有根据、有条理；能把握讨论的焦点，并能有针对性地发表意见
	能够客观叙述和分析历史，有理有据地表达自己的看法［《义务教育历史课程标准（2022 年版）》p. 7］	【合作素养】能提出学习和生活中感兴趣的问题，共同讨论，选出研究主题，制订简单的研究计划
艺术	通过扮演戏剧角色品味丰富的人生［《义务教育艺术课程标准（2022 年版）》p. 7］	
	积极参与戏剧（含戏曲）活动，养成与同伴合作的意识和团队精神；能在脚本创编和剧目演出过程中，增进对他人及自我的理解，促进身心健康成长；通过创作、欣赏和应用活动，牢固树立社会主义核心价值观，传承和弘扬中华优秀传统文化、革命文化、社会主义先进文化［《义务教育艺术课程标准（2022 年版）》p. 12－13］	

(四)学情分析

七年级的学生在知识方面已经学习了《世说新语》二则、《论语》十二章、《诫子书》、《狼》等短小文言文,已积累了"乃""但"等基本文言字词和句式,同时对一些文言现象有所了解,具有了一定的文言阅读能力。在技能方面已学会借助课文注释和相关资料对文章大意进行初步感知。

剧本的改写与创作对七年级的学生来说是一次挑战。学生需要更进一步深入文本,感知故事发生的时代背景、人物性格、说话语气等细节。除此之外,学生还需要掌握与戏剧有关的知识,比如舞台设计、台词说明、道具布置等。对学生团队合作及综合素质提出了更高的要求。

(五)学习地图

图 3-3-1 "校园话剧团"项目学习地图

(六)项目评价

1.过程性评价

表 3-3-3 "校园话剧团"项目个人评价

维度	评价标准		
	☆	☆☆	☆☆☆
倾听与回应	在别人发表意见时,我在做自己的事,并且我不在意同伴汇报的内容	在别人发表意见时我能够安静倾听	我会积极倾听,会用点头、眼神等表明自己对倾听内容的理解
	有时我会在别人没有讲完时插嘴或直接打断别人说话	我会耐心地听完别人的汇报内容	我会耐心地并时常运用鼓励的方式听别人讲完相应内容
	有时我会在没有听清别人讲话内容的情况下就匆忙回答	对别人所说的内容我会予以动作或口头回应	我会仔细倾听别人的想法,积极与他人进行互动,后续会对自己的内容进行修改
自我评价			
自我反思	我的亮点:		
	我的不足:		

表 3-3-4 "校园话剧团"项目小组成果互评

评价项目		评价依据	分级	得分
人物理解	人物关系图	主要人物明确,详尽地标注出人物与人物之间的关系	☆	
		在明确主要人物及人物关系的基础上,能进行适当的美化以及与课外内容链接	☆☆☆	
	人物自传集	能通过课外收集资料详尽地完成人物自传的写作	☆	
		能在课外收集资料的基础上,对书中所涉及的人物有自己的理解	☆☆☆	
	人物性格单	能结合文章的具体细节,分析人物性格	☆	
		能结合与此人物有关的史实,进一步丰富对该人物的认识并尝试绘制人物肖像图	☆☆☆	

续 表

评价项目		评价依据	分级	得分
剧本脚注	剧本提纲	文章本身涵盖事件的基础三要素:时间、地点、人物	☆☆	
	动作语气设计	简单完成人物动作语气的设计	☆	
		能结合文章说出动作语气设计的依据,且此依据能使人信服	☆☆	
	音响灯光	简单完成音响灯光的设计	☆	
		能结合文章说出音响灯光设计的依据,且此依据能使人信服	☆☆	
排练细则	舞台调度图	完成舞台调度图的绘制	☆	
		有多个舞台调度图,内容详尽、细节丰富,且对一些道具标有脚注	☆☆	
	排练计划表	初步制订出排练计划表	☆	
		排练计划表涉及时间、地点、排练人员、排练成效等细节,且能如期执行	☆☆	
总分				

2. 终结性评价

表 3-3-5 "校园话剧团"项目终结性评价

评价项目	项目评价要点	分级	得分
内容	内容完整,无缺少相关要素	☆	
	内容完整充实,节目有创意、有内涵	☆☆	
语言、表演	举止大方、表演自然,能把握人物性格特征;语言简洁清晰且标准	☆	
	演员之间配合默契,团体合作度强;动作到位得体,突出艺术设计与表现力	☆☆	
节目编排	演员服装得体,节目道具安排符合剧情	☆	
	能较生动形象地呈现课本剧中的冲突	☆☆	
现场效果	现场观众反映较热烈,背景音乐、灯光设计合理	☆	
	现场观众反响非常好,背景音乐、灯光设计在符合剧情的基础上能很好地渲染气氛	☆☆	
总分			

三、项目实施

任务一：演员由你选

1. 学习目标

明确孙权、吕蒙和鲁肃的人物形象。

2. 核心问题

谁是你心目中的孙权、吕蒙和鲁肃？请推荐班里的同学并说明理由。

3. 项目进程

环节一：了解人物关系

《孙权劝学》一文共有 4 个人物。对戏剧剧本来说，最重要的便是人物以及人物与人物之间的关系。现在需要同学们进行人物关系图的绘制，并对两者之间的关系做明确的标注。

环节二：设定人物性格

我们该如何通过文章的细微之处感受人物不一样的性格特点？现在请大家以小组为单位，明确 3 个主人公各具有怎样的性格特点。

环节三：物色主要演员

请同学们在各自小组中推选出你认为合适的演员，并说一说你推荐的理由。

4. 阶段性成果

能以小组合作的形式，完成"人物关系图"的绘制、"角色自传"卡片的撰写，在此基础上明确主要人物的性格。

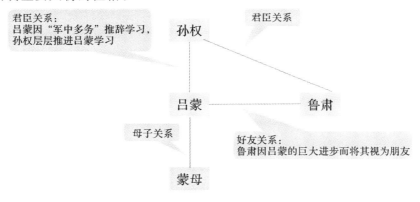

图 3-3-2　人物关系图的绘制

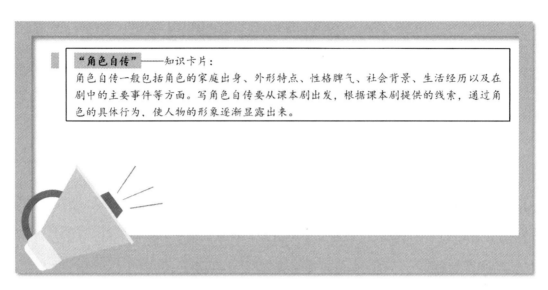

图 3-3-3　"角色自传"卡片的撰写

表 3-3-6　人物性格的确立

人物	性格
孙权	孙权身为人主,对臣子寄予厚望,真诚关怀,可算是一位有学识、有远见、有胸怀的明君
吕蒙	从善如流、好学上进、率真自然
鲁肃	有学识、敬才爱才、爽朗豪放

任务二:剧本由你改

1. 学习目标

(1)通过品味语气词感知人物说话时的语气。

(2)在结合文中具体字词的基础上完成课本剧的创作。

2. 核心问题

课本剧包括哪些内容？如何设计人物的语气和动作？

3. 项目进程

环节一:编写剧本提纲

剧本提纲即剧本大纲,就是将故事用简明扼要的语言表达出来,交代剧本基本的结构、人物关系。请每一个小组在完成"小组角色分工表"的基础上,由编剧主笔,完成剧本提纲的编写。

环节二：设定故事场景

请导演思考，《孙权劝学》中的故事场景有几个？分别应该如何设计？

环节三：品味剧本台词

请各小组以编剧、副编剧为主体，进行剧本的标注。要求如下：补充课文的留白之处，感受人物当时说话的语气、动作。

环节四：填补舞台说明

舞台说明即舞台提示，是剧作者根据演出需要，提供给导演和演员的说明性文字。请小组成员思考，我们的剧本中哪些地方需要填补舞台说明？

4. 阶段性成果

以小组合作交流的形式完成《孙权劝学》剧本提纲的撰写，在此基础上通过组内交流的形式完成富有个性化的小组课本剧。

表 3-3-7　《孙权劝学》剧本提纲的完善

项目	内容
人物	孙权：三国时吴国君主，有雄才，善用兵，亲贤士。对话时的年龄为 28 岁 吕蒙：三国时吴国大将。16 岁即入军营，以胆气著称，战功卓著，但颇为轻狂。赤壁之战后"拜偏将军，领寻阳令"。对话时的年龄为 32 岁 鲁肃：三国时吴国大将，能文能武，周瑜赞其"忠烈，临事不苟"。对话时的年龄为 38 岁
时间	三国
情节	《孙权劝学》讲述的是三国东吴名将吕蒙，听从其主孙权的劝告而广泛阅读、不断学习，之后大有长进的故事

《孙权劝学》课本剧完稿展示：

【旁白】《孙权劝学》讲述的是三国东吴名将吕蒙，听从其主孙权的劝告而广泛阅读、不断学习，之后大有长进的故事。

第一幕

（吕蒙：揖袍单膝下跪，双手抱拳）

（孙权：上前将吕蒙扶起）

【旁白】初，权谓吕蒙曰：

【孙权】{果断、严肃}"卿今当涂掌事，不可不学！"

（吕蒙：挥挥手，以示推辞）

【旁白】蒙辞以军中多务。

【旁白】权曰：

【孙权】{强烈反问语气,语气坚决,略带不悦和责备}"孤岂欲卿治经为博士邪!"

{语重心长,消除吕蒙顾虑}但当涉猎,见往事耳。

（孙权:拍拍吕蒙的肩膀,并示意自己）卿言多务,孰若孤?

（孙权:手拿书本,以示"大有所益"）"孤常读书,自以为大有所益。"

【旁白】蒙乃始就学。

（吕蒙:转身立志发奋学习）

第二幕

【旁白】及鲁肃过寻阳,与蒙论议,大惊曰:

（鲁肃、吕蒙:相互坐着交谈）

【鲁肃】{惊奇之状、表示感叹}"卿今者才略,非复吴下阿蒙!"

【旁白】蒙曰:

【吕蒙】{自得,有"书中多阅历,胸中有丘壑"的自信}"士别三日,即更刮目相待,大兄何见事之晚乎!"

（鲁肃、吕蒙:碰杯、饮酒,相互致意）

第三幕

【旁白】遂拜蒙母,结友而别。

（鲁肃:叩拜吕蒙母亲,与吕蒙一同离开）

任务三:演出由你排

1.学习目标

能够完整地排练、演出《孙权劝学》课本剧。

2.核心问题

如何呈现较完美的课本剧?

3.项目进程

环节一:迅速组建剧组

请各小组成员填写小组角色分工表,以进一步明确小组中每位同学的职责,做到"人人有事干"。除此之外,请导演完成导演排练计划及舞台调度图。

环节二:认真排练剧目

小组中各成员均需各司其职,并完成相应的排练手记。在剧组排练过程中,需由导演牵头,进行每日复盘工作,以及时校对偏差,更好地进行后期工作。

环节三:正式汇报演出

各小组在选定的日期依次进行汇报演出,演出过程中任何突发事件均应交学生自行处理,以此考验学生团队合作能力以及面对突发事件解决问题的能力。

环节四:组织评选活动

演出活动结束后,将同时进行评选活动。分三大板块进行,分别是项目成果自我评价、个人成果互评、团队成果评价,最终形成相应的评分结果,并举行小组颁奖仪式。

4. 阶段性成果

小组成员能根据各自优势选择适合自己的角色并完成小组角色分工表。在此基础上,以组内导演、编剧作为牵头人员完成舞台调度图,导演排练计划表,其他成员分别完成剧务工作手记、演员排练手记。

表 3-3-8　小组角色分工表

职务		人员	任务安排
编剧	主编剧		负责剧本创作工作及新媒体宣传工作
	副编剧		
导演	总导演		完成《孙权劝学》课本剧创作及改编工作,能撰写故事设定、故事梗概、故事大纲、角色分析、人物小传及剧本,并能够为项目的策划、实施、拍摄及制作提供文案支持
	副导演		
演员	旁白和蒙母		制订排演计划、完成排演任务
	孙权		
	吕蒙		
	鲁肃		
财务会计			负责工资、劳务的发放,支票签发,资金收付,账务核算,等等工作
服装设计			根据导演对剧本的艺术阐述及舞美设计的艺术风格要求进行创作,准确把握人物造型特点,与舞台各部门创作风格融为有机的整体;按时完成服装设计图及设定演出任务;具备成本核算意识
音响操作			按照导演及设计要求准确完成演出音响操作工作,熟悉音响等常用设备的性能,完成部门其他相关工作

职务	人员	任务安排
灯光操作		负责灯光制作,完成舞台及演出中的灯光主操工作。利用灯光技术,表现剧目主题,体现导演的意图,烘托人物,创造良好的舞台气氛和完整的艺术效果,完成部门其他相关工作
宣传统筹		了解戏剧市场和观众喜好,根据不同剧目内容及市场定位,确定目标人群的宣传策略;具有较强的文字功底,能够撰写各类宣传稿件,具备新媒体运营能力;具有良好的沟通理解能力,善于协调各方关系:了解各类媒体传播渠道的特点,有针对性地维护各个传播渠道

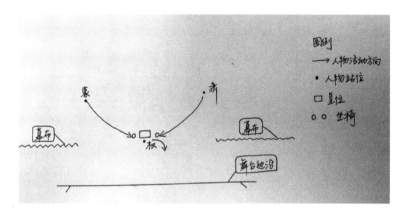

图 3-3-4　《孙权劝学》课本剧之舞台调度图

表 3-3-9　《孙权劝学》课本剧之导演排练计划表

阶段	任务	人员	日程
粗排	搭建演出的框架,确定舞台形象的大致轮廓。可选取一些容易使演员找到感觉的片段来排		
细排	对每个演出片段精雕细琢,引导演员进入情境,化身为角色,掌握演出节奏,协调各项工作		
连排	把各个片段从头到尾连起来,有时还加上部分布景、灯光、道具,形成雏形		
合成	在正式演出前,在班级场地中进行演出,布景、音乐等一应俱全,又叫彩排		
表演	在班级里正式演出剧目		

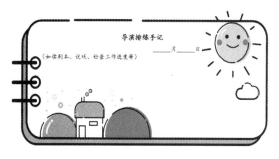 

图 3-3-5 《孙权劝学》课本剧之导演排练手记　　图 3-3-6 《孙权劝学》课本剧之演员排练手记

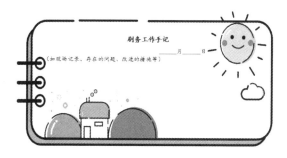

图 3-3-7 《孙权劝学》课本剧之剧务工作手记

四、项目反思

(一)适当留白,收获意外惊喜

项目化学习改变了传统的教学关系,在课堂上更为强调学生与学生、学生与生活、学生与老师之间的对话。在项目化实施的过程中,让学生自主探究、合作探究、自主实践。从公开成果来看,学生能力的提升肉眼可见,最终所呈现的成果超出预期。

(二)整合活动,提升专业素养

笔者将七年级上册《孙权劝学》课本剧的改写作为九年级下册戏剧单元学习的引入活动。在尊重七年级学生学情的基础上,仍需要对活动进行系统设计,并考虑每个细节。在每一个活动指令发布之前,教师要做到心中有数,指令才能更明确,学生才会有的放矢。

(三)拓宽思维,减少不必要活动

项目化学习引导学生向思维的更深处进军,引导学生以高阶思维带动低阶思维。如在涉及《孙权劝学》课本剧中的人物语气及动作时,学生自然而然会去品味人物的语气词;在剧目排演过程中,学生会调动重音、停连、语调、情感基调等朗读方面的知识。

工匠传承人:杆秤制作工艺

湖州市现代农业技术学校　庄泽颖

一、项目简介

"工匠传承人"项目以埭溪镇浓厚的"工匠"气息为基础,立足本土特色。本次项目活动主题围绕"传承工匠",探究"工匠精神"的基本内涵。

中国许多传统工匠技艺都面临衰落与消亡的困境,为进一步寻找解决此困境的办法,2022年湖州市现代农业技术学校创客社开展了"传承工匠"项目活动,围绕传承工匠精神这一核心问题进行实践。在探寻杆秤发展、了解杆秤原理、观察与体验制作、创新杆秤样式等项目任务中,学生利用三维建模,不断试验,制作出具有创新性的杆秤,学会综合运用语文、政治、技术等学科知识,感悟工匠精神。

通过传承工匠精神,学生更加坚定文化自信,树立了正确的人生理想,涵养职业精神,为适应个人终身发展和社会发展需要打下基础。

项目时长:9课时,40分钟/课时,共360分钟。

涉及学科:语文、政治、技术、科学。

涉及年级:中职二年级。

二、项目规划

(一)驱动性问题

作为工匠精神传承人,为弘扬工匠精神,我们应如何深入挖掘和传承工匠精神?

(二)核心概念

表 3-4-1 "工匠传承人"项目核心概念

类型		核心概念
学科	语文	语言理解与运用、思维发展与提升、文化传承与参与
	政治	职业精神
	技术	设计与物化
	科学	运动和力、科学思维与创新
跨学科		结构与功能、系统与模型、信息收集与分析

(三)学习目标

表 3-4-2 "工匠传承人"项目学习目标

涉及学科	学科素养目标	核心素养目标
语文	1.引导学生联系生活经验,创设语境,开展积极的言语实践,在对话交流中提高语言感悟能力和运用能力 2.在项目任务完成中培养逻辑思维、辩证思维和创造思维 3.通过多种方式加深学生的情感体验,引导学生关注社会,感受时代风貌,培育劳动精神,弘扬劳模精神、工匠精神	【人文素养】在项目探究实践中,正确理解与运用祖国语言文字,进行有效的交流与沟通 【科学论证】具有批判性思维,能大胆质疑,从不同角度思考解决问题;能运用科学论证对所要解决的问题进行描述、解释和预测 【实践创新】培养学生在日常活动、问题解决、适应挑战等方面的实践创新意识
政治	1.懂得职业道德对职业发展和人生成长的意义 2.自觉践行工匠精神,不断提升职业道德境界	
技术	1.能根据业务需要设计或编辑简单的三维数字模型 2.选择适当的工具制作演示文稿	
科学	1.理解力矩的概念 2.选用恰当的模型解决简单的物理问题	

(四)学情分析

(1)知识基础。参加此次活动的学生来自中职二年级,学生已在创客社学习了 3D 建模、3D 打印等内容,具备一定的编程、设计、造型艺术和色彩搭配等综合能力,且在活动中学习了杆秤制作流程,能够为这个项目的学习提供理论基础。

(2)能力基础。学生欠缺将理论知识转化为实际操作的能力,尤其是难以将多科目知识进行融合。

(3)信息化水平。学生善于利用网络等方式进行学习。

(五)学习地图

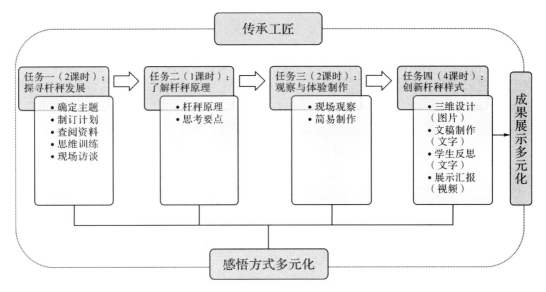

图 3-4-1 "工匠传承人"项目学习地图

(六)评价标准

1. 过程性评价

表 3-4-3 "工匠传承人"项目过程性评价

评价维度	评价标准			自评	互评	师评
	1分	2分	3分			
明确目标	目标不清晰或不完整	清楚目标,但不知道怎么做	清楚目标,也知道自己接下来要做什么			

评价维度	评价标准			自评	互评	师评
	1分	2分	3分			
头脑风暴	只有一个人有想法且只能提供简单信息	有两三个同学能提供一些信息,但信息不完善	每个人都有一些想法,且能提供有效信息			
合作共享	小组分工不明确,小组成员之间缺少沟通	小组成员分工明确,个别组员不知道自己的分工	小组分工明确,能认真对待组员建议,并改进设计			
优化改进	没有合适的方法对作品进行优化和改进	有尝试对作品进行改进,并对模型进行优化	有明确的科学原理和数据依据对作品进行改进和优化			

2. 终结性评价

表 3-4-4　"工匠传承人"项目终结性评价 1

评价维度		评价标准			自评	组评	师评
		1分	2分	3分			
作品	形式	不新颖,不实用	中规中矩	新颖,别具匠心			
	花样	不美观	一般	精致,美观			
	材质	用料单一,价格昂贵	种类少,材质一般	材质用料种类多,适宜不同功能部位			
展示汇报		在展示中,小组对制作和设计过程的描述缺乏逻辑,不能说明结果	小组进行了部分环节展示,但是不具体,部分显得混乱、无意义	声音洪亮且清晰,整体逻辑清晰,结果展示明确,突出了本次项目的意图和意义			
反思笔记		有反思,缺少改进	有反思,有改进	有反思,有改进,反思笔记详细,有自己清晰的观点			

表 3-4-5　"工匠传承人"项目终结性评价 2——网络评价

评价维度	评价标准			评分
	1分	2分	3分	
展示作品在网络平台(网站、公众号、视频号、抖音)上的点赞数	点赞数较少	点赞数一般	点赞数较多	

三、项目实施

任务一：探寻杆秤发展

1.学习目标

(1)培养学生运用不同方法搜索资料的能力。

(2)培养学生提取有效信息的能力。

(3)学会 5W1H 分析法，整合共性问题。

2.核心问题

我们如何通过已有的知识和工具获取信息？

3.项目进程

环节一：情境导入

播放《大国工匠》纪录片片段，初探工匠精神，想一想我们身边是否就有这样的匠人。引入埭溪镇上具有工匠精神的工匠进行深入挖掘。

环节二：项目动员

(1)通过上网查阅资料、亲自走访等方式探寻张记秤店等的基本信息。

(2)学会 5W1H 分析法，整合共性问题，为访谈做准备。

①Who：我们身边哪些人具有工匠精神？

②Why：为什么要探寻我们身边的工匠精神？

③What：我们需要探寻工匠精神哪些方面的内涵？

④When：工匠精神何时运用？

⑤Where：这些具有工匠精神的工匠在哪里？

⑥How：如何实施访谈？

环节三：实地访谈

组织学生实地参观张记秤店，参观王启明纪念馆，调查访谈。

环节四：整理与记录信息

查阅并整合资料，整合并记录访谈问题。

任务一记录单

一、杆秤的发展历史

二、张记秤店

1. 秤店简介（位置、沿街情况、店面内部情况等）

2. 秤店的历史发展

3. 秤店的工匠介绍

三、5W1H 分析法

1. Who：我们身边哪些是具有工匠精神的人？

2. Why：为什么要探寻我们身边的工匠精神？

3. What：我们需要探寻工匠精神哪些方面的内涵？

4. When：工匠精神何时运用？

5. Where：这些具有工匠精神的工匠在哪里？

6. How：如何实施访谈？

四、访谈记录

图 3-4-2　任务一记录单

4.阶段性成果

(1)重温杆秤发展历史,参观张记秤店。

杆秤是人类发明的各种衡器中历史最悠久的一种。1949年后,中国为了加强计量法制管理,先后制定了杆秤检定规程和国家标准。后因杆秤计量准确度低,已渐趋淘汰。

图3-4-3　张记秤店外部　　　　图3-4-4　张记秤店内部

(2)参观王启明纪念馆。

图3-4-5　王启明纪念馆

任务二:了解杆秤原理

1.学习目标

(1)理解共点力作用下物体的平衡条件。

(2)理解力矩的概念。

(3)能用物体的平衡条件分析杆秤的制作要点。

2.核心问题

探究杆秤原理,我们如何知道杆秤制作要点?

3.项目进程

环节一:头脑风暴

通过观看相关视频、图片,分析这些物体中力的平衡问题,讨论它们的特点,探究杆秤原理。

环节二:掌握要点

组织学生进行小组讨论,联系原理,请同学试着绘制杆秤结构草图,填写记录单,包括填写杆秤的原理、杆秤制作的要点和绘制杆秤结构图,各组上台汇报展示成果。

任务二记录单

一、认识杆秤

1.杆秤的原理

2.杆秤的制作要点

二、绘制杆秤结构图

图3-4-6 任务二记录单

4.阶段性成果

杠杆原理和要点:杆秤的重心在支点外端。称重时根据被称物的轻重,使砣与砣绳在秤杆上移动以保持平衡。根据平衡时砣绳所对应的秤杆上的星点,即可读出被称物的质量示值。精确的杆秤必须满足公式:秤砣的质量×每增加1千克的刻度间的距离＝提纽与秤盘悬挂点的距离。

任务三:观察与体验制作

1.学习目标

(1)培养学生实地观察的能力。
(2)培养学生动手的能力。
(3)培养学生规范操作、主动探索的意识和意愿。

2.核心问题

学习杆秤制作要点,我们如何利用身边工具制作简易杆秤?

3. 项目进程

环节一:制作步骤

组织学生实地观察张记秤店工匠艺人张汉良制作杆秤,并利用老师提供的表格进行合理的归纳和整理,总结张汉良的杆秤制作步骤,并绘制设计草图。

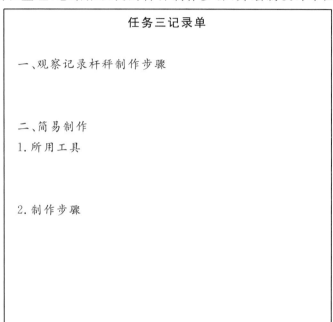

任务三记录单

一、观察记录杆秤制作步骤

二、简易制作

1. 所用工具

2. 制作步骤

图 3-4-7 任务三记录单

环节二:实践操作

各个小组利用身边的工具(木棍、杯子、螺帽、绳子等),根据自己绘制的设计草图,快速进行简易杆秤的制作,制作过程中不断反思和优化自己的设计方案。

4. 阶段性成果

(1)杆秤制作。

1.张汉良用父亲传下来的古老器具在秤杆上钻星孔。

2.张汉良拿着隔芯刀,一提手一放手之间,一朵"秤花"已经钉好。

3.张汉良挑选最好的红木来制作秤杆。刨秤杆是第一道工序。

4.制作一杆好秤,做好一根杆、钉好一串星、装好一提绳、校好一秤砣是关键。

5.即使一天卖不掉一把杆秤,张汉良每天也要打磨一下秤杆。

6.习惯用手工杆秤的老人,如果拿杆秤来让他校验,他从不收钱。

7.虽然这门手艺是非遗项目,但传承是个问题。

8.也许张汉良是浙北"最后一代手工秤匠"了,但20年来,他一直在坚守。

图 3-4-8　杆秤制作步骤

(2)制作简易杆秤。作物生产2101班的杨方芳说:"利用邱老师发的小木棍、纸杯、螺帽和线,在木棍上钻三个孔,后面的孔是用来固定钩子的,前面两个孔穿线,做提绳,前面再做一个秤砣。张汉良爷爷小心翼翼地拿着小木棍帮我们钻孔。"

图 3-4-9　制作简易杆秤

图 3-4-10　张汉良帮忙制作

任务四:创新杆秤样式

1.学习任务

(1)培养学生的逻辑思维、辩证思维和创造思维。

(2)培养学生具有发现问题、提出假设、设计验证方案、收集证据、验证结果、反思改进的能力。

(3)培养学生在项目汇报中进行有效的交流与沟通。

2.核心问题

如何创新杆秤样式?(要求:新颖、实用、美观、材质适宜)

3.项目进程

环节一:三维设计

以小组为单位,设计制作三维杆秤作品,在任务单中填写设计思路、技术与工具支持,画出三维杆秤的草图。利用三维设计软件制作三维杆秤,制作过程中不断反思和优化自己的作品。

```
任务四记录单


一、展示三维作品
1.设计思路



2.技术与工具支持



3.三维作品



二、反思总结
```

图 3-4-11 任务四记录单

环节二:文稿制作

以小组为单位,合作制作汇报演示文稿,拍摄汇报视频,自评、互评与师评,在探讨中增强作品的合理性。

环节三：工匠项目总结

根据整个项目过程中的所见所学所感，写项目总结反思。

4.阶段性成果

（1）完成三维设计作品（要求：新颖、实用、美观、材质适宜）。可在网上（网址：https://school.i3done.com/1000679/home.shtml）查看作品并点赞。

（2）汇报演示文稿。要求：选择适当的工具制作演示文稿，包含背景、介绍、设计思路、作品展示、反思等。

（3）汇报视频。要求：声音洪亮，整体逻辑清晰，结果展示明确，突出本次项目的意图和意义。可通过公众号、视频号、抖音等查看并点赞。

图 3-4-12　汇报视频

图 3-4-13　汇报视频公众号

四、项目反思

（一）学生学而有思

本项目以传承工匠精神为主线，以工匠为载体，通过探寻杆秤发展、了解杆秤原理、观察与体验制作、创新杆秤样式4个任务活动，让学生体悟工匠精神。项目启动阶段，运用了5W1H分析法，让学生站在真实角度思考与提问，从而聚焦项目驱动性问题；项目实施阶段，运用多种方式，让学生体验匠人角色，通过沉浸式研讨提升专业检查技能；成果展示阶段，通过汇报展示，培养学生展示与汇报的能力。通过深入挖掘工匠精神，学生们树立了正确的人生理想，涵养了职业精神，为适应个人终身发展和社会发展需要打下基础。

(二)教师教有所思

首先,改变传统教学方式,以项目任务驱动,以行动引领。本项目融合联通了线上线下的跨学科教学方式,充分结合本土特色,有力地促进教学方式的转变。

其次,小组合作,共同创作,培养学生善学、乐学、活学。在项目活动中,我们始终以亲身体验、实践为主,以老师的科学指导为辅,让学生充分体悟工匠精神。

(三)项目成效困惑

随着"工匠传承人"项目设计的深入推进,学生的学习能力得到提升,学生初步具有对工匠精神的理解和吸收、传承和发展的能力。在设计制作的过程中,为了使产品更加完善,学生需要不断创新,这一过程很好地提升了学生的设计思维能力。

通过研究性学习、体验式学习、讨论式学习和实践性学习,本项目丰富了学生的学习方式,也让教师以多样的教学形态,促进自我教学研究能力的提升。

如何将此项目的素养目标导向在真实世界中迁移、落实,也是需要继续思辨与实践研究的话题。

附

录

思维工具

思维是人类所具有的高级认知活动。按照信息论的观点,思维是对新输入信息与脑内储存知识经验进行一系列复杂的心智操作过程。也就是说,学习本身就是一种思维活动,而我们需要用项目化学习方式将这类思维变得更高阶,并将这种高阶的思维方式转化为发现问题、分析问题和解决问题的一种素养。

思维工具是用来帮助人们解决问题和推进思考的方法、技术或框架。本书用到的思维工具有 KWH 表、5W1H 分析法、PLPB 表、SWOT 分析法等。这些工具通过不同的方式和角度来引导人们思考,挖掘和分析问题的因果关系,并帮助人们产生新的想法和提出解决方案。思维工具可以帮助人们在面对复杂问题时更加系统化、有序化地思考,从而提高思考质量和效率,并有助于提高创新和发现新的解决方案的能力。

一、KWH 表

表 A-1-1　KWH 表

K(Know) 我已经知道了什么	W(What) 我还想知道什么	H(How) 我想运用这些知识解决怎样的问题

所含特点:利于预习复习、强制输出记忆。

使用场景:应用于学科教学、案例分析、论文写作中。

目的意义:帮助学生设定清晰的学习目标,完善相关背景知识,整理组织已有的记忆信息;为学生学习新内容,搭建了框架;引导学生提问题,自主参与、实践和探索,交流与合作,一起解决问题,激发其主动学习、探索未知的兴趣。

二、5W1H 分析法

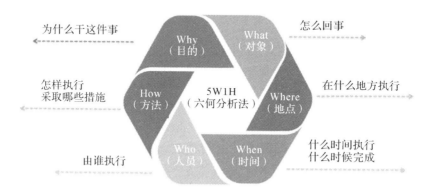

图 A-1-1　5W1H 分析法

所含特点:促进思考深化、科学化。

使用场景:制订计划草案和对工作进行分析与规划时使用。

目的意义:帮助我们发现解决问题的线索,寻找思路,进行设计构思。它不是解决问题的直接方案,而是解决一切问题的开始。

三、PLPB 表

表 A-1-2　PLPB 表

P(Point) 所需哪些材料	L(Line) 如何分类、串连	P(Plane) 如何多方面关联	B(Block) 整合板块优化作品

所含特点:整合信息,促使项目有迹可循。

使用场景:项目实施——明确任务,以点带面促进项目发展。

目的意义:帮助梳理项目活动过程。聚焦有价值的探究点,将其进行分类、排序,整理成一条围绕核心问题的“线”,线线交互,建构一张项目活动的学习地图,即形成“面”,最后将“面”内包含的活动进行关联、归类,通过“块”状结构来继续优化项目。

四、SWOT 分析法

表 A-1-3 SWOT 分析法

S(Strenght) 优势有什么	W(Weaknesses) 劣势有哪些	O(Opportunities) 机会有哪些	T(theats) 挑战有哪些

所含特点:整合信息、态势分析。

使用场景:态势分析——分析研究对象的优劣,得出结论。

目的意义:运用这种方法,可以对研究对象所处的情景进行全面、系统、准确的研究,从而根据研究结果制订相应的发展战略、计划以及对策等。